本书系教育部人文社科青年项目“二十世纪通俗史学研究”（编号10YJC770127）研究成果

兰州大学史学理论及史学史研究所

赵梅春　屈直敏　主编

中国史学史研究丛书

二十世纪中国通俗史学研究

朱慈恩　著

图书在版编目（C I P）数据

20世纪中国通俗史学研究 / 朱慈恩著. -- 兰州 : 兰州大学出版社，2015.1
（中国史学史研究丛书）
ISBN 978-7-311-04390-2

Ⅰ. ①2… Ⅱ. ①朱… Ⅲ. ①史学—研究—中国—20世纪 Ⅳ. ①K092.7

中国版本图书馆CIP数据核字(2015)第011000号

策划编辑 王永强
责任编辑 马继萌
封面设计 郇 海

书 名 二十世纪中国通俗史学研究
作 者 朱慈恩 著
出版发行 兰州大学出版社 （地址:兰州市天水南路222号 730000）
电 话 0931-8912613(总编办公室) 0931-8617156(营销中心)
0931-8914298(读者服务部)
网 址 http://www.onbook.com.cn
电子信箱 press@lzu.edu.cn
印 刷 兰州大众彩印包装有限公司
开 本 710 mm×1020 mm 1/16
印 张 15.5
字 数 280千
版 次 2015年5月第1版
印 次 2015年5月第1次印刷
书 号 ISBN 978-7-311-04390-2
定 价 46.00元

前　言

20世纪20年代梁启超在《中国历史研究法补编》中提出："史学，若严格的分类，应是社会科学的一种。但在中国，史学的发达，比其他学问更利（厉）害，有如附庸蔚为大国，很有独立做史的资格。""中国史书既然这么多，几千年的成绩，应该有专史去叙述。"并就如何研究与撰写中国史学史提出了具体的、系统的意见，指出史官、史家、史学之成立及发展、最近史学的趋势是中国史学史应特别注意的内容。在他的影响下，中国史学史的研究引起了学者们极大的关注，姚名达、何炳松、周谷城、蒙文通、姚从吾、卫聚贤、郑鹤声、陆懋德、傅振伦、魏应麒、王玉璋、朱谦之、金毓黻、白寿彝等学者都从事过这方面的研究与教学，从而使中国史学史逐渐发展为一门独立的专史。20世纪40年代出版了魏应麒《中国史学史》、王玉璋《中国史学概论》、朱希祖《中国史学通论》、金毓黻《中国史学史》等著作。其中，金毓黻的《中国史学史》被学者誉为中国史学史学科草创时期的代表著作。对此书，白寿彝曾评价道："金毓黻的书，是在梁启超设计的蓝图上写出来的……这部书带有浓厚的史部目录学的气味。"（白寿彝：《中国史学史》第1册，上海人民出版社1986年，第166页）这一评价也反映了草创期中国史学史研究与撰述的特点。

20世纪60年代召开的全国文科教材会议将史学史列入文科教材之一。配合教材的编写，史学界对中国史学史研究及学科建设进行了热烈的讨论，探索的问题主要集中在中国史学史研究的内容、对象、任务、目的、分期，以及中国史学史教材的撰写原则与方法等方面。经过讨论，中国史学史的研究开始脱离梁启超设计的蓝图，关注历史理论、史学思想、史学发展规律、史学与时代等问题。这一研究风格的变化对20世纪80—90年代的中国史学史科学的发展产生了深刻的影响。

20世纪60年代有不少高校开设了中国史学史课程，张孟伦先生也在兰州大学历史系开设此课,并从事相关研究。20世纪70年代末高考制度恢复,1978年一些高校招收中国史学史专业的硕士、博士研究生。张孟伦先生被批准为"文革"后第一批硕士研究生导师,招收中国史学史专业研究生。年逾古稀的张先生再次焕发出学术青春,出版了《中国史学史论丛》(兰州大学历史系印行)、《中国史学史》(上下册)等著作,发表了多篇中国史学史方面的论文,培养了10余名史学史专业的硕士研究生。1985年北京师范大学史学研究所举办第一届全国史学史座谈会,旨在交流学术,切磋问题,促进史学史学科的健康发展。此时张先生已年届八旬,应邀赴京,与白寿彝、陈千钧、张芝联、郭圣铭、高国抗等著名学者共同商讨史学史学科的教学与研究工作。座谈会上,张先生提出的研究生要读经书的主张,得到了与会学者的共鸣。张孟伦先生去世之后,由汪受宽先生继续主持硕士点的工作。经过张孟伦先生、汪受宽先生两代学者的努力,兰州大学的史学史研究和学科建设取得了一定的成就。现有从事史学史研究的教师多人,主要从事中国史学史、中国少数民族史学、四库学,以及西方史学史与史学理论研究。

本丛书收录了张孟伦《中国史学史论丛》、汪受宽《史学史论文自选集》和《历史学基础》,以及朱慈恩《二十世纪中国通俗史学研究》四部著作,是兰州大学史学理论及史学史学科点三代学人在中国史学史研究方面重要成果的一次阶段性汇集。《中国史学史论丛》在20世纪80年代兰州大学历史系印行的《中国史学史论丛》的基础上,增加了发表在报纸杂志上的若干篇论文,为张孟伦先生中国史学史研究论文的结集,反映了其在中国史学史研究领域中的创建与成就。张先生治学贵自得之学,独到之见,这部论文集体现了这一治学特点,其中关于孔子史学、《左传》、《汉书》、《三国志》裴注、隋代史学、唐代史学、《史通》、宋代国史撰述、《资治通鉴》、《续资治通鉴长编》、《文献通考》、《日知录》、王夫之史论、《廿二史札记》、章学诚史学等诸多论说,资料丰富,观点独特。汪受宽先生从事史学研究30余年,在中国史学史、历史文献学、西北地方史等研究领域辛勤耕耘,《史学史论文自选集》是其中国史学史研究成果之荟萃。汪受宽先生在从事史学研究的同时,还关注史学人才的培养。其在总结自己治史经验并吸收学界有关成果基础上所撰写的《历史学基础》一书,系统地阐述了史学研究与论文撰写的规律、技巧与方法,为史学新人进入史学殿堂之指南、门径。求真是史学的学术品格,致用则是史学的社会要求,历史知识的普及是史学发挥社会作用的重要途径。朱慈恩撰写的《二十世纪中国通俗史学研究》对20世纪中国通俗史学的发展历程进行较为全面和系统的梳理,并对其基本特征、主要功能以及发展趋势进行探讨,还选择有代表性的历史学家进行个案研究,全面分析其编撰特征、流通传播以及社会影响等因素，反映了中国史学史在脱离史部目录解题后研究的深入与发展，对当前的历史知识普及工作有着诸多的借鉴和启示。这套丛书的出版，对促进兰州大学史学理论及史学史学科点史学史研究的发展与人才的培养，将具有重要的意义。

赵梅春

2015 年 1 月 4 日于兰州大学一分部陋室

目 录

兰州大学文库

引 言

本书以“二十世纪中国通俗史学研究”为题。“通俗史学”一词自20世纪80年代提出以来,已经逐渐为学术界所接受和采用,但需对通俗史学的内涵进行严格的界定。通俗史学,就是为了适应历史知识传播的需要,采用各种浅显易懂、容易理解的方式来叙述历史或是对历史知识进行加工改造,以达到普及历史知识的目的。史学是其本质特征,通俗是其外在的表现形式。

历史教育与历史知识普及有区别,但本书不做严格区分。历史教育有广、狭二义,狭义的历史教育系专指课堂中的历史教学活动,而广义的历史教育则是指包括了课堂教学在内的各种形式的历史知识普及,正如白寿彝所说:“历史教育和历史教学,这两个名词的含义不完全一样。历史教学,可以说,只是历史教育的一部分。历史教育,在历史教学以外,还可以有各种方式。”[①]当然,历史教育和历史知识普及之间区别只是理论上的,而且两者之间的区别并不太明显,同多过异。根据乔治忠所定的标准,历史书籍如果具有了能满足社会各阶层了解、学习历史知识的功能,且具备了相当的流布程度,即可称之为“普及性史书”。“普及性史书”有两个关键性的表征:社会动机和社会效果。[②] 若以此为标准来衡量,历史教科书,至少中小学历史教科书都符合上述表征。而在实践中,历史教材有时也可以当作历史通俗读物来使用。本书以通俗史学为重点,对于中小学历史教科书则稍有所涉及。

在历史通俗读物编撰过程中,究竟如何写作表达才算作是“通俗”,尚无统一规定之标准,故此本书多引通俗读物之版权页以及广告等,以资说明,唯版权

---

①白寿彝:《在历史教学研究会成立大会上的书面发言》,见《白寿彝史学论集》,北京师范大学出版社,1994年,第209页。

②乔治忠:《明代史学发展的普及性潮流》,见《文明演进源流的思考:中国古代史学研究》,瞿林东主编,北京师范大学出版社,2007年,第291页。

页以及各种书目广告、提要广告等大多在书籍或期刊的封二、封底以及前后衬页中，无法确切标注，所以书中相关引文无标注者基本上都是引自图书广告。

注释和参考文献对于学术研究来说意义重大，本书采页下脚注的形式，大多为标注出处，著作以作者、书名、版本、页码为序。文中所引用的期刊文章，很多又被收入各种论文集中，引用被收入论文集中的期刊论文时，在必要时标注最初发表的年代。民国以及新中国成立初期的期刊大多以卷、期为序，本书征引时，亦注其出版年、月。注释中有极少部分属补充说明、引申发挥的内容，于正文主旨关系不大，故放入注释之中。大段的引文于正文缩进两格，并使用楷体字以示区别。书末附主要参考文献。

本书以20世纪通俗史学为研究论域，这一时期的历史通俗读物有很多现在都已有重版，有的还多次再版，本书多使用重版中质量较高、较为常见的版本或是使用全集本，未有重版则使用初版本，作者所使用的材料，其他研究者可循此线索查询核实，使用重版以便于核对资料。但是需要注意的是，有的著作重版时也曾经过修订或删改，和初版本略有出入。具体则需将各版本一一对照，但本书主要从历史知识普及的角度来进行研究，历史通俗读物版本的变化与主旨关涉不大，故此多使用重版。个别著作版本的使用在书中有具体说明。部分外国的人名、书名之翻译，与今译有所区别，在文中仍沿用旧译名，与今译差别过大则加以标注说明。

为学如积薪，本书大量参考了学术界的相关研究成果。但以行文简洁故，仿梁启超《清代学术概论》之例，文中所提及的诸位前辈学者和当代史家，均直称其名，不加“教授”“先生”等称呼。

第一章 通俗史学概论

通俗史学是中国史学的重要组成部分,对通俗史学进行学理上的全面探讨和学术史上的细致梳理是研究通俗史学的基础工作,进而可以更为全面地理解和把握中国史学。本章主要讨论通俗史学的内涵及其主要特征,中国古代通俗史学的发展概况以及研究通俗史学的意义与价值。

第一节 何谓通俗史学

(一)从通俗历史演义、通俗历史小说到通俗史学

"通""俗"二字出现甚早,在殷商甲骨文中均已出现,在先秦典籍中已经大量使用。通为通晓,俗指世俗,"通俗"二字连称意谓"通晓世俗",是指适合广大民众的水平和需要,容易被理解和接受的含义。

在中国历代典籍文献中无"通俗史学"之名,而只有"通俗演义"之称。"通俗演义"之名源于明代袁宏道《东西汉通俗演义·序》:"文不能通而俗可通,则又通俗演义之所由名也。"袁宏道侧重于从读者接受的角度来解释"通俗"。[①]通俗演义属通俗文学的范畴。通俗文学中以历史为题材的作品即可称通俗历史演义、通俗历史小说,简称历史演义、历史小说,上举袁宏道的《东西汉通俗演义》便是通俗历史演义。清末吴趼人在《历史小说·序》中,提出了"历史小说"的概念:"编撰历史小说,使今人读小说者,明日读正史如见故人。昨日读正史而不得入者,今日读小说而如身亲其境。"[②]历史小说之名虽然在清末方才出现,但实际上中国的历史小说却有着相当悠久的历史。《三国演义》便是中国最为

①陈大康:《通俗小说的历史轨迹》,湖南出版社1993年,第4-5页。

②吴趼人:《历史小说·序》,载《月月小说》第1号,1906年11月。

著名、影响最为深远的历史小说。历史小说中的时代背景、人物环境等要素和历史有密切的关系，以时代背景、人物环境为框架，再进行人物性格的塑造、故事情节的虚构等种种艺术加工，从根本上来说，是文学而非历史，属于通俗文学的研究范畴。

鸦片战争后晚清曾出现了小说演义救国的热潮，有部分借助于历史演义、历史小说的创作，隐喻时事，教育民众。而在有些题名为“历史演义”“历史小说”的著作中，却有部分是严格以史实为依据而进行创作的。光绪二十三年(1897)创刊的《演义白话报》曾刊载一部《通商原委演义》，后发行单行本时改称《罂粟花》。此书专记鸦片战争史事，反映了作者强烈的反侵略的爱国思想。其书史料有据，作者“在写作过程中的艺术加工，并不超越史料的范围，这是值得重视的”。[①] 蔡东藩的《中国历代通俗演义》(1916—1926)，从秦始皇开始写起，包括前汉、后汉、两晋、南北朝、唐、五代、宋、元、明、清、民国，写了2166年的历史，又名《历朝通俗演义》。全书1040回，共600万言。蔡东藩是一个严肃的历史学家，“全书中体现最强烈的是忠实于史料”，演义的写作遵循了“以正史为经，务求确凿；以轶闻为纬，不尚虚诬”的原则，例如《元史通俗演义》博采中西史乘，相互对堪，择要汇叙。[②] 上述著作是建立在忠实于史料的基础上，撰述不超越史料的范围，是历史而非文学。将其纳入历史学的研究范畴，于是便有了通俗史学的研究。通俗史学中的“通俗”，即取自通俗演义中之“通俗”。

1962年江苏人民出版社重版蔡东藩《前汉演义》时，柴德赓撰写了《蔡东藩及其〈中国历代演义〉》一文作为重版前言，对其人其书进行介绍。而将蔡东藩及其《中国历代通俗演义》纳入中国史学研究领域则始于吴泽。1979年上海文艺出版社重版蔡东藩著作时，吴泽作《蔡东藩与〈中国历代通俗演义〉》为序言，首先刊于《文汇报》上。而从目前所掌握的资料来看，学术界正式使用“通俗史学”这一概念，应该是起自舒焚的《两宋说话人讲史的史学意义》(1987)一文。舒焚在文中认为：“就像俗文学、通俗文艺是各个时期民间的或人民群众的文学、文艺那样，俗史学或通俗史学是各个时期民间的或人民群众的史学。”[③]而后，在吴泽主编的《中国近代史学史》(1989)中专门设有《通俗史学的发展与蔡

①张承宗：《鸦片战争史的通俗演义——〈罂粟花〉》，见《江南文化与经济生活研究》，江苏古籍出版社1999年，第388页。

②蔡福源：《历朝通俗演义作者蔡东藩》，见《中华文史资料文库》第16卷，中国文史出版社1996年，第25－26页。

③舒焚：《两宋说话人讲史的史学意义》，载《历史研究》1987年第4期。钱茂伟：《论史学的普及化与娱乐化》(载《史学理论与史学史学刊》2004、2005年合卷)对“通俗史学”这一概念的使用情况有着细致的分析，本书对“通俗史学”这一概念的梳理，有部分内容即参考了钱茂伟的研究。

东藩〈中国历代通俗演义〉的编纂》一节，认为通俗史学是一种在民间广为流传的，浅显易懂、生动活泼、容易接受的大众化的史学。① 其中部分内容又以《中国近代通俗史学论》(1990)为名发表于《历史教学问题》上。彭卫的《中国古代通俗史学初探》(1991)又对舒焚的观点进行系统化的论述和发挥。黄留珠的《时代呼唤通俗史学》(1993)引入西方学界“大传统”/“小传统”，“精英文化”/“通俗文化”的理论来阐发通俗史学。“通俗史学”这个概念逐渐被大多数学者所采用，成为学术界通行的概念术语。②

(二)通俗史学的内涵界定

通过上述梳理，可以看出通俗史学这一概念的出现是承接通俗历史演义、通俗历史小说而来，但通俗史学与通俗小说演义还是存在着本质的区别，因而需要对其内涵做一严格的界定。

在通俗史学内涵的界定上，有的论著将唐代俗讲中的历史故事，至宋元明清时期的讲史、说书、平话等，都看成是通俗史学。这样的界定，容易淆乱史学与文艺作品之间的界限。朱维铮认为讲史小说与史学著作的区分并不在于雅俗之别，而是体现在艺术虚构与历史真实的上：“人们常以为讲史小说和历史著作，主要是雅俗有别。是这样吗？不然。史书本来就有雅俗之分，通俗的就是历史普及读物。既称历史，则无论雅俗，第一大忌就是陈述存在主观虚构，即使细节也要求力求符合历史真实。而这一大忌，恰好是小说家不能拘泥的。因为在他那里，历史不过是创作的素材，艺术加工的原料，借以抒发现实的感情，理想和追求的寄托。”③文学中的雅和俗与史学不能混为一谈。乔治忠也认为，学术界使用“通俗史学”的概念，容易把知识普及和大众娱乐相混淆，因此主张使用“普及性史学”这一概念：“就普及性史学著述而言，其体例遵从史学规范，而不是迁就娱乐方式；其历史内容是追求写实，而不是形象塑造；其见解为据事抒发的理性分析，而不是通过故事情节典型化、夸张化的加工描绘。”④乔治忠强调“普及性史学”是“史学”，而不是以历史为题材的各类文艺作品，这一见解是正确的。但是乔治忠也提到，“‘通俗’一词并非不可用”。韩树峰在评易中天《品三国》时把与历史有关的通俗作品做了区分：“一类是对历史事实加以发挥和演

①吴泽主编：《中国近代史学史》下册，江苏古籍出版社 1989 年，第 395 页。

②学术界对“通俗史学”的讨论，自 20 世纪 80 年代末、90 年代初开始逐渐增多，可能与 80 年代中后期的“史学危机”论以及 1992 年邓小平南方谈话后在市场经济体制下历史学应该如何应对的时代大背景有关。

③朱维铮：《在中世纪晚期的〈三国演义〉》，见《走出中世纪》，复旦大学出版社 2007 年，第 247 页。

④乔治忠：《明代史学发展的普及性潮流》，见《文明演进源流的思考：中国古代史学研究》，瞿林东主编，北京师范大学出版社 2007 年，第 296－297 页。

绎，带有浓厚的戏说成分，可以称之为文学作品；一类是尊重历史事实，辨伪求真，用通俗的语言力求将历史真相如实地叙述出来，可以称之为历史作品。”①通俗的文学作品和史学作品的性质完全不同。《百家讲坛》的主讲者王立群把历史分成了真实的历史、记录的历史、传播的历史、接受的历史四种，其中传播的历史又可一分为二：“一种叫作历史的传播，严格根据历史文献的记载解读，另一种叫文艺界的传播，不一定完全忠实于文献记载，一定会有杜撰的人物和情节。”②《百家讲坛》的讲史属前者，电视剧、电影、小说中的历史则属后者。综合上述观点，本书采用学术界较为常用的名称“通俗史学”，同时根据上述意见而将通俗史学的内涵做一严格界定：通俗史学，就是为了适应历史知识传播的需要，采用各种浅显易懂、容易理解的方式来叙述历史或是对历史知识进行加工改造，以达到普及历史知识的目的。

通俗史学亦可将其视为历史知识的通俗化、普及化、大众化。“通俗”“普及”和“大众”是分别针对了作品文本、传播方式与接受对象而言的，只是表述的侧重点不同，而从根本上来说，这三者是互为表里的。本书以“通俗史学”为名，亦兼用历史知识普及这一概念。“通俗史学”还可等同于“历史知识社会化”，“历史知识社会化”指的就是使历史知识走出学术的象牙塔，面向广大民众，走向社会，实现历史知识的普及，正如汪高鑫所说：“历史知识的社会化问题，其实也就是历史知识的普及化问题。”③通俗史学又可分成广、狭二义，广义的通俗史学包含了口头的、图画的、影像的、文本的诸形式，狭义的通俗史学仅指以文本的形式来普及历史知识，又可称其为历史通俗读物或历史普及读物。

（三）通俗史学的基本特征

通俗史学是将历史知识以通俗易懂的方式来进行普及，这就涉及了通俗史学的两个关键词：“通俗”和“史学”，史学是其内在本质，通俗是其外在表征。因此，通俗史学的基本特征即是基于“通俗”和“史学”这两大关键词。

第一，通俗史学的内容必须建立在历史真实的基础上，普及的是历史知识而非其他，通俗史学是史学，而与以历史为题材的文学小说有本质的区别。通俗史学有别于文学。

通俗史学的内容必须建立在历史真实的基础上，历史事实的真实性是其成为历史知识的必要条件，而历史事实的真实性必须经过专业历史学家严格的批

①韩树峰：《历史作品中的非历史因素——以〈品三国〉为个案》，载《中国图书评论》2007 年第 1 期。

②王立群：《让〈史记〉走入寻常百姓家》，载《中华读书报》2011 年 3 月 30 日。

③汪高鑫：《论历史知识社会化的基本原则》，见《“历史研究与历史知识社会化和社会进步”研讨会论文集》，北京师范大学 2010 年，第 10 页。

判考证。德国历史学家兰克创立了内证和外证相结合的研究方法，兰克后学伯伦汉进一步发挥了这一方法："史家须分二种之判断，其一在断定该项传说情节，是否可作为证据，或可用之至何程度。其二则在断定此项证据与事实之关系如何，即证据是否可信，是否有其或然性，是否为可能者。前者谓之低级的或外表的考证，后者则谓之高级的或内在的考证。"[①]虽然海登·怀特有关历史叙事等同于文学叙事的观点富有一定的启发意义，但怀特过于强调叙事内容的组合编排却"忽略了历史学家所做出的努力以及他们在为自己的论点做出论证时所遵循的证据规则"。[②] 考证的步骤、过程等对于通俗史学来说或许可以省略，但通俗史学必须参考、吸收、采用历史学家经过考证而得出的历史知识。

反之，对于各种历史上的记载不经过一番严格的分析批判考证则不能称其为历史知识，当然更不能将其当作可靠的知识来进行传播。通俗史学的读者大多都是普通民众，"一般公众，大都对于诚实可信之通俗化与假冒欺骗之通俗化二者间，不能明白辨别……世固有若干谬妄可笑之人，将彼所未曾致力研究之事，遂加采撷撮取，以供他人之用，或于彼自身尚属未晓之事，辄用以教诲他人。故在大多数历史之通俗化著作中，不免发现各种之污点，其污点常为绩学者发见以为笑乐"。[③]

通俗史学是史学[④]而非是通俗历史演义、通俗历史小说之类的文学作品。历史演义、历史小说是指以历史事件和历史人物为题材的，反映一定历史时期社会生活面貌的文学艺术创作。"历史"一词是对"小说"的修饰和限定，以区别于神话小说、公案小说、社会小说、言情小说、玄幻小说等其他小说门类。历史小说"所叙述事实大体以历史为根据，而又以己意捏造种种之事实，以辅佐其趣味者也。其所述之事实大抵真者一而伪者九"。[⑤] 历史小说，就其本质而言，还是属文学作品而非是史学作品。我们评价一部历史小说，主要是看小说写得如何，要看它故事叙述是否精彩，人物个性塑造是否成功等等。历史只不过是小说的时代背景，历史小说中有多少历史的因素在内，或是历史小说能提供多少有价值的史料，根本不能作为对历史小说的评判标准。史籍文献记载不可避

①〔德〕伯伦汉著，陈韬译：《史学方法论》中册，商务印书馆 1937 年，第 219 页。

②〔英〕帕拉蕾丝－伯克编，彭刚译：《新史学：自白与对话》，北京大学出版社 2006 年，第 77 页。

③〔法〕朗格诺瓦、瑟诺博司著，李思纯译：《史学原论》，商务印书馆 1926 年，第 192 页。

④史学著作当中也有不少想象与虚构的情节，例如吕思勉指《史记》中"鸿门宴"之不合情理，陈寅恪认为《三国志》中若干篇目混入印度故事等等，这些都需要历史学家进行严肃的考辨和分析，但从未有人因此而以《史记》《三国志》等归于文学作品并将之剔除出史部。当然，历史学的想象虚构与文学创作的想象虚构之间的异同，还有待于深入的研究。

⑤吕思勉：《小说丛话》，见《吕思勉论学丛稿》，上海古籍出版社 2006 年，第 477 页。

免地存在着错记、疏漏、讳饰、篡改等失真现象，需要历史学家考订辩证；历史小说中对时代背景的渲染，人物形象的塑造以及故事情节的虚构等，也与历史事实有着一定的差距，有时也需要将文学还原为历史。对史籍文献的考订辩证后还原为历史真实与将文艺小说的想象虚构还原为历史真实，性质是完全不同的。

历史小说中的“历史”成分，主要体现在：(1)小说的时代背景和主要人物必须符合历史事实。例如，《三国演义》取材于三国历史，但是“历史在这里只不过是一个大略的故事框架，一个时空断限。历史人物已被重新塑造，历史事件已被重新安排。它不再像历史典籍那样去真实地记录和叙述历史，而是根据作者的创作意图去塑造、虚构历史，把作者对历史进程的把握和对历史人物的爱憎，对时代精神的阐释全都融合到一起，将三国历史加以演绎、虚构、渲染，或者改头换面，或者添枝加叶，已非原来历史的真实面目”，“就大略言之，《三国演义》的主干或有六七成真，但就其总体内容而言，最多当在五成真以下”。[①] (2)小说中出现的政治制度、社会经济、文化生活等内容，即所谓之“静的历史”，必须与历史事实相一致。例如，梁启超举《水浒传》中鲁智深醉打山门为例，认为此事实固然是作者虚构，但是“元、明间犯罪之人得一度牒便可借助佛门作逋逃薮”。[②] 从这个角度来看，小说的有关记载是绝佳史料。[③] 借助度牒便可以“作逋逃薮”是元、明间之事实，是否也符合宋朝之实际，答案同样是肯定的。根据吴晗的研究，1067年宋朝政府开始买卖度牒，直至宋亡，“如果犯了杀人大罪，出家更是逃避法律制裁的有效手段”。[④] (3)历史小说中的文学艺术上的想象和虚构必须符合历史中存在的可能性，“在正史说之不尽道之不明之处，历史小说可做自由的发挥，只要合于情理，不悖史实，能够自圆其说即可”。[⑤] 而对历史小说进行的艺术加工创作也是一件非常严肃的工作，郭沫若在《历史·史剧·现实》一文中所说：“史有佚文，史学家只能找，找不到也就只好存疑。史有佚文，史剧家却须要造，造不好那就等于多事。”[⑥]郭沫若曾以《九月菊》为例，黄巢九

①朱大渭：《三国历史与〈三国演义〉》，见《六朝史论集续编》，学苑出版社2008年，第73－74页。

②梁启超：《中国历史研究法》，见《饮冰室合集·专集》第七十三，中华书局1989年，第50页。

③恩格斯指出，巴尔扎克的《人间喜剧》“给我们提供一部法国‘社会’特别是上流社会的卓越的现实主义历史……我从这里，甚至在经济细节方面(如革命以后动产和不动产的重新分配)所学到的东西，也要比从当时所有职业的历史学家、经济学家和统计学家那里学到的全部东西还要多”(《马克思恩格斯选集》第4卷，人民出版社1995年，第462－463页)。

④吴晗：《度牒》，见《灯下集》，三联书店2006年，第65页。

⑤刘舒曼：《中国需要这样的历史小说》，载《中华读书报》2009年7月15日。

⑥郭沫若：《历史·史剧·现实》，见《郭沫若全集·文学编》第19卷，人民文学出版社1992年，第296页。

月进京赶考,考试不第,题了菊花反诗,这是他造反起义的契机。但于此史书上只有寥寥数语,黄巢是如何进的京,进京后接触些什么人,当时长安是什么情况,考试如何进行,赋菊花诗时的具体情景如何等等,史书上都没有记载,无法"找"寻,而《九月菊》就要"造"出这些佚文和失事,而且要力求造得有声有色,符合历史真实。从中可以看出,"找"和"造"正对应着史学和文学的分野,但是"造"也不是胡编乱造。

历史小说是在不违背基本史实基础上的文学艺术创作,小说中不能出现"反历史"的情节,从而对历史进行颠覆性的叙述和解释,最著名的是民国初年周大荒的《反三国志演义》。据说作者曾"三易其稿,对该书反复修订,并挖地五尺深置手稿,故该书稿是深埋半百,一朝面世"。该书取汉末三国时代之背景和历史演义中之人物,完全进行架空历史式的叙述,书中的故事情节基本上于史无征,全出于作者的凭空构思和想象。清代历史学家章学诚即认为:"《三国演义》固为小说,事实不免附会,然其取材,则颇博赡……不可尽以小说亡稽,而斥之也。"①

但是需要指出的是,有部分以"历史演义"为名的著作,虽然在形式上采用了历史演义这一体裁,用章回体来进行叙述,其中也不乏"话说""却说""且听下回分解"等词句,但在内容上则严格以史料为依据,作者的撰述不超越史料的范围。例如,上举晚清的《罂粟花》《中国历代通俗演义》(1916—1926)等,都可以看成是通俗史学著作。到了20世纪,梁启超、顾颉刚等历史学家也都曾经提倡用演义体来创作历史,同样也是借演义体的形式来普及历史知识,因为演义体的形式更适应广大民众的阅读兴趣和阅读习惯,所以需要"以历史上事实为材料,用演义体叙述之"②,以求能够更好地传播历史知识。顾颉刚在抗战期间曾约请吕叔达撰写《中国通史演义》,从上古至太平天国,共一百五十万字。后又请陈稺常将上古部分扩充而成《中国上古史演义》(上海四联出版社1955),上古史在司马迁时代已是史料不足,还存在着很多难以解决的问题,"想要恢复古史的全貌,那就像捡拾了一部分古瓷残片要想把它们拼成整个原物一般;拼的时候,当然不免花费许多补苴涂附的工夫"。③ 在史料不足的前提下,文学小说可以"造",但史学叙事却不能虚构,"补苴涂附"即是通过柯林伍德所谓的弥

---

①朱一玄、刘毓忱编:《三国演义资料汇编》,南开大学出版社2003年,第600页。

②梁启超:《中国唯一之文学报——新小说》,见《饮冰室合集集外文》,北京大学出版社2005年,第121页。

③顾颉刚:《宝树园文存·陈懋恒中国上古史演义序》,见《顾颉刚全集》第35册,中华书局2010年,第378页,陈懋恒即陈稺常。

补史料缺环的想象而将历史事实的整体加以还原，与文学的虚构有着本质的区别。因此，梁启超、顾颉刚等人所提倡的演义体历史，也都属于通俗史学的范畴。

第二，通俗史学的主要阅读对象是广大民众，而不是专业的史学工作者，因而在行文语言上必须以通俗易懂、容易理解为目标。通俗史学有别于专业史学。

专业史学(professional history)指的是规范化、学术化的历史研究。一般来说，专业的史学家考订史料，整理文献，再经过辨析异同，分析论证，最终得出结论。专业史学的研究主要是取决于其研究领域里自身的学术价值，例如1932年傅斯年的《明成祖生母问题记疑》，考出明成祖生母并非马皇后，而是元顺帝之硕妃。这件事在文献中有不同的记载，可以辨析异同，加以考证，此后很多著名学者纷纷加入讨论，争论延续了5年。对明成祖生母问题的争论有其自身的学术价值，但抛开特定时代背景，明成祖生母问题的社会价值却有限。

专业史学的研究成果有特定的表现形式，最常见的是发表于专业学术刊物上的学术论文或出版研究专著。学术论文、研究专著有明确的写作方式。根据陶晋生、张存武编《历史学手册》(食货出版社1977)，历史学专著的写作有六部分规范：(1)题页及半题页；(2)序类；(3)目录；(4)正文(段落章节、标点符号、征引、数字与数码、列举、外国文字)；(5)注脚位置用途、初注(已刊书、作译者名及书名、册卷页码、分裂注、期刊日报、论文、其他文件)、再引注；(6)征引文献目录(名称、分类、排列)。专业论文的书写格式、写作技巧等，在高校中还作为一门对学生进行学术训练的基础课程，例如洪业在燕京大学历史系曾开设相关课程并于1938年撰有《研究论文格式举要》一文。

学术研究还必须使用专业的术语，"史学论文常常要讲史料价值、史料真伪、史料源流、史论结合、史德、史才、史识等等。这类名词术语，看起来容易理解，非本专业人员却不一定能准确把握其内涵……虽然学术论文有的时候也写得深入浅出，容易理解，但毕竟讲的是比较专门的问题和抽象的道理，主要供给具有一定专业知识的人们看的，所以它不能顾及普及性的要求"。[①] 此外，专业史学还有着一套完善的学术评估和批评机制。

通俗史学与专业史学正相反。通俗史学必须以广大读者为中心，选题更应该侧重于社会价值而非学术价值，面向大众，贴近生活。普通读者一般对历史上的重大事件和重要历史人物比较感兴趣，还可以"向生活的各方面开拓，衣食

①张连生：《史学论文写作》，吉林人民出版社2002年，第9页。

住行，烹调服饰，茶酒水果，建筑园艺，琴棋书画，不都可以写有兴趣的书吗？人们对生活关心，就会欣赏这些文字。换言之，生活有历史，历史该走到生活里”。①

从内容与规范上来看，“学术论著应当具有属于作者的新发现、新见解、新理念，而普及性撰述并不要求一定具有学术的创新，它可以是史学界多人研究成果的汇集”。② 学术研究应该提倡百家争鸣，通俗史学则需要普及学术界的最新研究成果或是达成共识的知识，对于目前尚有争议问题则稍作介绍，或是尽量回避，例如吕振羽在编撰《简明中国通史》时，“对本国史上许多曾引起争论的问题都未加论辩”。③

在写作的格式规范上，通俗史学一般无须标注材料出处。就形式而言，通俗史学绝大多数都是叙事的，有别于专业考证的史学，章学诚曾有过专论：“考订之说袭用前人成说，本不足怪，但须注明来历耳。惟著述之体不须注明来历，然必其所著之书别有命意，不藉是所引者为重可也。”④罗尔纲《洪秀全》为胜利出版公司“中国历代名贤故事集”之一，因其不是学术著作，故出版时罗尔纲将原稿注释一并删去。通俗史学虽然不必注明材料出处，但绝不意味着作者可以马虎从事，通俗史学“当然不是史料考证，目的为了通俗化，也不须说明史料出处……惟其不写出处，在运用史料上，更须慎重”。⑤

一般来说，五四新文化运动以来的通俗史学都开始采用白话文进行写作。1922 年出版的吕思勉《白话本国史》以“白话”为其书之名，根据该书序例：“本书全用白话，取其与现在人的思想较为接近。但(1)文言不能翻成白话处，(2)虽能翻出而要减少其精神，(3)考据必须照录原文处，仍用文言。”显然，白话撰述更加有助于历史知识的传播。通俗史学所使用的语言必须通俗易懂，专业术语在通俗史学中应当尽可能避免，例如美国人类学家罗伯特·路威著《文明与野蛮》，在序言中说：“在这本人类文明的书里，我力求正确而又易解，除地质学上的 pleistocene(更新世)一字无他字可代只能照用外，我想专门术语可说是完全没有。”故而这本书读起来比较轻松，简明而有趣。⑥

---

①刘子健：《史学的方法、技术和危机》，见《史学方法与历史解释》，康乐、彭明辉编，中国大百科全书出版社 2005 年，第 132 页。

②乔治忠：《论历史知识普及工作的基本原则》，见《“历史研究与历史知识社会化和社会进步”研讨会论文集》，北京师范大学 2010 年，第 1 页。

③吕振羽：《简明中国通史》上册，人民出版社 1955 年，第 3 页。

④章学诚：《乙卯札记·丙辰札记·知非日札》，中华书局 1986 年，第 22 页。

⑤何彭毓：《关于“历史故事试作”内容上的几点意见》，载《光明日报》1951 年 12 月 15 日。

⑥臧嵘：《历史教材纵横谈》，人民教育出版社 1999 年，第 552－553 页。

当然，语言是随着时代的发展而不断发生变化的。民国时期所标明的白话文，和当下通行的语言还是有一定的距离，某些作品的文字读起来还是有佶屈聱牙、艰深难懂之感。从总的趋势来判断，近人阅读前代读物的能力在不断下降，这一点应该是没什么疑问的。吕思勉曾提到，吴乘权的《纲鉴易知录》，“在昔学者鄙为兔园册子，今则能读者已为通人也”。[①] 我们今天看吕思勉的《白话本国史》，可能也会有同样的感触。就像儒家经典在“注”后还要做“疏”一样，一些清末民初以及民国时期的通俗读物在当下还要做些注释、翻译等加工工作。蔡东藩的《中国历代演义》，已经采用了当时的通俗语体，但从今天的眼光来看，该书中的一些内容、表述方式已经不大容易被大众阅读和理解，九州出版社计划推出白话版《中国历朝通俗演义》，组织各高校学者对其书进行处理，使之成为面向大众的符合当下汉语阅读习惯的通俗读物。[②]

综上所述，对于通俗史学大致上可以有如下一些判定标准：(1)在撰述意图上，通俗史学是以历史知识普及而非专业学术研究为目标。(2)从阅读对象来看，通俗史学的阅读对象主要是广大民众而非专业研究者。当然，历史学家也可以从学术兴趣、专业批评等立场出发进行阅读，但历史学家的阅读应当是一种特殊形式的阅读。(3)在内容上，通俗史学不致力于提供新知识，而主要是将历史研究的新成果进行转化为普通民众可以接受的形式。(4)在行文语言上，五四新文化运动以后的通俗史学一般都采用了白话文，叙述要求做到通俗易懂、容易理解，尽量避免使用专业术语。文言文只是作为增强叙述的文学性、可读性而零星使用。(5)在撰述体裁上，通俗史学形式比较自由，无须采取分章析节以及脚注、征引文献、参考文献等形式，形式必须是为便利阅读、容易普及这一目标服务的。

但是，在实际阅读或研究中，对通俗史学进行判定还存在着一定的困难，几乎很难将通俗史学与专业史学进行“一刀切”。“通俗易懂”只是一个相对的概念，究竟历史通俗读物中的语言到了何种程度才能称得上是“通俗易懂”，还缺乏一个定量和定性的标准。读者的知识结构、理解能力、阅读水平的差别也无法对“通俗易懂”定一个统一的标准，“欲以一标准挈其短长，殆非易事”。甚至连一些权威性的工具书对此也无法进行确切的界定，例如1949年后历年的《全国总书目》，在“编辑说明”提出：“通俗读物与非通俗读物的划分，还没有一个完全恰当的标准，我们现在大体上是按语文程度来划分的，即凡适于小学至初中程度的人阅读的列为通俗读物，高于这一水平的为非通俗读物。”除了难以对

①吕思勉：《史学杂论》，见《吕思勉诗文丛稿》上册，上海古籍出版社2011年，第372页。

②见《中华读书报》2008年5月21日“图书广告”。

"通俗易懂"进行定量和定性的界定外,有的学术专著和专业论文采用了比较通俗的写法。近年来翻译的许多西方学者的史学著作,如《洪业》(魏斐德)、《叫魂》(孔飞力)以及史景迁的著作等,也都是叙事生动、可读性强。专业的史学著作写得文笔优美、文字流畅,与通俗史学还是有着根本的分别,但却使得专业和通俗之间的界限显得更为模糊。因此,对于通俗史学的判定,仍然存在着见仁见智的意见。20世纪50年代起中华文化出版事业委员会曾编辑出版"现代国民基本知识丛书",从丛书名来看,收入丛书的都应当是通俗读物,但根据丛书细目,除少数作品外,罗香林《中国民族史》、方豪《中西交通史》、石璋如《中国历史地理》、钱穆《中国思想史》、凌纯声《边疆文化论集》、章群《民国学术论文索引》等等,都属学术专著。故此,本文所列举的各类历史通俗读物,多引述其书的撰述旨趣、编辑体例、阅读对象、语言文字等等,以做必要说明。

(四)通俗史学的主要功能

1931年《中学生》杂志曾组织有关课外读物的讨论,主要围绕以下的主题:(1)为精神的愉快与生活的调剂;(2)为自己学识的补充;(3)为处世做人与人格思想的修养。[①] 概括起来讲,就是指课外读物应具有教育功能和娱乐功能,这两者也是通俗史学的主要功能。

从教育的方面来看,历史知识作为人文社会科学知识的重要组成部分是做人必备的基础和常识,世界各国莫不如此。例如胡焕庸编译《美国国民史》,其宗旨是"在示儿童以本国(指美国)一般思想制度建设成功,以及各种当代之问题,以养成其为美国公民之资格"。[②] 普及必要的历史知识,对于健全国民人格、提高人文素养,都有重要的意义。

进一步来说,历史能够为一个国家和民族传承自己的精神命脉,提升国民的思想素养、精神动力,提供发掘不尽的宝贵资源。中国古代的通俗史学,"在内容上的一个十分突出的特点是继承了中国史学的优良传统,宣扬爱国主义,赞颂民族英雄及其爱国行为,对出卖国家和民族利益者痛加斥责,从而强化了对普通民众的爱国教育。而通俗史学中提倡的孝亲、仁爱、节俭等道德规范,也得到了广泛的社会认同,在加强对普通民众的道德教化方面,同样发挥了重要的作用"。[③] 20世纪上半期,当中国民族危机不断加深之时,发掘民族优良传统、激扬民族精神便是通俗史学的主题。新中国成立后,爱国主义依然还是通俗史学的重要主题,例如上海《大公报》曾专栏连载《中国的世界第一》,后汇编

①《中学生需要怎样的课外读物》,载《中学生》第13号,1931年3月。

②胡焕庸编译:《美国国民史》,载《史地学报》第3卷第1、2期,1924年4月。

③李小树:《关于通俗史学的几个问题》,载《博览群书》2009年第5期。

成书,“每天刊载……将中国这许许多多的世界第一写出来介绍给读者,证明中国之可爱,表明中国对人类对世界的贡献,鼓励我们中国人民更努力”。[①] 各种历史文物、实物图谱等等,在普及历史知识的同时,也都带有情感教育的功能,“从一件件古文物图片中去品赏历史文化的精微和雅韵,而且将以精品图片的解说中激发出无限的爱国情思和民主自豪感,从而有利于进行爱国主义教育,继承和发扬祖国优秀的传统文化遗产”。[②]

从娱乐的方面来看,历史学的最初形态便是“讲故事”,黑格尔称之为“原始的历史”,伯伦汉称之为“故事式的历史”,即“限于能惹起注意之事情,照自然之时间顺序,把它讲成故事,或列举起来,便很满意了。对于材料方面则因动机不同而有种种方向,且应之而生种种再现的形式”。[③] “讲故事”和“听故事”,是人类几千年来重要的娱乐方式之一。

在现代社会中,随着社会生产力水平的发达和人们生活水平的不断提高,人们对于生活日益讲求质量,既包括了物质生活也包括了精神生活。就后者而言,对于休闲娱乐的需要,或者说寻求快乐的需要,是提高精神生活质量的重要内容。这就要求创造出享受轻松、愉悦的通俗史学作品,适应休闲娱乐的要求,通俗读物阅读起来大多都是轻松快意,没有深邃的思想与佶屈的词句,不存在阅读障碍,在为人们提供乐趣的同时增加知识,寓教于乐。

通俗史学具有娱乐功能有两层含义,其一是通俗史学本身能够使大众产生愉悦、快乐的情绪。其二就是指人们在多样化的休闲娱乐活动中,例如在阅读书籍、观看影视、外出旅游、参观人文景观名胜古迹等活动中有可能会接触到很多与历史相关的信息和知识,通俗史学与日常生活中的休闲娱乐产生了直接或间接的关联。

(五)与通俗史学相关的概念辨析

通俗史学是学术界使用较多的一个概念,但另有几个概念与通俗史学较为近似,需要加以辨析。

(1)通俗史学和民间史学。有的学者将通俗史学等同于民间史学,这是从文学领域里的雅文学/俗文学的对立推及至史学领域。舒焚从雅俗对立出发来对通俗史学进行界定:“从奴隶社会起,一切知识部门,一切文化项目,都有雅俗的划分。雅者,在大雅之堂之上、之内;俗者,在大雅之堂之下、之外……俗史学

①《对于〈中国的世界第一〉一点说明》,载《大公报》1951年4月5日。

②朱大渭:《中国通史图说·前言》,见《六朝史论续编》,学苑出版社2008年,第322页。

③朱谦之:《现代史学概论》,见《朱谦之文集》第6卷,福建人民出版社2002年,第29页。

或通俗史学是各个历史时期民间的或人民群众的史学。”[①]彭卫《中国古代通俗史学初探》又进一步发挥了这一观点：“通俗史学是流行于民间的对于历史活动和历史现象的叙述和表达，它有别于史学家笔下的经过考核推定并以规范严谨的文字加以表述的正规化历史著述。它广泛流行传布于民间，深刻影响于民间，与其他形式的历史著作长期并行，成为中国古代史学的一种重要类型。”[②]

上述定义强调通俗史学的通俗和普及的一面，把雅史学/俗史学与庙堂史学/民间史学等同起来，并强化了雅/俗、庙堂/民间之间的对立。民间史学在行文语言上通俗易懂，就这一点来讲与通俗史学是相同的，“群众有丰富的语言，有很多是生动活泼、能表现实际生活的”。[③] 但细究起来，雅史学/俗史学与庙堂史学/民间史学这两对概念并不完全同一，例如明代张居正编《帝鉴图说》，是供明神宗阅读的教科书，全书都由历史小故事组成，还配插图。就此书创作主体、阅读对象而言应该是官方史学著作，但就内容性质而言则属通俗史学著作。

庙堂史学/民间史学这对概念对应于正史/野史、杂史、稗史似更为恰当。正史是为历代统治者所掌控，由朝廷史官奉命编修，代表官方意志的具有对史事记载和解释的权威性史书。民间史学是与官方正史相对应的史学形态，如野史、杂史、稗史等等。以“野史”而论，“野史”之名始见于唐陆龟蒙诗《奉酬袭美苦雨见寄》“自爱垂名野史中”，《金史·元好问传》载金人元好问作史，“构亭于家，著述其上，因名曰‘野史’。凡金源君臣遗言往行，采摭所闻，有所得辄以寸纸细字为记录，至百余万言”。“野史”是一个极宽泛的概念，其基本特点有四：作者多非史官；体裁不拘；所记大多出于闻见；记事较少忌讳。[④]《隋书·高祖纪》载：“诏人(民)间有撰集国史、臧否人物者，皆令禁绝。”正说明了统治者对修史之“话语权”的掌控以及庙堂史学/民间史学这两者的对立。

从创作过程来看，官方史学和民间史学都是原创性的“著作”，通俗史学是在原创性“著作”基础上的对历史知识进行通俗化、普及化的加工、改编工作。官方史学和民间史学都是原生的，通俗史学是次生的。从史料学的角度来看，正史与民间史学的各种形态如稗史、野史、杂史等，都是第一手的“原料”(primary sources)，通俗史学中的记载则是从“原料”派生出来的。在运用史料时，当然尽可能以原料为先。如果历史学家研究三国史，撰写有关三国的学术论

①舒焚：《两宋说话人讲史的史学意义》，载《历史研究》1987年第4期。

②彭卫：《中国古代通俗史学初探》，见《当代西方史学思想的困惑》，中国社会科学出版社1991年，第189页。

③李凡夫：《在教学工作中要反对党八股，提倡通俗化》，载《学习》1956年第8期。

④瞿林东：《说野史》，载《齐鲁学刊》2000年第1期。

文，注释中的征引文献主要为《三国志》以及裴松之注引各书，不会引《十七史详节》《诸史提要》《三国史瑜》等书中有关三国史事的记载，当然更不会引《三国演义》中之记载为佐证。可见，民间史学与通俗史学并不能等同。

（2）通俗史学和大众史学。“大众史学”这个概念使用似乎有些混乱。吴泽主编《中国近代史学史》认为通俗史学是一种在民间广为流传的，浅显易懂、生动活泼、容易接受的大众化的史学。① 瞿林东曾以古代蒙学读物为例，来说明“蒙学读本在普及历史知识方面的积极作用”，“普及历史知识，也是大众文化所需要的”。② 上述都是以大众化来解释通俗史学。何多奇、代继华则将大众史学（popular history）定义为“面向社会大众的史学活动。它与面向历史学术领域的专业史学，共同构成完整意义的历史学”③，则偏重于大众史学与专业史学的区分。

也有学者将“大众史学”等同于20世纪六七十年代兴起于美国的“公共史学”（public history）。在西方学界，公共史学是指“以公众为阅读对象而撰写的历史”④，这与通俗史学的内涵基本一致。但公共史学的内涵并不仅限于此，周梁楷将公共史学等同于大众史学，认为大众史学标榜的是“书写大众的历史”，大众史学的媒介除了书写之外还使用语言、图像、文物以及数字多媒体等形式来表达、陈述大众的历史。周梁楷又把大众史学分成三个层次，一是“大众的历史”（history of publics）；二是“历史是写给大众阅听的”（history for the publics）；三是“历史是由大众来书写的”（history by the publics）。⑤ 从上述界定来看，大众史学的第二层次，即“历史是写给大众阅听的”，与通俗史学等同；第一层次“大众的历史”，是指历史学的研究对象是大众；而第三层次“历史是由大众来书写的”，则与上引的民间史学的概念基本等同。⑥ 所以，通俗史学的内容与大众史学有重叠但不等同。

（3）通俗史学和接受史学。“接受”这个概念来自于传播学，美国学者H.拉斯韦尔提出了著名的“5W”的传播过程模式：Who→Says what→In which channel→To whom→With what effect。⑦ 传播者借助于一定的媒介，将信息传送给接受

①吴泽主编：《中国近代史学史》下册，江苏古籍出版社1989年，第395页。

②瞿林东：《史学与大众文化》，载《史学史研究》1994年第2期。

③何多奇、代继华：《简论20世纪美国的大众史学》，载《史学理论研究》2009年第3期。

④〔英〕约翰·托什著，吴英译：《史学导论》，北京大学出版社2007年，第5页。

⑤周梁楷：《大众史学：人人都是史家》，载《当代》第206期，2004年1月。

⑥新中国成立后在1958年的“史学革命”中曾兴起编撰“三史”的热潮，“三史”指公社社史、工厂厂史和部队队史，“三史”标榜由人民群众写人民群众的历史，又写给人民群众阅读，与上述三个层次颇为合辙。但“三史”的编撰实践则完全又是另一回事。

⑦郭庆光：《传播学教程》，中国人民大学出版社1999年，第60页。

者,并在接受者那里产生了一定的效果,即完成了一次传播行为。在文学艺术领域里,德国学者姚斯首先提出了“接受美学”的概念,受此概念启发而又有了接受史学。从接受的角度出发,主要是研究史学之于接受者身上产生的效果,朱政惠《从接受角度研究史学》最早提出了这一看法,李洪岩《论历史学的俗化与近代接受史学理论试论》则提出了接受史学这一概念,并进一步做了系统化的论证。

从接受的角度来研究通俗史学,就是把研究的中心从史官、史家、史著转移到读者身上,以读者作为研究中心,主要是看通俗史学中的历史知识是通过何种途径被读者所接受的,接受的程度层次如何,并且历史知识最终是如何渗入人们的日常生活中的,又如何对日常生活产生影响。接受研究是“从读者角度出发建构的史学思想与历史著作……它以读者为核心,把如何使读者有效接受放在首要位置。围绕这个核心问题,在史学本质论、功能论、方法论、编撰理论等方面形成一个相对完整的理论学说体系”。①

但是通俗史学与接受史学也不能完全画上等号。通俗史学强调的史学文本之通俗易懂,接受史学则更加侧重于读者在阅读史著、接受史著中的知识、观点、思想后所产生之接受效果。从接受的文本来看,专业史学著作和通俗史学著作都是接受史学的研究对象。从接受的对象来看,至少可以分成广大民众的接受和专家学者的接受两种类型,前者是普通的接受,后者是特殊的接受,完全是两种截然不同的接受类型。通俗史学是以广大民众为对象的普通的接受。接受史学包含了各种类型、各个层次的接受,因此通俗史学与接受史学的内涵也并不完全同一。

(4)通俗史学和娱乐史学。通俗史学当然具有娱乐性,娱乐史学则是指以历史为题材,加入大量的想象、虚构以及艺术加工,以各种娱乐化形式如小说、戏曲、影视等呈现的诸形态。钱茂伟将史学的普及和娱乐做了明确区分:“职业史家编纂的普及史学读物和文艺工作者编纂的以历史为题材的娱乐性作品。前者可称史学的普及化,后者可称史学的娱乐化。”两者的区别主要体现在了编纂主体、性质、读者群体、出版社以及市场效应诸方面。②

从目前的研究来看,娱乐史学可以追溯至汉代,而在唐宋之际成为一种普遍的社会现象。顾颉刚《古史笔记》中“讲史”条云:“吴自牧《梦粱录》卷20记

---

①李洪岩:《近代接受史学理论试说》,载《学术研究》1997年第1期。

②钱茂伟:《论史学的普及化与娱乐化》,载《史学理论与史学史学刊》2004、2005年合卷。为行文方便,此处将史学的娱乐化名之为“娱乐史学”,但娱乐史学的内容存在着大量的虚构想象,于史无征,逸出了“史学”的界限。

说话四家,其一为讲史:讲史书者,谓讲说《通鉴》,汉、唐历代书史文传与兴废争战之事,灌园耐得翁《都城纪胜》谓之'说史',周密《武林旧事》谓之'演史',今所传《三国演义》,是为最成功之讲史,由口说而渐变为笔录,又由文士增删润饰而成定者。按《汉书·艺文志》有臣寿《周纪》七篇(班固注:'项国圄人,宣帝时。')虞初《周说》九百四十三篇(班注:'河南人,武帝时以方士侍郎,号黄车使者。')颜师古注引应劭曰:'其说以周书为本。'师古曰:'《史记》云虞初,洛阳人,即张衡《西京赋》小说九百,本自虞初者也。'按此,虞初时代,早于臣寿,而皆演说周事,成为'街谈巷语,道听途说'。其说以《周书》为本,当是本于《逸周书》,而衍长为九百四十三篇之巨帙,武帝喜之,拜为侍郎,是汉代说话人之荣幸且超轶宋代远矣。志之,以见讲史之业殆发端于汉,而又直接供天子之听也。虽无一字传下,而当时之赫奕声势则可知。"[①]从上引"讲史"条,我们可以对汉代讲史的内容、形式、规模等有一个大体上的了解。而20世纪初新发现的敦煌文献中的史料则拓展了对讲史的研究。唐代俗讲盛行,俗讲是唐代的一种讲经形式,即通俗讲经之意,其文字脚本称"变文"。唐代俗讲的内容以佛经为主,也有不少是历史故事,如伍子胥故事,《汉将王陵变》,《季布骂阵变文》,《昭君变》,《张淮深变文》等等,"即宋代说话人中讲史书一科之先声"。[②] 自宋代开始,有了大量的市民群体作为听众,而城市管理制度也出现了变革,有了专门的场所以供应"说话""讲史",是其兴盛时期。宋元明清时期的讲史、说书、平话等出现了兴盛的场景,作为平话脚本的演义体历史小说也开始大量出现。此种娱乐化历史,是社会生活史的重要组成部分,将其看成是一种社会现象,也是很值得研究的。

娱乐史学是以消闲娱乐为目的,同时又以历史作为题材的各种娱乐化形式,在历史事实的基础上加入了虚构、夸张、想象等各种艺术上的处理。大致上说可以分为以下几个类型:(1)历史小说、历史演义。《三国演义》的成书,直接带动了历史演义小说的创作。据统计,明代出现的历史演义小说就有20部。从盘古到明朝的中国历史,每一朝都有了历史演义小说。[③] (2)以历史为题材的戏曲。戏曲是戏剧和曲艺的合称,以历史为题材的戏曲,通常都加入了很多想象夸张的成分,以说唱或表演为其外在形式,京剧及各种地方戏、说书、评弹等都是比较常见的形式。(3)历史影视剧。美国历史学家海登·怀特有《书写

---

①顾颉刚:《古史杂记·讲史》,见《顾颉刚全集》第29册,中华书局2010年,第47页。

②向达:《唐代俗讲考》,见《唐代长安与西域文明》,河北教育出版社2001年,第307页。

③钱茂伟:《明代史学的历程》,社会科学文献出版社2003年,第399-400页。以"历史演义"为名,但在撰述时以史料为依据,不超越史料范围的历史演义则可归入通俗史学范畴,已见前述。

史学与影视史学》一文,海登·怀特生造了“书写史学”(historiography)这一概念,与“影视史学”(historiophoty)相对应。历史影视剧可以分成广狭二义,狭义的历史剧是指有历史事实与记载为根据,在此基础上进行各种艺术加工,使情节更曲折,故事更生动。而表现反映古代社会人们的生活,表现某一历史时期有可能发生的事情和可能出现的人物,即根据历史发展的可能性原则与逻辑原则去综合、概括反映社会生活的都属于广义的历史剧。① (4)新兴的现代化网络传媒中的历史,是指上述以历史为题材的演义、戏曲、影视等通过现代网络为媒介来进行传播。通过网络,人们接触到的信息资源更加丰富,形式也更为多样化。但是,由于目前网络的不规范,在提供巨大资源的同时,也带来了很多负面的东西。②

娱乐史学中或多或少都有一点历史的内容在内,孙楷第《中国通俗小说书目》中以为“通俗小说中讲史一派,流品至杂……其作者有文人、有闾里塾师,瓦舍伎艺,大抵虚实各半,不以记诵见长。亦有过实而直同史抄,凭虚全无根据者,而亦自托于讲史”③。戏剧、曲艺、影视等等,大多都是根据历史小说、历史演义而改编。娱乐史学主要是为了满足人们消闲娱乐而非学习知识的需要,在娱乐中知道一点历史知识——无论此类知识是否正确——都是史学娱乐化的副产品。正如一位杂文名家所言:“中国人的历史知识,许多是从小说、戏文中得来的。这也难怪,一部二十四史,那么多的书、表、纪、传,文字又难懂,叫整日要为生计奔波的小民百姓从何读起?说书人的讲史演义,戏曲里的历史故事,事本曲折离奇,复经艺人绘声绘形地搬演,自然容易入脑入心。但是,戏曲小说,本系虚构,即便取诸史料,也是三真七假,哪里当得了真!靠这些谈谈山海经未尝不可,真要据以论史,就难免贻笑大方了。”④又如蔡锷与小凤仙的故事改编成戏曲、音乐、电影、电视剧甚多,人们至今仍津津乐道于小凤仙这个“爱国侠妓”,但根据研究,小凤仙只是一个普普通通的风尘女子,蔡锷与小凤仙只是一般性的交往,以此为题材的“戏剧影视作品并不是历史著作,作为艺术自有其追求票房价值,吸引观众眼球,进行虚构、加工、美化的理由”。⑤

(5)通俗史学与庸俗史学。庸俗史学中“庸俗”一词包含了庸俗、低俗、媚俗,即所谓的“三俗”。庸俗史学亦可视之为“伪史学”,即与挂着“史学”之名头

①张广智:《影视史学》,扬智文化事业公司1998年,第74-75页。

②蔡连卫:《“杨家将”故事传播情况综述》,载《民俗研究》2005年第2期。

③孙楷第:《中国通俗小说书目》,人民文学出版社1982年,第4页。

④陈四益:《草桥谈往》,上海古籍出版社2005年,第126页。

⑤曾业英:《蔡锷与小凤仙——兼谈史料辨伪和史事考证问题》,载《近代史研究》2009年第1期。

但却与史学之本质毫不沾边。通俗史学与庸俗史学虽然只有一字之差，但差别却是极大。通俗史学是通过历史知识普及，使得历史知识“更广泛地和更好地为尽可能多的读者所接受、认可与起正面导引作用”。[①] 通俗史学是从积极的方面发挥其教育功能，通过历史知识的普及活动来渗透情感教育，提高广大民众的道德情操和人文素养。中国古代历史中有很多富有教育意义的故事，都可以用来宣传教育。对娱乐史学来说，在发挥史学消闲娱乐功能的同时，也很注重寓教于乐。谢晋执导的历史巨片《鸦片战争》，“透过那段令人难忘与屈辱历史的追问，意在揭示‘落后就要挨打’这一至理名言……是对鸦片战争历史的一次深刻反思，一次民族正义感、民族道义感的‘艺术发言’”。[②] 当然，对于观众来说，“不必也不应把历史影片当作具体的真实的历史去接受”，这是由娱乐史学本身的性质所决定的。

无论是通俗史学还是娱乐史学，都是通俗而不庸俗，“通俗”应该是个中性词。相比之下，庸俗史学“假史学之名义，行庸俗、低俗、媚俗之实，早已背离了史学的科学性和严肃性。庸俗史学是史学工作者所不能容忍和接受的”。[③] 通俗史学和娱乐史学的撰述与创作都十分严肃认真，都比较注重从正面发挥史学的引导和教育功能。庸俗史学则流于低级趣味，“着意渲染历史奇闻、宫廷秘事、名人私生活之类的文章书籍，趣味未免低级，对于提高人们的历史认识水平，提高文化素养，培养道德情操未见得有益”。[④] 通俗史学都是“正说”历史，庸俗史学则是各式各样的“戏说”“歪说”“胡说”历史，“一味迎合部分群众的落后意识和低俗趣味，从根本上否定了历史学社会功能的实现”。[⑤] 庸俗史学在绝大多数情况下都以娱乐化的形式出现，其中大部分内容都已经越过了“史学”的界限，例如乱说瞎说历史、胡编乱造影视剧等等，于“史学”已经名实不符了。

因此，对于庸俗史学，历史学家一方面要“创作出高品位、老少咸宜、雅俗共赏的通俗史学作品”，努力做到“通俗”而不“庸俗”，另一方面则要对庸俗史学进行严肃的批评。例如对于“胡编乱造历史影视剧”，许多学者都认为，“以取悦和金钱为目的而胡编滥造的历史剧是对社会的不负责，甚至是一种公害……将其题材局限在帝王将相范围，任意杜撰，粗制滥造，颠倒是非，传播错误的历史认识与历史知识，其负面作用令人堪忧”，“（历史学者）不能坐视错误的历史认

①代继华：《史学观念的检讨与史学普及》，载《华南师范大学学报》2001 年第 1 期。

②张广智：《影视史学》，扬智文化事业公司 1998 年，第 90 页。

③张晓校：《试论当代史学发展中的通俗史学》，载《学习与探索》1996 年第 4 期。

④宁可：《充分发挥史学的社会功能》，见《宁可史学论集》，中国社会科学出版社 1999 年，第 183 页。

⑤李文海：《让历史学更加贴近生活、贴近社会、贴近现实》，载《史学理论研究》2005 年第 2 期。

识的泛滥,坐视青少年误以为屏幕上荒唐无聊的搞笑游戏就是历史真实","中华历史是中国各族人民神圣而宝贵的文化遗产,任何人没有权利拿杰出历史人物作娱乐,更不可随意'玩历史',应当敬畏历史"。① 有历史学者甚至提出"影视编导应与史学家联袂","以人之长补己之短,卓有成效地开发和利用历史题材,创作出更多、更好的影视作品来"。②

通过上述辨析,可知通俗史学与民间史学、大众史学、接受史学这几个概念都有着不同程度联系,但亦都有所区别。通俗史学以及民间史学、大众史学、接受史学这些概念,对于进一步深入讨论历史学的存在形态、编纂特征、传播方式以及社会影响,都有着极其重要的意义。娱乐史学、庸俗史学这两者则在不同程度上都已经越过了史学的界限,于"史学"之名已不甚契合。对于娱乐史学,在娱乐的同时要注重从正面积极引导,发挥史学的教育功能。即便是要强化娱乐功能,也不能突破历史的底线,"不能随意裁剪历史,虚构也应合理适度"。③ 对于庸俗史学,则须进行严肃的批判和抵制。

第二节 中国古代通俗史学的发展历程

通俗史学的名称虽然晚出,但是通俗史学作为一种史学现象、史学形态却早已存在。从目前学术界的研究来看,中国的通俗史学开端于宋,明代则是通俗史学的高峰期。

在中国史学发展传播史上,在先秦两汉魏晋南北朝隋唐时期,存在着各种形式的历史知识传播活动,例如追忆式的讲史,史书的传抄和阅读,各种形式的历史教学活动等等,但传播的形式比较单一,范围极其有限,难以起到历史知识普及化、大众化的效果。

宋代是中国史学发展的高峰,同时又是中国通俗史学的开端。一方面,从史学本身的发展来看,宋代的史学在高度发展的同时出现了大量对其加以改编、节要、删节等形式的简要史书。另一方面,从传播普及的角度来看,宋代印刷术的发展又极大地推进了史学在民众中的推广和普及。

中国历代各种正史、杂史数量众多,内容繁杂,史书不知从何读起,因而出

---

①《历史学者要承担社会批评的责任——几位历史学家严责胡编乱造历史影视剧》,载《中华读书报》2005年9月21日。

②田居俭:《影视编导应与史学家联袂》,见《春泥集:田居俭论史文存》,当代中国出版社2004年,第98页。

③马宝珠:《让历史剧回归自身——历史题材影视剧漫谈》,见《说不尽的历史话题》,河南大学出版社2008年,第329页。

现了各种形式的删节本、纲要本、节录本,基本上都是取材于各种史书,抄撮成书,以为普通读者学习历史之用。通过节选、摘抄的方式使古代文献以提纲挈领、眉目清晰的形式出现,以便于历史知识的传播。宋代的节抄本常见的有《十七史详节》《十七史蒙求》《眉山新编十七史节要》《古今历代十八史略》《十七史纂古今通要》《历代通略》《增节音注资治通鉴》《增入名儒集议资治通鉴详节》《吕大著点校标抹增节备注资治通鉴》《入注附音司马温公资治通鉴纲目》《省元林公集注资治通鉴详节》《李侍郎经进六朝通鉴博议》《分门史志通典治原之书》《永嘉先生三国六朝纪年总辨》等等。历史童蒙读物和正史的节录本比较适合于教学,也便于历史知识的普及。

除了宋代史学发达之外,宋代的历史教育与书坊出版业的兴盛也是通俗史学得以繁荣的重要因素。为了适应童蒙教育而编纂了各种童蒙读物,以历史为内容的有王逢原《十七史蒙求》、陈栎《历代蒙求》、刘班《两汉蒙求》、黄继善《史学提要》等等。宋代的官、私学中历史教育是很重要的内容,例如延平郡学及书院生员"晚读《通鉴纲目》,须每日为课程,记其所读起止"。明道书院在其"规程"中规定"每旬山长入堂,会集职事生员,授讲、签讲、复讲如规。三八讲经,一六讲史,并书于讲簿"。[①]《宋史·选举志》载朱熹曾倡议改革考试制度,"分诸经、子、史、时务之年",史年的科目安排为"《左传》《国语》《史记》《两汉》为一科,《三国》《晋书》《南北史》为一科,《新旧唐书》《五代史》为一科"。宋代是知识传播从口耳相传、文字传播发展到印刷传播的时代。唐代后期已经有了雕版印刷,宋代又出现了活字印刷。印刷术使得文字信息的批量生产和大规模传播成为可能。两宋时期刻书之多,雕镂之广,规模之大,版印之精,流通之宽,都是前所未有的。

元代在通俗史学方面承袭宋代但成就并不突出。到了明代,通俗史学又现出蔚为繁盛的景象。[②] 明人一方面将宋元时代的历史通俗读物重新刊行,另一方面又编纂了大量的通俗读物,使之成为一种潮流。历史通俗读物的流行已成为一种风气,社会的需求量很大,其主要形式有:(1)以《资治通鉴》《通鉴纲目》衍生出的编年体通俗读物。宋人江贽的《资治通鉴节要》,在嘉靖、隆庆年间又衍生出多种版本,明人又自行编纂《资治通鉴》的删节本,如《世史正纲》《诸史会编大全》《甲子会记》《历代纪要》《新编通鉴集要》等等。万历年间,此类作品问世者就更多了。受朱熹《资治通鉴纲目》的影响,明代又出现了很多通鉴的改

①陈谷嘉、邓洪波编:《中国书院史资料》上册,浙江教育出版社1998年,第203-204页。

②对于明代通俗史学的介绍,主要参考了乔治忠《明代史学发展的普及性潮流》(见瞿林东主编《文明演进源流的思考:中国古代史学研究》,北京师范大学出版社2007年)中的研究成果。

编本,根据《中国古籍善本书目·编年类》统计,“纲鉴”之包括各种变种约有30多种。(2)史抄、史评及各种杂史著作。元初曾先之著《十八史略》在明代影响极大,《善本书目》著录的史抄约140种。史评类著作多受《史通》影响,《善本书目》著录一百多种,最值得注意的是顾充的《历朝捷录大成》。杂史则有杨慎《滇载记》、倪辂《南诏野史》、钱吉训《百夷传》、廖道南《楚记》等等。[①] (3)明代私家撰写的前代和同代人物传记,《善本书目》著录约110种,有《女范编》《硕辅宝鉴要览》《历代守令传》《廉吏传》《儒学嫡派》《元儒考略》等等,主要目的在于宣扬道德教化,多为树立正面的人物模范。

清朝初年,通俗史学一度延续了明代的盛况,也出现了许多新作品,有叶沄《纲鉴会编》、潘永圜《续书堂纲鉴定本》、朱璘《历朝纲鉴辑略》、吴乘权《纲鉴易知录》、李清《正史新奇》、魏裔介《鉴语经世编》、李渔《古今史略》、左昊《读史纲》等等。但至乾隆年间,考据学逐渐成为学术界的主流,而清代统治者在编修《四库全书》的同时又清查、禁毁各种违碍书籍。从明代开始的史学普及潮流,到了明清之际由于种种原因开始回落,乾嘉年间更是落入了低谷。

总的来说,中国古代的通俗史学,大致有以下几个特征:(1)编纂遵循史学规范,不违背史实。通俗史学大多以正史删节本、纲要本、节录本和蒙学读物等形式出现,便于普通读者学习历史之用。根据《四库全书总目提要》,吕祖谦《十七史详节》是为“其读史时删节备检之本”,“但撷取菁华,以便省览”。曾先之《十八史略》,“抄节史文,简略殊甚……盖乡塾课蒙之本”。这些都可看作是普通读者学史的入门读物。但是从专业研究的角度来看,正史删节本、纲要本、节录本和蒙学读物“对史学自身的发展很少有直接意义”。[②] (2)有些读物开始使用通俗化的语言。《史学提要》“以四言韵语编贯诸史,始自上古,迄于宋末,以便初学记诵”。《两汉蒙求》“仿唐李瀚《蒙求》之体,取两汉之事,以韵语括之。取便乡塾之诵习,于史学无所发明”。《史韵》“摘录史事,俪以四言韵语。凡西汉、东汉、三国、两晋、南北朝、唐、五代、宋、元各为一首,词简而赅”。《诗史》“于历代帝王各以四言韵语括其始末。起自盘古,终于有明”。可见古代有许多以历史为内容的蒙求读物大多以“韵语”编纂,以便于记诵。(3)产生了明确的普及意识。丘濬在《世史正纲·自序》中认为“圣贤之书用意深而立例严,非贤人君子不能知也,是以知者恒鲜。愚为此书,直述其事,显明其义,使凡有目者所共睹,有耳者所共闻,粗知文义者,不待讲明思索,皆可与知也”。但是这种普

---

①乔治忠认为“杂史的归类标准难以掌握,各书著录差距极大”。有些著作是否能归入“普及性史书”还需斟酌。

②瞿林东:《中国史学史纲》,北京出版社1999年,第638页。

及意识还是有着其局限性。丘濬的论述固然体现出了历史知识的普及意识,但其将精英阶层与普通民众之间做了雅/俗的区划,进行了"贤人君子"的自我身份塑造,体现出知识分子高高在上的自我精英意识。

中国古代的通俗史学还存在很多缺陷,乔治忠就明代为例归纳出三点不足:面目雷同,极少力作;编纂草率,图新鲜抢速度;装订简陋,纸张粗劣。"但尽管如此,其普及历史知识的作用仍不可抹杀。普及性史学潮流,是中国史学发展史的一个阶段……给史学的进一步发展夯实了基础"。①

第三节 研究通俗史学的意义与路径

(一)通俗史学的研究意义

历史学有两项任务,一是历史学的学术研究,二是历史知识的普及。对于历史学家来说,前者是其专业工作,后者是其社会责任,二者不可偏废,同样重要,正如何兹全所言:"历史学有两个使命:一是认识人类社会历史的客观真实和客观发展规律,二是把这些认识在人民群众中进行普及。也可以说,历史学有两个任务:一是提高,二是普及历史,不断提高人类对社会对自我的认识。历史使人积累经验,总结经验。经验给人智慧,给人高明。但提高究竟是少数人的事,更重要的是把历史和历史给人的智慧和高明传播给广大人民群众。历史知识、历史修养,是个人文化修养、民族文化素质中最重要的因素。要提高个人文化修养、民族文化素质,就要靠普及历史知识。"②提高和普及对应的正是专业史学和通俗史学。当然,两者并非是步调一致的,后者是在前者研究的基础上将成果转化为通俗易懂的作品,例如罗尔纲认为"太平天国专史的完成要等待各种史料的鉴别考订完竣后,而太平天国通俗史的写作又要更在专史完成之后"。③

普及历史知识的目的,涉及了历史学的致用。简单来说,"历史知识是人类无穷无尽的科学文化中的一种。一切有益的知识我们都需要,不是只需要历史知识这一门,更不能说唯有它最重要,别的都在其次。但历史知识在人们的生活和斗争中,占着很显著的位置,这是事实"。④ 专业学术研究和历史知识普及

---

①乔治忠:《明代史学发展的普及性潮流》,见《文明演进源流的思考:中国古代史学研究》,瞿林东主编,北京师范大学出版社 2007 年,第 309 页。

②何兹全:《〈历史学的突破、创新和普及〉自序》,见《何兹全文集》第 2 卷,中华书局 2006 年,第 1082 页。

③罗尔纲:《书籍评论·〈太平天国史〉》,载《中国近代经济史研究集刊》第 5 卷第 1 期,1937 年 3 月。

④刘大年:《〈历史小故事丛书选辑〉序》,载《读书》1983 年第 10 期。

可看作是历史学家的双重责任，历史学家应该“面向社会，不论写史学论文、普及读物还是其他工作，都要以服务于现实为目标……把史学变成为一个开放的对社会有价值的科学领域，而受到社会上广大群众的欢迎”。[①] 对于公众的“期待视野”而言，公众对历史知识存在着不同的层面和内容的需求，有的比较偏爱历史故事，有的仅仅需要普通的历史常识，有的需要从历史中获得对现实生活与工作有用的知识，有的比较关心历史学界的动态和研究成果，有的爱好者还希望参与到历史学中去。公众对历史的需求或可分三个层次：“最低一层是‘看热闹’，往上一层是‘有感悟’，最高层是‘读史为我所用’”。[②] 因此，研究通俗史学，既有学术意义，又有社会意义。

从专业学术的角度来看，虽然通俗史学一般说来是没有史料价值，但在历史编纂学上却有很高的研究价值的。在史料学的层面上，通俗史学作品基本上都不是原始的第一手资料，而是二三手资料，或是对已有的研究成果进行通俗化的改编、加工、转化工作，不能作为直接史料来进行运用。但在编纂学的层面上，通俗史学在编纂上如何删繁就简，将纷繁复杂的史事斧削裁剪，熔于一炉，以适应历史知识普及的需要，这种编纂方式还是有着相当的价值。例如清人吴乘权所编的《纲鉴易知录》，从远古迄于明亡，主要抄录前代各类通鉴以及纪事本末，裁剪而成。在其书的编纂上，“贯穿古今，纲目分明，简要有法，荟萃群书，集诸家所得，将上下数千年史事熔于一炉”，中国历代的重大历史事件和历史人物在《纲鉴易知录》中都有所反映，“这部书叫做《易知录》，倒也是名副其实的。惟其易知，因而数百年来它一直为初学历史者所喜”。[③] 又如《四库全书总目提要》批评明人赵维寰编《读史快编》“于诸史之中摘录其新异之事，始于《史记》，迄《新唐书》，割裂翦裁，漫无义例”，显然是个反面例子。

此外，在思想史的层面上，通俗史学在传播历史知识的同时，也在传播那个时代所通行的社会观念。在这一点上通俗史学与娱乐史学是一致的。《三国演义》这部书“要灌输给你的早就灌输给你了。那里面哪一页不是充满了浸透了儒家的忠、孝、节、义？哪一个情节不是深深打动着你的心，教你做人做事的道理，渗透在你的骨髓中，融化在你的血液里？”[④]中国古代的通俗史学，根植于传统社会的土壤中。中国传统的社会观念反映在通俗史学中，主要有四条脉络：命定论和因果报应观；英雄史观；封建伦理纲常观念，包括正统思想、忠孝节义

①李清凌：《史学理论与方法》，甘肃民族出版社 1993 年，第 29 页。

②包岩：《历史类图书何以让民众狂热》，载《博览群书》2009 年第 5 期。

③陈祖武：《清初学术思辨录》，中国社会科学出版社 1992 年，第 250－251 页。

④何芳川：《强调人文素养，重视文化积淀》，载《历史教学》2003 年第 4 期。

观等;阴阳五行观。[1] 这些观念通过通俗史学的传播被糅合在了形象化、具体化的历史事件和人物的叙述中,也被民众所潜移默化地接受。因此,通俗史学对于思想史、观念史研究有着重要的价值。

对通俗史学的研究,除了学术意义外,还有着重要的实践意义。通俗史学是进行历史知识普及、提高民众文化水平的重要途径,"用比较通俗的形式写出来的史书、读本,对史学自身的发展很少有直接意义,但对史学跟社会的结合确有一定的积极作用"[2],研究通俗史学可以为当前的历史知识普及工作提供经验。

当前的历史知识普及工作,存在着很多问题。根据张晓校的分析,通俗性的历史读物主要有三方面的不足之处:一是没能揭示历史的本质和规律,多取一些历史的垃圾和糟粕,披上历史的外衣来招摇,东拼西凑,错误百出。二是缺少科学性和严肃性,一些历史事件和人物经过"加工处理"后,变得面目全非,完全丧失了历史学本身所具有的教育意义。三是给并无太多分析批判能力的读者留下了错误的导向,使人误以为历史不过是乌七八糟的大杂烩,后宫的奢靡、帝王的淫乱、清官的"高大全"、平民百姓的一文不值构成了历史的要件。[3] 除了低俗无聊外,有的作品还追求轰动效应,要么语出惊人,要么厚诬古人,做不切实际的翻案工作,"使已被钉在历史耻辱柱上的奸佞之徒……加入到'名人伟人'的行列",贻笑大方。[4] 又例如黄仁宇的《万历十五年》,此书被译成中文后,成为极为罕见的畅销书。潘叔明、许苏民通过翻检核查原始资料,指出黄仁宇对于李贽的原著存在着诸如理解错误、断章取义、孤证立论等各种失误。潘叔明、许苏民严厉地指出,黄仁宇在李贽的研究中,置大量不利于其立论的史料于不顾,先入为主的偏见支配了其对于史料的取舍,此种做法当然是有悖于历史研究的规范。[5]《万历十五年》是黄仁宇将其学术研究的成果用通俗易懂的方式进行表述的作品。但对普通读者来说,一般不会也没有必要去翻检原文,核对史料,对于其中的错误自然也全盘接受,产生了不小的负面效应。

当代的通俗史学与大众传媒(massive media)相结合,"随着报纸、广播、电影、电视、因特网等现代传媒工具的迅速发展与普及,通俗文化的影响越来越

①彭卫:《中国古代通俗史学初探》,见《当代西方史学思想的困惑》,中国社会科学出版社 1991 年,第 203 - 207 页。

②瞿林东:《中国史学史纲》,北京出版社 1999 年,第 638 页。

③张晓校:《试论当代史学发展中的通俗史学》,载《学习与探索》1996 年第 4 期。

④张晓校:《简论当代中国史学的自律与自觉》,载《史学理论研究》1998 年第 2 期。

⑤潘叔明、许苏民:《〈万历十五年〉对李贽著作的误读》,载《东南学术》2000 年第 5 期。此外,在作者看来,黄仁宇所鼓吹的大历史观,也是"卑之无甚高论"。

大，对青少年一代的影响已远远超过'精英文化'……对它进行分析，是一大难题，但不可回避，因为它确实活生生地存在着，并且日益深入青少年的心灵之中"。[①] 而随着现代社会生活节奏加快，人们用来读书的时间越来越少，而了解历史知识的途径，也只能依靠大众传媒，因此，历史知识的普及越来越依靠于大众传媒。许海云认为"史学大众化"更加注重于对历史事实的生动描述，但却缺乏充足的史料依据，由此而得出的许多观点与传统史学大相径庭，甚至于制造大量的谬误。在研究范围上，"史学大众化"仍然不脱传统的政治史和"精英史学"的模式，与当代史学社会大众研究、整体化趋势相脱节。在方法论上也缺乏有效的支撑点，存在着各种各样的问题，结论流于平庸和世俗。从中反映出来的是一种急功近利、功利主义和机会主义的色彩，"至少，治史者决不能为了讨好舆论、博取大众的欢心而媚俗或随俗，更不能为了扬名或搏利而降低自身的学术标准或者研究道德底线。这是一种不负责任的做法"。[②] 对以往的历史知识普及工作进行研究，归纳其成功经验，并总结其失败教训，可为中国当前的历史知识普及工作提供有益的借鉴。

此外，从西方史学的发展历程来看，20 世纪六七十年代以来美国公共史学(public history)的兴起，对于中国的通俗史学研究，也有不少可以参考学习的地方。自 70 年代以来，美国的公共史学发展迅速，拥有专业学术期刊《公共史家》(*The Public Historians*, 1978)，建立了全国性的学术团体"美国公共史理事会"，不少大学还开设了公共史的课程，并培养了一大批专业研究生。众所周知，历史学是一门基础学科，公共史学则特别强调其应用的一面。学界对于公共史学主要有两种不同的意见：一是侧重于将 public 解释为让历史学走出学院，向社会公开，直接服务于社会的需要，即把公共史学当成是应用史学。另一种意见是使公共史学扩大历史的听众范围，使历史学成为广大民众的历史学，公共史学重点就是在于普及历史知识。无论上述哪个派别，"他们都努力试图使历史走出高等学院，成为广大民众的事业，成为对社会有直接效用的学科，让历史走出课堂和书斋，成为广大民众的消费品和生产品，变成对广大民众对社会直接相关有用的事业"。[③]

着眼于公共史学的应用层面，比较著名的成功案例是许倬云的《从历史看管理》《从历史看组织》《从历史看领导》《从历史看人物》等系列读物。《从历史

---

①齐世荣：《关于编写中学历史教材的几点意见》，载《历史教学》2003 年第 1 期。

②许海云：《从西方史学的文化视角看我国当前的"史学大众化"》，载《社会科学战线》2006 年第 6 期。

③严建强：《美国公共史学》，载《史学理论》1989 年第 3 期。

看管理》是许倬云在北大光华管理学院的讲演,“中国几千年来,文官组织的成效得失”,对于管理学来说或可以看作是他山之石,“或可为管理学界的专家学者提供另一观察的角度”。[①]《从历史看组织》是作者为洪建基金会所写的,以中国传统管理制度为内容,分析比较其优劣得失,对于公司企业有很高的参考价值,“当初并不是写给公司企业做教科书,但许多公司企业却都拿那本书在读”。[②] 在许倬云看来,中国的传统历史文化中,“应该有着无数的可适用于现代企业管理与企业领袖人才的知识宝藏待我们去发掘”。[③]《从历史看领导》出版仅三个月就售出1万册。黄留珠对许倬云所做的沟通历史学与管理学的努力评价很高:“许院士(许倬云)在北大‘出关一游’,结果便促成了这座知名学府‘管理学院与历史学系强强联手’的新局面。这在当代学术发展史上,岂不是大功一件!”[④]黄留珠也编有《历史与企业家》对话一书,“以中国古代管理思想为桥梁,沟通历史研究和企业管理,用‘历史与企业家对话’加以概括”,来实现历史学与企业管理的交融。

随着历史学研究的越来越专业化,历史学下的各个分支学科以及专业研究方向分工精细入微,界限泾渭分明,研究成果与社会的需求越来越脱节,这就需要历史学家走出大学研究院的象牙塔,将历史学的研究成果转化为广大民众所乐于接受、容易理解的知识。例如美国历史学家娜塔莉·戴维斯著《马丁·盖尔归来》一书,并且又在丹尼尔·维涅执导的同名影片中担任历史顾问。《马丁·盖尔归来》成为一部相当卖座的影片,戴维斯的参与保证了影片的历史真实感,“再现了法国16世纪基层的社会面貌,诸如婚姻、继承的惯例及其社会意义,当时的诉讼制度和证据法则等,特别是当事人以及审判法官之新教背景对其内心冲突的影响,更让我们了解到当时法国社会所潜伏的宗教激流。影片对历史生动而真实的再现,受到了普通观众、电影评论家和职业历史学家的广泛关注”。[⑤]

本书以20世纪中国通俗史学为研究对象,主要是基于20世纪中国通俗史学自身的特征:

首先,与中国古代通俗史学相比,20世纪的通俗史学是新史学范式下的通俗史学。中国古代的通俗史学,在旨趣上体现了浓厚的正统思想、纲常观念以

①许倬云:《从历史看管理》,广西师范大学出版社2005年,第5页。
②许倬云:《从历史看组织》,广西师范大学出版社2007年,第169页。
③许倬云:《从历史看领导》,广西师范大学出版社2006年,第133页。
④黄留珠:《搭桥——历史学与管理学的交叉渗透》,载《历史学家茶座》2006年第4辑。
⑤梁艳春:《娜塔莉·泽蒙·戴维斯与影视史学》,载《史学理论研究》2009年第1期。

及封建伦理等等，在内容上则以帝王将相为中心，由《资治通鉴》衍生出的通俗读物占了绝大多数。20世纪的通俗史学则是真正面向大众的通俗史学。梁启超提倡“民史”，历史书的编撰当以人民群众为主要内容，同时又把历史知识普及到人民群众中去，“本国史学一科，实为无老、无幼、无男、无女、无智、无愚、无贤、无不肖所皆当从事，视之如渴饮饥食，一刻不容缓者也”。①

其次，20世纪的通俗史学，形式丰富，内容多样。在题材方面，由于时代，通俗史学多注重于发掘和介绍发扬民族精神、激发民众爱国热情的历史，富有教育意义。就内容而言，通俗史学的内容相当丰富，将历史化繁为简的简史、略史、小史等涵盖了历史学的各个分支学科。就形式而言，有历史故事、历史知识专题问答、闲话漫话历史、历史谱表、图像化历史以及历史歌等多种形式。此外，在传播方式上，编辑出版各种类型的历史通俗读物是最主要的传播方式，但是各种类型的历史知识演讲、实物展览会、博物馆等等，都是进行历史知识传播的重要形式。

再次，中国古代史学，“只承认、推崇专著”，对于历史教材包括普及读物在内不屑一顾，认为其始终难登大雅之堂，“这是极不正常的事”。② 自梁启超开始，历史学家大都是有目的、有计划地从事历史知识普及工作。梁启超在倡导“史界革命”的同时，又将其新史学思想付诸实践。梁启超“于官报及帝谱而外，别创以民族及文化为对象，借国民之照鉴之历史。其于《新民丛报》中，《新史学》、《中国史叙论》已发其凡；于《中国历史上革命之研究》、《历史上中国民族之观察》、《世界史上广东之位置》，及《赵武灵王传》、《张博望班定远合传》、《王荆公传》、《郑和传》、《中国殖民八大伟人传》等篇中，复示其例”。③ 顾颉刚认为，“以前士大夫与民众毫不发生关系，故为民众文艺其技术恒为低劣，其智识亦极浅薄。反之，则有技术与智识者又不能为民众文艺”④，自中华民国成立以来，士大夫与民众分野消失，国民一律平等，“知识分子应该多接近民众，使得他们的知识水准日渐提高，达到真正平等的地位”。⑤

(二)通俗史学的研究路径

对于20世纪通俗史学的研究路径主要有三：一是传统的史学史的研究路

①梁启超：《新史学·中国之旧史》，见《饮冰室合集·文集》第九，中华书局1989年，第7页。

②钱茂伟、王东：《民族精神的华章：史学与传统文化》，北京图书馆出版社2004年，第260页。

③张荫麟：《近代中国学术史上之梁任公先生》，见《追忆梁启超》，夏晓虹编，中国广播电视出版社1997年，第106－107页。

④顾颉刚：《书信集·致黄建中》，见《顾颉刚全集》第41册，中华书局2010年，第40页。

⑤顾颉刚：《宝树园文存·通俗读物的重要性》，见《顾颉刚全集》第35册，中华书局2010年，第281页。

径；二是选择有代表性的个案来进行研究；三是研究通俗史学的传播接受。

通俗史学是中国史学史的重要组成部分。中国史学史的研究有两大任务：阐明中国史学的发展规律；批判地总结我国史学成果。就后者而言，既“包含着对古代史学遗产的总结，也包含着对近、现代历史著作的总结”。① 吴相湘、李定一、包遵彭主编的《中国近代史论丛》“编者导言”中认为：“‘文献不足征’是研究古代历史的最大遗憾。反过来说，史料浩如烟海，所谓汗牛充栋不足以形容其量之多，却是研究近代史的最大优势。但如果不随时加以分类整理排比考订编纂，则以有涯追无涯，中国近代史将永远是杂乱无章的。”在史学史研究领域中，20 世纪编撰出版了大量的历史通俗读物，因其对历史学研究并无太大的价值，故而长期被忽视。历史通俗读物，有些带有文化快餐的性质，版本学、目录学也不重视对其的著录和整理。所以，对这一时期通俗史学进行初步的梳理、归类和分析，有着重要的学术意义。

在中国史学史的研究中，除了阐明中国史学的发展过程及其规律性，总结过去中国史学的成就，批判继承中国史学的优良传统外，还要“通过对各个时期中具有代表性的史家的代表作品的具体分析，从而阐明史家的政治倾向、历史观点和方法”。② 就通俗史学而言，自从梁启超倡导史学革命以来从事通俗史学创作者不乏众多的文史名家，梁启超、吕思勉、顾颉刚等历史学家是其中的杰出代表。马克思主义史学家也创作了相当数量的通俗史学作品，对于宣传马克思主义唯物史观，争取中国革命的胜利起了很大的宣传作用。新中国成立后，吴晗所主持的中外历史小丛书、中国历代史话等工作，成效相当突出。对上述历史学家在通俗史学领域里的成就做个案研究，分析其代表性的作品，略论其得失，对于当前的通俗史学也不无学习和参考价值。

历史学的全过程应该是由两方面组成：(1)史家撰述过程；(2)读者阅读史著过程。只有当史家撰述完成，并由读者接受，从中汲取知识，指导自己的行为方式，史学的整个过程才算是真正完成。③ 因此历史学的全过程应为：史家—史著—读者。从接受的角度出发，我们不妨也可以认为，一切历史都是接受史。从接受的角度来研究通俗史学，主要研究通俗史学是如何被读者所接受并且将历史知识转化为自己的知识储备。通俗史学强调的就是如何使专业化的、学术

①白寿彝：《中国史学史研究任务的商榷》，见《中国史学史论集》第 1 册，吴泽、袁英光主编，上海人民出版社 1980 年，第 4 页。

②姚薇元：《鸦片战争史实考·中国史学史概要》，武汉大学出版社 2007 年，第 187 页。

③朱政惠：《从接受的角度研究史学——由“接受美学”引起的一个思考》，载《社会科学》1986 年第 11 期。

化的历史知识容易为广大民众所接受,因此需要加强从接受的角度来开展研究。

除了上述研究路径以外,当代西方有关书籍史、阅读史、文化史的研究,对于通俗史学研究也很有参考价值。

第四节　通俗史学研究的学术史回顾

20 世纪中国史学史的研究取得了巨大的成就。但是相对而言,对于通俗史学的研究成果则不多见,本书所列举有关现当代通俗史学的研究情况,主要有以下三类:

一是从学理上对通俗史学进行探讨。这方面的研究有白寿彝《史学概论》(宁夏人民出版社 1983 年),高国抗《史学的提高和普及》(载《史学史研究》1985 年第 2 期),朱政惠《从接受角度研究史学》(载《历史教学问题》1986 年第 5 期),臧嵘《历史教育与历史普及》(载《课程·教材·教法》1988 年第 4 期)和《也谈“历史学家涉足文学领域”:论历史普及历史文学》(载《中学历史教学参考》1988 年第 4 期),罗义《“大众史学”:检验和实现史学社会功能的一个重要方面》(载《中国史研究动态》1989 年第 1 期),周朝民《中国近代通俗史学论》(载《历史教学问题》1990 年第 2 期),彭卫《中国古代通俗史学初探》(载《当代西方史学思想的困惑》,中国社会科学出版社 1991 年),彭作禄《史学要通俗化与实用化是它走出低谷的突破口》(载《丹东师专学报》1993 年第 4 期),黄留珠《时代呼唤通俗史学》(载《学习与探索》1993 年第 6 期),瞿林东《史学与大众文化》(载《史学史研究》1994 年第 2 期),张晓校《试论当代史学发展中的通俗史学》(载《学习与探索》1996 年第 4 期),李洪岩《论历史学的俗化与近代接受史学理论试论》(载《学术研究》1997 年第 1 期),葛志毅《由社会史研究引发的史学思考:论史学发展中的科学与大众化问题》(载《求是学刊》1997 年第 5 期),朱清如《史学文化大众化刍论》(载《贵州文史丛刊》2000 年第 3 期),马宝珠《关于史学普及与提高的几个问题》(载《史学理论研究》2001 年第 1 期),代继华《史学观念的检讨与史学普及》(载《华南师范大学学报》2001 年第 1 期),钱茂伟《论史学的普及化和娱乐化》(载《史学理论与史学史学刊》2005 年),许海云《从西方史学的文化视角看我国当前的“史学大众化”》(载《社会科学战线》2006 年第 6 期)。《博览群书》2009 年第 5 期组织“通俗:历史该如何普及”的笔谈,收入陈梧桐《漫议明史通俗读物》、王春瑜《我看野史热》、李小树《关于通俗史学的几个问题》、毛佩琦《历史,大众需要通俗解读》、包岩《历史类图书热何以让民众狂热》、王浩《历史与真实》。北京师范大学2010年专门召开"历史研究与历史知识社会化和社会进步"学术研讨会，论文集中所收绝大部分论文均与通俗史学相关。

二是将通俗史学纳入史学史的体系中进行研究。通俗史学是中国史学史的重要组成部分，因此对通俗史学的研究也是史学史研究的重要对象。钱茂伟《明代史学的历程》（社会科学文献出版社2003年）中有"走向民间的史学：晚明的通俗史学"专章。钱茂伟、王东《民族精神的华章：史学与传统文化》（北京图书馆出版社2004年）中有"从庙堂之高到江湖之远：历史知识在民间的传播"专节，将历史色彩比较浓厚的称作"历史演义"，以别于小说虚构成分较多的"历史演义小说"。除了此两者以外，还对历史教育普及读本如童蒙读物、节要、删节本等等在社会普及方面发挥的作用进行了研究。瞿林东《中国史学史纲》（北京出版社1999年）分析了明代史学的通俗形式和历史教育。李良玉《中国古代历史教育研究》（合肥工业大学出版社2007年），从历史教育的角度讨论了中国古代的蒙学历史读物以及历史教育的通俗化与大众化。吴泽主编《中国近代史学史》（江苏古籍出版社1989年）中有"通俗史学的发展与蔡东藩《中国历代通俗演义的编纂》"一节，将近代以来通俗史学的表现形式分为演义体、弹词、拍板歌、图说历史、通俗传记五大类，演义体作品的主要内容有演古代史事犹如断代史或纪事本末的作品，演近代战争的作品，演人民反抗斗争的著作，演外国历史的著作等等。胡逢祥、张文建《近代中国史学思潮与流派》（华东师范大学出版社1991年）中有"通俗史学的推广"一节。桂遵义《马克思主义史学在中国》（山东人民出版社1992年），介绍了郭沫若的历史剧成就以及延安出版的历史通俗读物。田亮《抗战时期史学研究》（人民出版社2005年）也介绍了延安时期的通俗史学和历史教育。李小树《论20世纪中国史学大众化的百年历程》（载《贵州社会科学》2000年第3期）分别论述了新史学和马克思主义史学大众化的历程，刘志琴《历史普及读物出版的三次热潮》（载《中华读书报》2008年2月27日），介绍了20世纪历史普及读物出版热潮中的代表性著作和代表人物。

三是对通俗史学的个案研究。关于蔡东藩和《中国历代通俗演义》的研究，有柴德赓《蔡东藩及其〈中国历代演义〉》（载《史学丛考》，中华书局1982年）和吴泽《蔡东藩与〈中国历代通俗演义〉》（载《吴泽文集》，华东师范大学出版社2002年），两文均为出版社重印《中国历代演义》之序文。顾颉刚的通俗史学活动在顾潮《顾颉刚年谱》（中国社会科学出版社1993）和刘起釪《顾颉刚先生学述》（中华书局1986年）两书中都有详细的介绍，论文有金相成、朱志明、刘善龄《顾颉刚早期历史教育思想》（载《历史教学问题》1985年第2期），周霞《顾颉刚与编辑出版》(载《出版史料》2004 年第 2 期)。吴晗对于通俗史学的贡献研究成果较多,最翔实的是苏双碧、王宏志合著的《吴晗传》(上海人民出版社 1998 年),专文有金相成、朱志明、刘善龄《吴晗和中学历史教学》(载《历史教学问题》1985 年第 1 期),张海鹏《评吴晗同志的〈明史简述〉》(载《史学史研究》1984 年第 3 期),刘景荣《吴晗与普及历史知识》(载《历史教学问题》2001 年第 5 期),芳群《普及历史知识的两套小丛书》(载《出版史料》2003 年第 3 期),陈梧桐《从〈由僧钵到皇权〉到〈朱元璋传〉》(载《安徽师范大学学报》2007 年第 1 期)。其他的专题研究还有张承宗《鸦片战争史的通俗演义——〈罂粟花〉》(载《江南文化与经济生活研究》,江苏古籍出版社 1999 年),李小树《李大钊与中国史学的大众化》(载《学术研究》1999 年第 6 期),张先昌《历史通俗读物存在的主要问题——评〈中华上下五千年〉》(载《殷都学刊》1999 年第 4 期),于晓宁《现代史学教育的普及如何可能——试析黄仁宇〈万历十五年〉的写作范式》(载《历史教学问题》2008 年第 2 期)等等。

通过上述列举可以看出,通俗史学已经引起了学术界一定程度的重视。学术界对通俗史学的研究,在理论、发展历程以及个案研究诸方面都有为数不少的成果。首先,几乎所有的研究者都一致认为,普及和提高都是历史学家的基本任务,"普及工作要在提高的基础上进行,提高工作既未能做好,普及工作自然成为无本之木了"。[①] 这种看法是目前绝大多数学者的一致观点。而有的学者甚至将通俗史学提到当下"史学危机"突破口的高度,认为通俗史学是摆脱"史学危机",实现学术与社会结合的最佳方式。其次,有的论著注意从传播的角度来进行研究,这是史学史研究的一个新视角。李小树主编《秦汉魏晋南北朝史学史稿》(中国人民大学出版社 2007 年)吸收了作者此前有关通俗史学研究的系列研究成果,论述了秦汉魏晋南北朝时期的史学传播情况和民间各类与历史知识传播相关的活动,包括有史学著作的传抄、阅读、授史和讲唱等等。刘兰肖《晚清报刊与近代史学》(中国人民大学出版社 2007 年),将报刊作为史学传播媒介来论述,考察报刊与近代史学理论、内容、方法演进之关系。除了传播外,还有的论著从阅读和接受的视角来进行分析和研究,邹振环《西方传教士与晚清西史东渐:以 1815 至 1900 年西方历史译著的传播与影响为中心》(上海古籍出版社 2007 年),对一些晚清影响广泛的西史译著,大多数均属普及性质,在中国的阅读与影响有深入的分析。又有不少论著对古代以及近现代通俗史学进行宏观把握和具体研究。例如刘志琴把 20 世纪以来的通俗史学分为三个阶

①王树民:《脱离史实基础的历史知识》,见《曙庵文史续录》,中华书局 2004 年,第 156 页。

段:(1)第一阶段是20世纪上半期受新史学思潮影响下的通俗史学。(2)第二阶段是从20世纪50年代开始至上世纪末,这一阶段的通俗史学的特征是在马克思主义的指导下的通俗史学。(3)第三阶段是从20世纪末开始,通俗史学又出现了的高潮。[①] 上述划分,从宏观的角度来看,是符合实际的。

但是对于通俗史学的研究,还存在着一些不足之处。例如,对前人的研究成果缺乏参考,对于学术中的"发明权"缺乏尊重,造成了重复研究的现象。这也是当前史学史研究中的普遍现象。[②] 这一问题似至今尚未引起足够的重视。又有相当一部分著作将讲史话本、历史小说、历史剧等也纳入通俗史学的研究。我们知道,讲史话本、历史小说、历史剧等都包含有历史的因素在内,而其本身也是一种历史现象,也可以看成是一种史学活动,但将其看作通俗史学,则混淆了文学艺术与历史之间的界限。对一些个案的研究,泛泛而谈,做一般性介绍的居多,专业分析则比较少,进行深入批评的更为少见。因此,对于通俗史学还需要进行全面深入的分析和研究。

总之,从积极的方面来看,20世纪的通俗史学可以为我们当前的历史知识普及工作提供许多有益的借鉴和启示,但是从消极的方面来看,20世纪的通俗史学也存在着不少缺点和不足之处,我们研究20世纪的通俗史学,可以从正反两方面为我们提供经验教训。

①刘志琴:《历史普及读物出版的三次热潮》,载《中华读书报》2008年2月27日。

②王晴佳:《历史学和史学史》,载《史学理论研究》1994年第1期。

第二章　20世纪上半期的通俗史学

历史学是特定历史时代、特定历史背景下的产物。但是从学术史的角度来看,中国史学的发展除了外部“世变”的因素外,还有其自身内在的发展逻辑。中国近现代史学史与中国近现代史的历史分期虽然差别不大,但也并不完全一致。本书以鸦片战争前夕经世史学的兴起至19世纪末这一阶段为近代史学,以20世纪初梁启超倡导“史学革命”为标志至新中国成立这一阶段为现代史学,新中国成立后则为当代史学。现代史学就是指20世纪上半期的历史学。

20世纪上半期的通俗史学,与宋元明清时期的通俗史学相比,最根本的特征就是新史学思潮影响的新型通俗史学。这一时期的新型通俗史学的产生发展,与新史学的提倡以及其他一些制度技术层面的因素有着密切的关联。虽然通俗史学的形态多样,但这一时期书面文本的形态是其最主要、最常见的载体。以书面文本的形态进行历史知识普及的作品即为历史通俗读物。而对于历史通俗读物的编撰也开始形成了一套比较成熟的方式。在民族危机加深的背景下,爱国主义的主题在历史通俗读物的编撰中也得到了突出的强调。本章主要讨论20世纪上半期新型通俗史学的产生、类别、编撰特点及其主要缺陷。

第一节　20世纪上半期新型通俗史学产生的条件

中国古代的通俗史学体现了浓厚的伦理道德、纲常观念、正统思想等,在内容上则以帝王将相为中心。相比之下,20世纪上半期的新型通俗史学则是新史学思潮影响之下的产物。20世纪初年的新史学思潮对于这一时期的通俗史学的发展来说是最主要的动因,梁启超提倡“民史”,采取新体史书的编撰方式,又主张将历史知识在人民群众中去普及。白话文字的提倡则为历史知识的普及化、大众化开辟了道路,教育制度的变革以及现代意义上的图书出版事业的发展，则是这一时期通俗史学产生发展的制度、技术诸层面上的因素。

（一）20世纪初新史学思潮的推动

"新史学"一名，倡自美国著名历史学家鲁滨孙，新史学从广义上是指有别于传统史学的史学。在中国近现代史学史的语境中，"新史学"有下列几种含义：(1)所有不同于传统的史学；(2)资产阶级史学；(3)马克思主义史学；(4)鲁滨孙的《新史学》；(5)法国年鉴学派史学。① 本书的"新史学"是指1902年梁启超《新史学》为标志的新史学。② 以1902年梁启超的《新史学》为标志，正式举起了"史界革命"的大旗，开始中国史学走向近代化的历程。"新史学"的倡导，是推动20世纪上半期通俗史学发展的主要原因。

20世纪上半期的新史学思潮，为中国近代史学的发展开辟了一条新路，在中国近代史学史上占据了重要的地位，同时又对后来的史学产生了深远的影响。新史学围绕着许多历史学上的重大问题进行深入的讨论，在许多领域里都得到了充分的展现。例如，"史学革命"口号的提出和史学求"新"的热潮，西方近代历史观、方法论的输入与回响，新体史书的编撰，对传统史学的批判等等。新史学思想对历史通俗读物编撰的影响，最主要的体现即是"民史"思想的提倡。

早在戊戌变法时期，梁启超就已经提出了"民史"的概念，在《变法通议》中，认为"中国之史，长于言事；西国之史，长于言政。言事者之所重在一朝一姓兴亡之所由，谓之君史。言政者之所重在一城一乡教养之所起，谓之民史"。③"民史"实际上包含了两层含义：一是史学的内容是以人民群众为主体的；二是写给人民群众看的历史。

梁启超对"民史"的前一层含义的阐发已为治史者所耳熟能详了。梁启超在《续译列国岁计政要叙》中区分了君史、国史和民史："有君史、有国史、有民史。史之著盛于西国，而中土几绝。中土二千年来，若正史，若编年，若载记，若传记，若纪事本末，若诏令奏议，强半皆君史也。若《通志》《文献通考》《唐会要》、两汉《会要》诸书，于国史为近，而条理犹有所未尽。"④在成于1901年的《中国史叙论》中，认为历史学是"记述人间过去之事实"，但是历史学不是简单的记载事实，而是必须要"说明其事实之关系，与其原因结果"。中国传统史学

---

①蒋俊：《中国史学近代化进程》，齐鲁书社1995年，第14－15页。

②也有学者认为史学的名称无所谓"新"和"旧"，重要的是不断更新其内涵："今日的生物学、化学、物理学都比十九世纪以前进步得多，似乎没有人倡用'新生物学'、'新化学'、'新物理学'之类的名称。"（张玉法：《史学革命论》，见《历史学的新领域》，联经出版事业公司1991年，第157页）。

③梁启超：《变法通议·论译书》，见《饮冰室合集·文集》第一，中华书局1989年，第70页。

④梁启超：《续译列国岁计政要叙》，见《饮冰室合集·文集》第二，中华书局1989年，第59－60页。

不过是“记述人间一二有权力者兴亡隆替之事，虽名为史，实不过一人一家之谱牒”，此种记述是“只见有君主，不见有国民”。因此，“近世史家，必探察人间全体之运动进步，即国民全部之经历，及其相互之关系”。[①] 自梁启超以后，“理想中的新史学当是属于社会的、民众的”[②]，已成为了共识。

“民史”的第二层含义是把历史写给人民群众看。中国古代的史学家对于通俗史学大都不屑一顾，在正统的历史学家看来，通俗史学不过是“野狐禅”一类不入流的东西，“中国自来的史书，只有资格供少数专家去钻掘，去改造，而没有供给一般学子去阅读，去求知的价值。这句话，虽说近于过火，然而拿去批评过去各家所作的历史，也不算怎样的谬误”。[③] 究其原因，不外是中国古代史学家都有着根深蒂固的精英意识、帝师情结以及史臣观念，服务对象只是上层统治阶级，历史知识只为“货与帝王家”而用。梁启超则站在新史学的立场上，认为“历史者，以过去之进化，导未来之进化者也”。人类历史的发展有着“公理公例”，可以使后人“循其理，率其例，以增加幸福于无疆也”。[④] 因此，对中国历史进行重新编写，使得历史学得以深入普及千千万万民众，“本国史学一科，实为无老、无幼、无男、无女、无智、无愚、无贤、无不肖所皆当从事，视之如渴饮饥食，一刻不容缓者也”，但是中国传统史著中符合此要求的却“殆无一焉”。[⑤] 将历史知识在民众中普及是时代的需要。

1921 年何炳松译美国历史学家鲁滨孙的名著《新史学》，鲁滨孙在书中批判了传统的以政治史为中心的史书，认为此种做法已经不适应时代的需要了。政治史只是人类历史的一个组成部分，与人们日常生活并无太大的关系。而且在史书中对此问题通常叙述无趣，枯燥无聊。鲁滨孙主张历史著作要摆脱旧式的人名、地名堆砌的编年史式的以政治史为中心的写作方式，通过历史教学与历史知识普及而使民众具备一种人生态度，“这种态度，不但可以使他们成为最好的工人，而且可以使他们觉悟他们工作的价值，使他们协力帮助革除工业上的流弊”。[⑥]

通过历史知识普及使得广大民众从中受益，可以从中吸取经验、教训，指导生活，可以为广大民众在启迪智慧、增长知识、陶冶心灵、培养情操上提供助益，

①梁启超：《中国史叙论 · 史之界说》，见《饮冰室合集 · 文集》第六，中华书局 1989 年，第 1 页。

②《益世报“史学周刊”发刊词》，载《益世报》1935 年 4 月 30 日。

③罗香林：《拟编中国通史计划》，载《国立中山大学文史学研究所月刊》第 1 卷第 3 期，1933 年。

④梁启超：《新史学 · 史学之界说》，见《饮冰室合集 · 文集》第九，中华书局 1989 年，第 7 – 11 页。

⑤梁启超：《新史学 · 中国之旧史》，见《饮冰室合集 · 文集》第九，中华书局 1989 年，第 1 – 7 页。

⑥〔美〕鲁滨孙著，何炳松译：《新史学》，见《何炳松文集》第 3 卷，刘寅生、房鑫亮编，商务印书馆 1996 年，第 141 页。

真正成为现代意义上的公民。吴世昌认为编撰各种形式的通俗读物，可以“改造一般民众的思想、情操、生活习惯等等，使他们能够做现代国民”。[①] 通过普及历史知识，而使得历史知识成为广大民众日常生活的一个重要组成部分，正如徐蔚南在生活书店“生活丛书”发刊旨趣中所说：“圣贤杰士的生平事业，中外各地的风土人情，如果都能了解，我们的起居动作，也何致于干燥无聊。”其丛书的编辑旨趣有二：生活的学术化与生活的丰富化，前者是“将学术与我们日常生活打成一片；务使学术就成为我们的生活”，后者是“将自然、人物、历史、地理，种种方面都包括在内，而且编辑方法，以兴味为中心”。顾颉刚也主张通过普及历史知识，使历史知识成为民众生活的一部分，其在“中国历史小丛书”的编辑旨趣中言道：“历史故事是没有人不喜欢的，一个刚能说话的小孩就会要求人家尽量讲故事给他听。一个识得几个字能看浅近书报的人就千方百计觅取小说阅读。至于书场里，戏场上，更是充满着各阶层的人们，贫富贵贱，男女老少，知识分子，非知识分子，他们接受了传奇性的故事，都不禁为它而歌呼或哭泣。所以历史故事是人们的重要日常生活的一部分，正像空气和水一般的不可缺少……编辑这套‘中国历史小丛书’，希望为中国的传记文学培养一点新苗，也希望替民间流传的故事做一点合理的纠正……我们希望这书出版之后，每个民众和每个中小学生都能人手一册，成为学校的补充读物和家庭工厂商店中的进步工具。说得轻松些，该是一切人的消遣品。”[②]

在上述思想的指导下，梁启超、吕思勉、顾颉刚、何炳松等历史学家都是有计划、有目的地从事历史知识普及工作。以何炳松为例[③]，何炳松于 1924 年入商务印书馆，1927 年任商务印书馆编译所所长。何炳松在商务印书馆期间，除了翻译以及编撰出版中小学历史教科书外，对编辑出版历史通俗读物也很重视，曾计划将各种历史小故事、人物小传记等有系统地连缀起来，成为一部完整的中国通史。按照何炳松的构想，“中国史籍，浩如烟海，体例纷纭，要领莫挈。在今日欲求一完善之中国通史，诚有苦索无从之叹”，此种工作非一人一时能完成，但是可以“先立主题百余则，数经往复，然后写定。每一主题，自成一册，略就时代先后及史实连贯为比次。区区之意，端在彻底之研究，将以为通史之嚆矢”。根据其所拟定的“中国历史丛书”全目，共分四集，第一集为上古期—先秦时代，第二集为中古期—秦至五代之末，第三集为近古期—宋至明末，第四集为

①吴世昌：《论通俗教育》，载《大众知识》第 1 卷第 10 期，1937 年 3 月。

②“生活丛书”出 47 种，历史人物生活有《孙中山生活》《孔子生活》《王安石生活》等 25 种。“中国历史小丛书”第一集有《信陵君窃符救赵》《曹操统一北方》等 18 种。

③梁启超、吕思勉、顾颉刚等人的历史知识普及思想与实践详见本书第三章。

近世期—清初至清末，每一集下拟定若干细目，包含了该时代政治、经济、文化的重大事件和重要人物。各个细目约请相关领域的专家撰写，从整体上即可看成是一部中国通史。何炳松并著有《秦始皇帝》，为商务印书馆“学生小丛书”之一种，此书分秦始皇帝事业的背景、秦始皇帝的三大政策、专制政府的确立和秦始皇帝的勤劳、秦始皇帝事业影响的远大四个部分。何炳松之所以写秦始皇，是因为“在我国四千余年的历史中，我们要选出最伟大的民族英雄，恐怕除了传说中的黄帝以外，要推二千年前的秦始皇帝为第一了。因为他是我国第一个真正能够外抗强权内求统一的英主”。[①]“外抗强权内求统一”，显然是其时代的呼声。

（二）晚清以来特别是新文化运动时期白话文的提倡与使用

中国古代通俗史学的编纂方式基本上都是根据正史来进行各种抄撮、节要、改编等工作。张舜徽曾把中国古代文献分为“著作”“编述”和“钞纂”三类：“综合我国古代文献，从其内容的来源方面进行分析，不外三大类：第一是‘著作’，将一切从感性认识所取得的经验教训，提高到理性认识以后，抽出最基本最精要的结论，而成为一种富于创造性的理论，这才是‘著作’。第二是‘编述’，将过去已有的书籍，重新用新的体例，加以改造、组织的工夫，编为适应于客观需要的本子，这叫做‘编述’。第三是‘钞纂’，将过去繁多复杂的材料，加以排比、撮录，分门别类地用一种新的体式出现，这成为‘钞纂’。”[②]“著作”是原创性的作品，“编述”和“钞纂”都是在原创作品的基础上次生的。通俗史学所进行的节选、摘抄、改编等工作，可视为对正史的通俗化的“编述”和“钞纂”。

通俗史学要实现普及历史知识的任务，前提条件是其必须采用通俗易懂的传播方式，使读者易于阅读和接受。中国古代的通俗史学，都使用文言文，但有部分已采取“韵语”来进行编写，相传为南宋王应麟所编的《三字经》，即以三字韵文书写。《三字经》中历史的部分用了20句、240字，概括了传说中的“三皇”“五帝”至元统一的历史。蒙学读物比较普遍使用四字韵语来撰写。韵语极易上口，便利记忆。直到近代，以《三字经》为代表的蒙学读物还发挥着作用，陈鹤琴回忆幼时读《三字经》，“把一部中国历史简要叙述了一下……到了十一二岁的时候，先生把它重新讲解一遍给我听”。[③] 蔡尚思入私塾，就从《三字经》《千

①何炳松：《秦始皇帝》，见《何炳松文集》第4卷，商务印书馆1996年，刘寅生、房鑫亮编，第478页。

②张舜徽：《中国文献学》，华中师范大学出版社2004年，第25页。“编纂”指对文献进行节录、节抄以及简单地改编，并非是作者的原创性的创作，中国古代的通俗史学绝大多数为“编纂”。“编撰”则包含了作者的撰写和创作。本书除引文外，20世纪的通俗史学均以“编撰”称之。

③陈鹤琴：《我的半生》，华华书店1947年，第68页。

字文》入手。[①]

相比于古代的“韵语”，通俗史学使用白话文能够更为广泛地传播历史知识。早在清末戊戌维新运动前后，知识分子为了知识启蒙的需要而提倡过白话文。裘廷梁在《论白话为维新之本》中认为：“愚天下之具，莫如文言；智天下之具，莫如白话……一言以蔽之：文言兴而后实学废，白话行而后实学兴。实学不兴，是谓无民。”[②]1898 年至 1911 年，各种白话报刊上都刊载了大量的史学文章，其编撰方式可分为两大类：一是用白话文对原作加以改写，如《无锡白话报》刊载的《泰西新史揽要》《俄皇彼得变法记》《日本变法记》等等。二是集合大量资料进行再创作，如《杭州白话报》刊载的《世界亡国小史》，《安徽俗话报》刊载的《中国历代史略》等等。[③] 1903 年在上海创刊的《中国白话报》，刊载了大量的通史、传记以及学术史方面的文章，以宣传革命。《中国白话报》上曾连载光汉（刘师培）的《孔子传》，其文开篇：“中国自古以来，没有一个不敬重孔子，但提着孔子两个字，就说他是大成至圣先师，就说他是空前绝后的圣人。”传文的遣词造句都是以通俗易懂为目标。

五四运动期间，以《新青年》为阵地的新文化运动，在宣传民主和科学的同时，还特别提倡文学革命。新文学的诞生，是以改革旧文学的种种弊端之新面目出现的，尤其是体现在理论、形式、风格、方法以及功用诸方面。而重视通俗化、平民化、白话化、国语化的写作为其重要特色。[④] 胡适并于 1919 年连同钱玄同、刘半农、朱希祖等五人，提出《请颁行新式标点符号议案》，提倡用新式标点符号断文句、标文意。

白话文自晚清就开始提倡，到五四时方才收其功效。按照余英时的分析，最根本的原因在于晚清士人虽提倡白话文，但仍难以摆脱传统的士大夫情结，以一种高高在上的姿态进行普及。胡适“在美国受了七年的民主洗礼之后，至少在理智的层面上已改变了‘我们’士大夫轻视‘他们’老百姓的传统心理”。[⑤]

新文化运动中白话文的提倡，既加速了历史知识的普及，又推动了学术研究的提高，正如吕思勉所言：“文字艰深之隔阂既除，而学术研究遂易，则事实昭然，不可掩矣……文字艰深之弊去，俾学者节省日力，则教育易于普及，而学术

①蔡尚思：《我和中国思想史研究》，见《学林春秋》，张世林编，中华书局 1998 年，第 76 页。

②翦成文辑：《清末白话文运动资料》，见《近代史资料文库》第 9 卷，上海书店 2009 年，第 434 页。

③刘兰肖：《晚清报刊与近代史学》，中国人民大学出版社 2007 年，第 101 页。

④王尔敏：《中国近代知识普及运动与通俗文学之兴起》，见《中华民国初期历史研讨会论文集》下册，近史所编印，1984 年，第 923 - 925 页。

⑤余英时：《中国近代思想史上的胡适》，见《中国思想传统的现代诠释》，联经出版事业公司 1987 年，第 539 页。

程度，可以提高，则事实昭然，不可掩矣。”[①]而在史学教材或普及读物中，白话文基本上取代了原先的文言文。试以中国通史教材中的城濮之战为例（见表2－1）。

表2－1

出版年代	书名	作者	正文
1905	中国古代史	夏曾佑	楚围宋，宋告急于晋，襄王二十年。晋以齐、宋、秦之师，败楚人于城濮。卫地，今山东濮州。合诸侯于践土，郑地，今河南荥阳县。王命晋侯为伯。
1923	白话本国史	吕思勉	前632年，晋文公和楚人战于城濮，如今山东的城濮县。楚师败绩。后此北方的霸权，在晋国手里。
1923	白话中国历史	王传燮	（晋文公）受尽千辛万苦，后来亏秦穆公把他送回国，他才得有君位。他既有君位之后，首先带兵伐楚，把楚国打败，因而称霸。说起楚国当时，占据长江淮河之间，土地最广，势力也最大。凡是想在中原称霸的，势必先把他打倒。
1926	中国史	王桐龄	适晋文公勃兴于山西，率晋、齐、秦联军救宋。二十年（前632年），大破楚人于城濮（今山东城濮县，即旧濮州），于是黄河流域霸权归于晋。
1940	中国史纲	张荫麟	他（晋文公）先向附楚的曹、卫进攻，占据了他们的都城；把他们的田分给宋国；一面叫宋人赂取齐、秦的救援。虽是著名“刚而无礼”的楚帅子玉，也知道文公不是好惹的，先派人向晋军说和，情愿退出宋境，只要晋军同时也退出曹、卫。文公却一面私许恢复曹、卫，让他们宣告与楚国绝交；一面把楚国的来使拘留。这一来把子玉的怒点着了。于是前632年，即齐桓公死后十一年，楚、陈、蔡的联军与晋、宋、齐、秦的联军大战于城濮（卫地）。就在这一战中，楚人北指的兵锋初次被挫，文公成就了凌驾齐桓的威名。
1943	中国通史要略	缪凤林	会楚率诸侯围宋，文公败之于城濮（前632），献俘于周，王命晋侯为伯，霸业与齐桓比烈焉。
1947	中国史	陈恭禄	两军次于城濮，晋有三军，秦齐宋师助战。楚分三军作战，陈蔡之师从之。两军激战于城濮，楚左师右师皆溃。《春秋书》曰：“楚师败绩。”楚自经中原以来，未尝挫败，乃败于晋，文公遂为诸夏之盟主。

①吕思勉：《三十年来之出版界：1894—1923》，见《吕思勉论学丛稿》，上海古籍出版社2006年，第289页。

通过上述列举可以看出，出版于1905年的夏曾佑《中国古代史》还是采用传统的文言文叙述，基本上都是抄纂史著，撮要而成，又采用文中夹注的形式，行文格式与传统史书无异。自1923年吕思勉《白话本国史》出版后，各家中国通史虽然在叙述的侧重点上有所不同，但在叙述中基本上都采取白话文，或在白话文中零星使用浅近的文言文，尽管他们所使用的白话文和今天通行的还是有些差异。①

和中国古代通俗史学"编述""钞纂"式的编撰方式相比，新文学革命对通俗史学的影响并不是简单将文言直译为白话，而是在全面掌握史料的基础上将其融化为作者个人的见解，再用通俗易懂的文笔加以叙述。张荫麟的《中国史纲》堪为代表。张荫麟在编撰《中国史纲》时，"既详细利用所有的材料，并且遵守若干预立的原则，有条不紊地把融化了的史实用清楚明白而动人的文字写出来，使读者在优美的行文中浏览古代社会的大略"，书中对原始材料的处理，都"力求简洁省略"为原则，"偶或加以简明的解释，使读此书者没有不了解的地方"，同时又"融会前人研究结果，尤其是近年来学者间关于古史的种种意见，都融于书中"②，"把科学的解释和通俗性成功地结合起来也是《中国史纲》的优点，在张荫麟笔下，中国古代的历史是鲜明的、容易了解的，对现代的读者是亲切的……应该赞扬著者的才能已达到了高度的科学水平，同时又能够美妙、丰富而简捷地讲述古代中国历史的命运"。③ 在通俗读物中过多地直接引用古代文献的原文，在读者看来也颇为不便于阅读，例如吴泽的《中国历史简编》，除了"理论太深，不够通俗"之外，其书"引用古籍太多……在现代大众化的白话文盛行时代，大多数没有国学根底，看见这些佶屈聱牙的古语，未免觉得生硬和莫解"。④

当然，白话文并非单就通俗史学而言的，专业史学同样也使用白话文，胡适的许多考据文章，都写得非常通俗。而要实现历史知识在广大民众中的广泛普及，还必须使用广大民众所喜闻乐见的语言，正如黄志明所指出的，"智识（知识）的大众化，就是大众本身的要求，反对从来智识为少数人所独占的状态，要

---

①民国时期的各家通史近期大量重版，引自重版的：夏曾佑《中国古代史》，河北教育出版社2000年，第42页；吕思勉：《白话本国史》上册，上海古籍出版社2005年，第68页；王桐龄：《中国史》，江西人民出版社2008年，上册第150页；张荫麟《中国史纲》，商务印书馆2003年，第74页；缪凤林《中国通史要略》，东方出版社2008年，第60页。个别使用初版：王传燮《白话中国历史》上册，文明书局1923年，第33页；陈恭禄《中国史》第1册，商务印书馆1947年，第372页。双行夹注在征引时都改为比正文小一号字体。

②陈梦家：《评张荫麟先生〈中国史纲〉第一册》，见《近代中国学术批评》，桑兵等编，中华书局2008年，第158－160页。

③〔苏〕鲁宾：《评张荫麟著〈中国史纲〉》，载《史学月刊》1958年第8期。

④秦和鸣：《吴泽中国历史简编读后》，载《大夏大学历史社会季刊》第1卷第1期，1947年。

求智识为大众所接受，成为大众本身所有的东西"，要达到这一目标，"用以表现的文字要简单浅显……所使用的文字最好表现为大众的语言"。[①] 顾颉刚在抗日战争时期所编辑出版的大量通俗读物，都最大限度地使用了俚语、俗语、土话，既易于为广大民众所接受，又拉近了普及者与被普及者之间的距离。

新文化运动提倡白话文对通俗史学的又一重要影响是进行古代史书的注释、翻译和改编工作，"古籍今译的重要性，它对于普及和弘扬祖国文化的意义，大家都很清楚"。[②] 胡适曾提出对中国古籍进行"结账式的整理"，其目的是"要使古书人人能读"。胡适以《诗经》为例，号召编一部关于《诗经》的"总账"，"有了这一本总账，然后可以使大多数的学子容易踏进'《诗经》研究'之门：这是普及"。[③] 胡适所说的"普及"，是建立在对古籍进行全面彻底整理基础上的普及。自五四新文化运动倡导文学革命以来，白话文已经成为通行的语言表达形式，而将古代文言体的史书注释、翻译、改编则是史学通俗化、普及化的一种重要方式。

民国时期对于古籍的整理已经做了不少工作，古代的"辑要""便览""快读"式的普及性史书也有大量重印出版。在通俗化的编译方面，商务印书馆编有"学生国学丛书"，选择典籍中的若干篇目，加以注解翻译。根据其编辑例言，丛书所收均为国学名著，经、史、子、集择要收入，"均分段落，作句读，以便省览"；"均有注释，古籍异释纷如，则采其较常者"；"较为罕见之字，均注音切，并附注字母，以便讽诵"；"诸书卷首，均有新序，述作者生平、本书概要，凡所以示学生研究门径者，不厌其详"。史学类有《左传》（梁宽、庄适，1931）、《史记》（胡怀琛，1927）、《前汉书》（庄适，1934）、《后汉书》（庄适，1927）、《三国志》（王钟麒，1933）、《晋书》（黄公渚，1934）、《新唐书》（吕思勉，1928）、《五代史》（郑云龄，1931）、《国语》（叶玉麟，1934）、《战国策》（臧励龢，1932）、《元朝秘史》（陈彬龢，1929）、《史通》（刘虎如，1928）、《文史通义》（章锡琛，1926）、《明儒学案》（缪天绶，1931）、《宋元学案》（缪天绶，1928）等，中国史学名著大多都包括在内，其编撰是节选上述史书中若干有代表性的篇目或段落，标点句读，并对若干词句加以注释，试举《左传》中"郑庄公跋扈"一节：

初，郑武公娶于申(1)，曰武姜(2)，生庄公及公叔段。庄公寤生(3)，惊姜氏，故名曰寤生，遂恶之。爱公叔段，欲立之，亟请于武公，公弗许。及庄公即位，为之请制(4)，公曰："制，严邑也(5)，虢叔死焉(6)，他邑唯命。"

二十世纪中国通俗史学研究

①黄志明：《智识的大众化》，载《大众知识》第1卷第10期，1937年3月。

②周一良：《由文白对照全译〈资治通鉴〉想起的》，见《周一良集》第5卷，辽宁教育出版社1998年，第301页。

③胡适：《〈国学季刊〉发刊宣言》，见《胡适文集》第3集，北京大学出版社1998年，第13-14页。

请京(7),使居之,谓之京城太叔。

(1)申,姜姓国,在今河南。(2)武,从夫谥,姜,从国姓。(3)谓武姜寐时生庄公,至于寤觉其生也。(4)请以制邑封叔段。制,一名虎牢,在今河南汜水县,本为东虢国故地。(5)严邑,严险之地也。(6)虢叔恃险而不修德,为郑所灭。(7)京,郑邑名,在今河南荥阳县。①

上述注释,从内容上看,或解释名物制度、古今地名,或补充史实,注释简捷明了,与传统的"注""疏"还是有很大的区别。在形式上,不再采用古代双行夹注的形式,而是采取了西方传入的"附注"(footnote)②的形式。当然,在文献版本学家看来,这套丛书虽然较为实用,但古籍的断句却颇有错误,而其书因系排印,也难免有若干错字。

(三)学校的历史教学和历史知识普及

历史教育可分广狭二义,狭义的历史教育仅指学校历史教学,广义的历史教育是指包括学校历史教学在内的各种形式的历史知识普及。此处的历史教育取其广义。蒋梦麟在1918年1月《教育杂志》上发表《历史教授法之研究》一文,提出历史教学的"革新之道"在于"利用西洋近年来教授历史之经验,体察吾国社会生活的需要",在历史教学中需要注意三点:"以学生之生活需要为主体";"以平民之生活为中心点";"表扬伟人、政治家与科学家发明家当并重"。③历史教育对于通俗史学的推动作用主要表现有三:

一是中小学历史课堂教学工作的需要而编撰了相当数量的历史教科书。中国现代意义上公民教育起于晚清的新教育制度的确立。1903年清政府颁布张之洞、张百熙等制定的《奏定学堂章程》,规定在初等小学堂、高等小学堂、中学堂设置历史课程,历史课被正式纳入学校教育体制。辛亥革命后,教育部废除了清末的"忠君""尊孔"的教育内容,根据教育部1912年公布的中等学校课程实施细则,"历史要旨在使知历史上重要事迹,明于民族之进化、社会之变迁、邦国之盛衰,尤宜注意于政体之沿革,与民国建立之本。历史分本国历史、外国历史;本国历史授以历代政治文化递演之现象与其重要事迹,外国历史授以世界大势之变迁,著各国之兴亡,人文之发达,及与本国有关系之事迹"。④

民国时期的中小学历史课程标准曾多次变动,但总体变化不大,以1932年的历史课程标准(初中)教学目标为例:

①梁宽、庄适选注:《左传》,商务印书馆1931年,第1页。原书竖排,本文征引时改为横排。

②附注(footnote),即在正文中需要加注释之处依次标明编号,而将注释之内容写于段末、文末或页下,在前加以编号并和文中所标明之编号一一对应。读者可以依照文中之编号次第在附注中查找。

③蒋梦麟:《历史教授法之研究》,载《教育杂志》第10卷第1号,1918年1月。

④舒新城编:《中国近代教育史资料》中册,人民教育出版社1981年,第522页。

(1)研求中国民族之演进,特别说明其历史上之光荣,及近代所受列强侵略之经过与其原因,以激发学生民族复兴之思想,且培养其自信自觉发扬光大之精神。

(2)叙述中国文化演进之概况,特别说明其对于世界文化之贡献,使学生明了吾先民伟大之事迹,以养成其高尚之志趣,与自强不息之精神。

(3)叙述各国历史之概况,说明其文化之特点,以培养学生世界的常识,并特别注意国际形势之由来,与吾国所处之地位,以唤醒学生在本国民族运动上责任的自觉。

(4)叙述中外各时代文化之变迁,应特别说明现代政治制度,及经济状况之由来,以确立学生对于民权主义、民生主义之信念。①

学界根据当时课程标准编制了一批历史教材。至1937年全面抗战爆发,比较重要的历史教材有李泰棻《新著中国近百年史》(1924),金兆梓《新中华初级本国历史》(1925),顾颉刚、王钟麒《初中本国史》(1926),陈衡哲《新学制高级中学教科书西洋史》(1929),陈登原、刘叔琴《开明世界史教本》(1931),梁园东《新生活初中教科书本国史》(1934),余逊《高中本国史》(1934),杨人楩《初中本国史》(1935),姚绍华《修正课程标准适用初中本国历史》(1937),蔡丐因《初中新本国史》(1937)等等。② 历史教材同样也可以当作历史通俗读物来使用。例如韦尔斯《世界史纲》是一部通俗简明的世界历史著作,也曾被用于学校的教科书。雷海宗于1928年曾写作一篇关于《世界史纲》的书评,根据雷海宗的观察,书评刊出"二年以来,国人对于《世界史纲》的信仰似乎仍未减少,无论普通的读者或者中学大学的学生仍多以此书为有权威的世界史"。③ 中国工人出版社2007年出版的"大师写给大众的经典读物"系列,收入了吕思勉的《中国简史》,何炳松的《世界简史》,顾颉刚、王钟麒的《中国史读本》和陈衡哲的《西洋史》,实际上都是民国时期被中小学采作历史教材的,将其"重印刊行,能为我们今天的历史普及工作提供一些新的借鉴"。④

二是为配合课堂历史教学的需要而大批量地编撰出版学生历史课外读物、补充读物。在二三十年代,学术界在编写历史教科书的同时,还需要另外编写和历史教学相关的各种课外读物、补充读物,以适合学生的年龄和兴趣。历史

①课程教材研究所编:《20世纪中国中小学课程标准·教学大纲汇编·历史卷》,人民教育出版社2001年,第43页。课程标准中之时间支配、教材大纲、实施方法概要以及高中部分俱从略。

②臧嵘:《历史教材纵横谈》,人民教育出版社1999年,第431-440页。

③雷海宗:《世界史纲》,见《近代中国学术批评》,桑兵等编,中华书局2008年,第317页。

④何成刚、陈亚东:《民国时期的几部历史普及读物》,载《中华读书报》2007年12月15日。

教科书囿于体例,根据历史学的学科特点和学生的学习情况按照课程标准进行编撰,行文语言有一定的规范,还需依照教科书命题考试,某些内容也无法引申发挥。所以,各种历史课外读物、补充读物的编撰要避免教科书的缺点,注意引导学生的学习兴趣,内容丰富,文字活泼,要“活生生的”“有血肉有灵魂”。而以历史课外读物与课堂教学互补,当是提高历史教学水平的途径之一。正如教育家舒新城在“中华百科全书”丛书序中所说:“(中学生)正是身体精神急剧发展的时候,其求知欲特别增长,课内的种种绝难使之满足,于是课外阅读物便成为他们一种重要的需要品。不幸这种需要品又不能求之于一般出版物中,这事实,至少在我个人的经验是足以证明的。”胡哲敷也认为历史知识浩如烟海,在历史教学中最感困难的是历史知识“内容是那么多,学校历史钟点是这么少;全靠教科书当然不够”,[①]因此需要编撰出版供中小学生专用的历史课外读物,以做历史课堂教学的配合和补充。中华书局的“中学生文库”和商务印书馆的“万有文库”,其中有不少属历史类的,是当时不少学生的“智慧的启蒙师”。[②]

从课堂历史教学的角度出发,各种相关补充读物的选材应该与正式的课程教材相结合。许多中小学历史教师以及一些专业研究者,都注意到了指导学生通过课外阅读历史通俗读物,进一步提高其历史知识的深度和广度,对于开展历史教学有着很重要的辅助和补充作用,如吴研因、王志瑞在《小学历史科教学法》中认为:“教科书之外兼用补充读物,不是现在我国一般小学校里所常见的事,因为一则像我国现在的情形,没有适当的补充读物,二则有了补充读物,也缺少一种适当的使用方法。”[③]该书将历史通俗读物视为历史课堂教学的补充,具体可分为四类:碎锦式的补充;演义式的补充;比较式的补充;关系式的补充。在历史教学中,有了补充读物,也需要注意到补充读物和历史课堂教学之间的关系。使用补充读物,要特别注意可以增加实情的材料,增加重要消息的材料,使历史变得有趣的材料,使学生可以亲近史学著作的材料,以及可以说明历史研究法的材料。教师应指导学生的课外阅读来配合历史课堂教学,以取得良好的教学效果。

就深一层次而言,阅读历史通俗读物,促使学生对于感兴趣的史实做进一步的研究,可以培养其研究和解决问题的能力,使得其可以展开深入的研究。周谷城曾提出学生读物需具备三个条件:一是条理清楚,使读者对于这一件史实获得一个明晰的概念;二是文字浅显,使读者不致因文字的艰深而于史实发生误解;三是在叙述史实时最好能附有各种文献的或实物的根据;四是能附上

①胡哲敷:《汉武帝》,中华书局 1935 年,第 1 页。

②罗荣渠:《启蒙・治学・社会教育》,见《史学求索》,商务印书馆 2009 年,第 503 页。

③吴研因、王志瑞:《小学历史科教学法》,商务印书馆 1929 年,第 42 页。张粒民《小学历史教学法》(商务印书馆 1948 年)在补充读物一节里,完全转述了上述看法。

详细的索引。后两者尤为重要，因为其既可以做"深一层的直接研究"，又可以"节省无谓的耗费时间"。[①]

除了与课堂教学互补外，历史教学补充读物必须适合青少年的年龄特征。中小学生在年龄、知识结构、认识能力方面存在着差异，而其对历史的兴趣和需求也很不一致，因此也要充分考虑到不同层次学生的能力和需求，"高年级的历史材料，固当以事实为单位；在初年级，则不妨采取一种以人物做代表的方法。曾见到外国流行、我国也有几校采用的《树居人》(*The Tree Dweller*)和《穴居人》(*The Early Cavemen* 及 *The Later Cavemen*)等的故事书，专供初年级历史教学用的"。[②] 历史课外读物需要有不同的深度和广度，以适应各个年龄阶段学生的需要。

有的历史课外读物与历史教材一样，也需教育部审定，作为学校历史教学的指定课外补充读物。例如商务印书馆林万里、孙毓修主编的"少年丛书"，经教育部审定发行，包括《信陵君》《诸葛亮》《文天祥》《毕斯麦》《大彼得》《富兰克林》《陶渊明》《德谟士》《苏格拉底》《玄奘》《张良》《郭子仪》《王阳明》《纳尔逊》《加里波的》《格兰斯顿》《朱子》《克林威尔》《苏轼》《拿破仑》《班超》《岳飞》《哥伦布》《华盛顿》《司马光》《苏秦》《林肯》《马援》《达尔文》共 29 种。丛书"议论正大，阅之足以增长见识，坚定志气"。中华书局"学生丛书"中以历史为题材的有《苏秦张仪》(吕思勉)、《关岳合传》(吕思勉)、《韩非》(谢蒙)、《孔子》(谢蒙)、《朱子学派》(谢无量)、《阳明学派》(谢蒙)、《王充哲学》(谢无量)，其中，前两部曾得教育部通令褒奖。

在抗战以前，各大出版社所出版的各种中小学历史课外读物、补充读物是很丰富的，根据王云五的总结："最近几年，尤其是民国二十三至二十五年间，儿童用书的出版最为热闹，商务印书馆有小学生文库五百册，幼童文库二百册，小学分年补充读本六百册；中华书局有小朋友文库四百五十册，小学各科副读本三百册；世界书局有儿童文库二百册。此外，儿童书局、北新书局等也都有此类的出版物。"[③]其中包括了很多历史小故事和历史人物传记，很受欢迎。开明书店由叶圣陶、夏丏尊、章锡琛等人主持，除了出版教科书和专著以外，特别重视普及知识的工作，主要阅读对象是求知欲最盛的中学生和广大青年。[④] 开明书店出版有"开明中学生丛书"，每册三万字左右，供初中学生课外阅读之用，"编

---

①周谷城：《历史学习的途径与工具》，见《中学各科学习法》，开明书店 1932 年，第 84 页。

②王芝九：《小学历史教学商榷》，载《教育杂志》第 16 卷第 2 号，1924 年 2 月。三书都为杜柏著。《树居人》，郑振铎、何其宽译。《前期穴居人》，沈志坚、何其宽译。《后期穴居人》，何其宽译。曾再版多次。

③王云五：《十年来的中国出版事业：1927—1936》，见《中国近现代出版史料》第 4 册，张静庐辑注，上海书店 2003 年，第 347 页。

④张明养：《从我与开明的关系谈到开明精神》，见《我与开明》，中国青年出版社 1985 年，第 227 页。

纂的时候，特别注意于文辞的修整，文学趣味的富足，务使读者在培养阅读能力之外，更可得到写作能力方面的进益”。历史类有《孔子》(周予同)、《班超》(周振甫)、《玄奘》(宋云彬)、《王安石》(卢芷芬)、《王阳明》(宋云彬)、《哥伦布》(刘麟生)、《达尔文》(贾祖璋)、《拿破仑》(金仲华)、《赫克尔》(张资平)、《萧伯纳》(徐懋庸)、《东汉党锢》(周振甫)、《东林与复社》(王耘庄)、《晚明流寇》(王耘庄)、《鸦片战争》(丁晓先)、《戊戌政变》(张同光)、《欧洲文艺复兴》(傅东华)、《产业革命》(刘叔琴)、《国际联盟》(张明养)。这套中学生丛书，“不仅在使中学生明白这一件事或一个人的活动的经过，并且要养成中学生怎样去认识历史上种种活动的真相”。[①] 开明书店并且编辑出版《中学生》杂志，其中有不少有关历史知识普及方面的小短文，作为中学生的课外学习的补充读物，侯仁之回忆《中学生》杂志，“给予我为祖国生存而努力前进的理想和传授给我一些基础知识和基本技能，是我一生受用不尽的”。[②]

三是社会教育中的历史知识普及。除了狭义的课堂历史教学外，对民众的历史知识普及工作也同样重要，历史应该与自然、社会等同样成为民众所必须具备的常识。普及历史知识，最基本的方式也是编撰各种形式的历史普及读物，“这历史，并不是记历代帝王的账簿，只消把历史上各方面有趣味的材料，摘出来写成小册。最好是把历代民族英雄的事迹，写得有声有色，可以大受一班下级民众的欢迎”。[③] 1915 年，教育部开始提倡通俗教育。根据教育部所拟定的民众教育目标，各类民众学校的初级历史应当至少包括本国历史大要、本国历代名人故事、指南针印刷术火药等发明故事、国定纪念日故事等等。[④]

广泛设立民众图书馆是推广民众教育的基本途径之一。清末新政时，清政府颁布了《拟定京师及各省图书馆通行章程》，共二十条，规定了图书馆的设置建筑、人员配备、管理方式、经费开支、图书选购、收藏传阅等等。1909 年，学部筹建京师图书馆，由缪荃孙等主其事。后在直隶、山东、湖北、湖南、浙江、江苏等省份建立了一些图书馆。

清末的图书馆，重在图书收集整理，面向社会开放的程度有限。1915 年，北洋政府颁布《图书馆规程》和《通俗图书馆章程》，后者规定“各省治、县治应设通俗图书馆，储集各种通俗图书，供公众之阅览”，通俗图书馆面向公众免费开放。[⑤] 据统计，到 1918 年，全国有通俗图书馆 286 个，巡回文库 259 个，阅报所

---

①周振甫：《东汉党锢》，开明书店 1935 年，第 6 页。

②庄之明：《〈中学生〉杂志 60 年》，见《中国当代出版史料》第 3 卷，宋原放主编，山东教育出版社 2000 年，第 154 页。

③徐卓呆(傅霖)：《民众读物》，商务印书馆 1937 年，第 31 页。

④邱治新、杨复耀、鲍维湘：《民众学校教材及教学法》，中华书局 1948 年，第 155 页。

⑤李希泌、张椒华：《中国古代藏书与近代图书馆史料：春秋至五四前后》，中华书局 1982 年，第 184 页。

1825 个。通俗图书馆的大量设立，一方面，对图书需求量大大增加，促进了通俗读物的大量出版。另一方面，也使得历史知识得以广泛传播到民众中去。遍设图书馆，使得"一方之人，皆得而阅之……即一艺一业之人，亦得于职务余闲，藉书籍以慰其劳苦，长其见识"。而中小学生亦可充分利用图书馆，扩展阅读，"近日商务印书馆所出之童话及儿童教育画，皆为此辈而设也。邑中子弟，有读书之便，则移其作为无益之嗜好而嗜书，其有益于风俗社会，非细故矣"。[①]

（四）现代图书出版事业的发展

出版，就是将著作编印成图书、报刊等载体，以达到传播思想、传递信息、普及知识、积累文化的目的。中国严格意义上的现代出版事业，是在西方基督教会和传教士的影响下发展起来的。到了晚清，民营的现代出版机构也开始逐步发展起来，主要有商务印书馆、广智书局、文通书局、文明书局、开明书店以及大公报馆等等。辛亥革命后，中国的民营出版事业得到了进一步的发展，并逐渐成为出版发行的主流。

近代图书编辑事业的发展推动了历史通俗读物的出版、流通和普及，可以从组稿编辑和出版发行两方面来考察。

在组稿编辑方面，出版社的编辑人员根据市场的需求，确定历史通俗读物的选题，制定编辑出版计划并且组织专业人员从事编写，可以近代著名出版家王云五为例。王云五于 1921 年入商务印书馆至 1946 年离开，其在商务印书馆时期的主要贡献有五：主持商务的复兴事业；主持新式丛书的出版；进行资本主义的出版管理方式即科学管理法的探索；扩大商务的出书和营业规模；开创文化商业化的成功模式。[②] 以历史通俗读物而论，王云五认为中等教育"在质的方面，往往不能使人满意，其原因虽颇复杂，然漠视补充读物实为主因之一。补充读物之效用有二，一可补充教科书之不足，一则养成自动研究之习惯"。[③] 各种课外读物和教科书可以起到互相补充的功能，在课堂教学中，教师若教不得法，"或者对学生修学加以强迫，或者尽力灌注知识，使学生感觉功课的繁重和压迫；前者使学生对读书而生厌恶，后者至少也使学生对读书不感兴趣"，这样产生的教学效果容易使学生感到学习不过是尽一种职责，而不是兴趣。相比之下，补充读物，"编制上因没有定式的束缚，自较轻松而易了解，于是学生多喜自动阅读……科学的或史地的补充读物，如果编著得好，也不难与文学的补充读物具有同等的吸引力。假使一般学生读了科学或史地的补充读物，能和读小说一般感兴趣，则其对于科学之能自动研究便已毫无问题……使抱着一种目的而阅读补充读物，读时既格外有兴趣，而且能够继续不已的阅读，随着这种继续的

①孙毓修：《图书馆》，载《教育杂志》第 1 卷第 11 号，1909 年 11 月。

②王建辉：《文化的商务：王云五专题研究》，商务印书馆 2000 年，第 272 – 274 页。

③王寿南：《王云五先生年谱初稿》第 1 册，台湾商务印书馆 1989 年，第 406 页。

阅读，便可以养成阅读的习惯，而益坚强阅读的兴趣”。[①] 长此以往，可以鼓励学生按照自己的兴趣，来进行各种各样的研究，进而培养学生的研究和创新能力。

在王云五主持商务印书馆编译所期间，编辑出版了很多补充读物，“初则对于小学中学均编有分科的补充读物，例如小学方面有儿童理科丛书，儿童史地丛书，儿童文学丛书等，各多至百种以上；中学方面有学生国学丛书，少年史地丛书，少年自然科学丛书及医农工商算学各科丛书等，合计多至五六百种。继则编印概括性的大规模丛书。中学以上有万有文库初集，汇集一千种二千册之中学以上青年当读之书于一处，使成为中等以上学校及各地方新办图书馆的基础。虽万有文库所收书籍一部分程度较高，不尽合中学生之补充读物，然其中可为中学补充读物者亦复不少。故民国二十一年十二月国立编译馆奉教育部令就商务印书馆出版之万有文库中选取四百二十种，作为中等学校第一辑补充读物，呈送教育部通令各省市采用。小学方面，则有先后编印之小学生文库幼童文库及小学生分年补充读物”。[②] 学生课外补充读物的大量出版，受到了广大中小学生的欢迎。

1943 年重庆中国历史学会成立之际，王云五想借此机会邀请各专家学者编撰历史通俗读物。王云五从政府相关部门那里申请经费十万元，约请顾颉刚和黎东方，计划找了十位专家分写中国历朝的简明历史，文体要求深入浅出。后由黎东方写了《先秦史》，劳榦写了《秦汉史》。

出版社延请专人编撰历史通俗读物，均需支付稿酬。稿酬是出版社在出版图书时付给作者的报酬。中国古代并无稿酬制度，只有所谓的“润笔”。19 世纪末 20 世纪初，《申报》《大公报》开始实行采用稿酬。1906 年，包天笑入时报馆做编辑，根据其回忆，“这时上海的小说市价，普通是每千字二元为标准……也有每千字一元的，甚至有每千字仅五角的”。可见，当时出版者支付稿酬，已经成为普遍的形式了。[③]

稿酬制度的确立，对历史通俗读物的出版是一个推动。世界书局的稿酬通常较为丰厚，“作者所得稿酬或版税，均在硬币数千元或万元以上，如张恨水的稿酬是每千字四元至十元计算（当时通俗小说稿费水平，为每千字三元左右）”。[④] 顾颉刚创办《大众知识》杂志，“来稿一经刊登，每千字敬酬以三元至五元的稿费”。乐群社文化部约请宋云彬写《中华民国的故事》，计划十万字，每千

---

①王云五：《商务印书馆与新教育年谱》，台湾商务印书馆 1978 年，第 777 – 778 页。

②王云五：《商务印书馆与新教育年谱》，台湾商务印书馆 1978 年，第 777 页。此为王云五 1942 年 12 月 21 日中央训练团党政训练班讲演稿。学生补充读物，其概念内涵与学生课外读物相同，与通俗读物略有区别。大体而言，通俗读物包括了学生补充读物。

③黄林：《晚清新政时期图书出版业研究》，湖南师范大学出版社 2007 年，第 192 – 193 页。

④朱联保：《关于世界书局的回忆》，见《中国出版史料·现代部分》第 1 卷上册，宋原放主编，山东教育出版社 2000 年，第 234 页。

字至少致送稿费四元。[1] 支付稿酬可以调动历史通俗读物创作的积极性。但从另一个方面来看,对一些经济不充、实力有限的出版社、杂志社或学术团体来说,稿酬支付难以为继,反而对出版工作造成了限制。

除了约请专人编撰历史通俗读物外,还有许多出版社的编辑人员同时又是历史通俗读物的编撰者,集撰写、编辑、出版工作于一身,吕思勉可为其代表。吕思勉曾于1914—1918年在上海中华书局担任编辑工作,在此期间编撰了一批中国历史教材教法论著以及学生课外读物,有《苏秦张仪》(1915)、《新式高等小学国文教科书》(1916)、《高等小学用新式历史教科书》(1916—1917)、《关岳合传》(1916)、《国耻小史》(1917)、《中国地理大势》(1917)等。《苏秦张仪》《关岳合传》为中华书局"学生丛书"之一。《国耻小史》《中国地理大势》为中华书局"通俗教育丛书"之一。出版社编辑人员同时又是通俗读物的编撰者,可能有出版社节约稿酬的用意在内。

在图书发行方面,出版社采取了各种手段对历史通俗读物进行促销、推广,促进了历史通俗读物的流通和普及。

一本书出版以后,必定要让人们知道并选择阅读,广告、书评以及编目是几种最常见的方式。而各大出版社刊载的图书广告又是最常见、最通用的促销形式。民国时期的各种图书、期刊上通常都刊载有大量的图书销售广告,广告大多位于里封、底封,以及前后的衬页中。图书广告的形式主要有二:一是书目式广告,另一是解题提要式广告。

书目式广告主要是将出版社所出版的同类性质的书目或丛书细目,合成一组。例如新生命书局的"新生命大众文库",其丛书编撰是"把日常的知识,成为有系统的学问,把枯燥的学理,成为有兴味的故事,把人生的常识,都包括在一部中,是中学生的最好读物","包括政治、经济、历史、地理、文艺及自然科学方面,文字以故事体为主,多附插图,最合中小学生及平民教育之用"。陶希圣主编《食货》杂志同为新生命书局所出版,在《食货》第1卷第1期(1934年12月)刊载"新生命大众文库"细目,历史类有:

> 第1辑当代名人传:(1)罗斯福(2)麦克唐纳(3)兴登堡(4)赫里欧(5)墨索里尼(6)斯太林(7)托洛茨基(8)希德拉(希特勒)(9)凯末尔(10)甘地(11)福特(12)西园寺
>
> 第4辑小历史:(1)美国独立史(2)欧洲大战史(3)日本维新史(4)俄国革命史(5)法国革命史(6)印度革命史(7)土耳其革命史(8)太平天国史(9)帝国主义压迫中国史(10)最近中国史(11)最近国难史(12)华侨发

[1]宋云彬:《红尘冷眼》,山西人民出版社2002年,第39页。

展史

第7辑民族英雄:(1)张骞(2)马援(3)班超(4)岳飞(5)文天祥(6)郑和(7)史可法(8)戚继光(9)郑成功(10)林则徐(11)李秀成(12)聂士成

第9辑历代中国史:(1)三代(2)战国与秦(3)两汉(4)三国(5)两晋(6)南北朝(7)隋唐(8)五代十国(9)两宋(10)金与元(11)明(12)清

第10辑现代列国志:(1)英帝国(2)美国(3)日本(4)苏联(5)德国(6)法国(7)意大利(8)中国(9)北欧(10)近东(11)印度(12)南洋

第11辑中国文学家:(1)屈原(2)司马相如(3)司马迁(4)曹植(5)李白(6)杜甫(7)韩愈(8)苏轼(9)陆游(10)李清照(11)黄仲则(12)李渔

除了细目外还附有定价:"每册一角五分,每辑一元八角。特辑每册五角,全辑六元。合购一至十二辑售洋十九元半连特辑共二十五元。"这种做法"既可以加强读者对同类出版物的印象,也可以便于读者综合选购"。①

解题提要式的广告主要的内容包括了其书的编辑旨趣、编撰特征、主要章节、作者简介等内容,撰写方式类似于目录学中的解题提要。许多历史通俗读物的广告词,语言流畅,文字生动,重点突出,雅俗共赏,例如叶圣陶为吕思勉《三国史话》所写的广告词:

《三国演义》给与民间的影响,非常久远而普通。一般人对于三国历史的知识,大多从《三国演义》得来。可是演义有许多渲染过分和歪曲事实的地方,这种歪曲的历史足以造成谬误的知识。要一般人去读正史中的《三国志》来矫正演义中的谬误,那是很困难的事。作者是一位对于中国历史有数十年研究的学者,本历史求实的精神,用浅显的文笔来讲述三国历史,尤其是对于演义中歪曲事实部分,竭力加以矫正,来改正一般人的谬误观念,给与人们以正确的历史知识。内中尤其是对三国中的人物,像诸葛亮、曹操、魏延、钟会,都有崭新的见解,那是作者读史的心得,即使在正史里也找不到。所以一般《三国演义》的读者,应该用这部书来矫正谬误的历史知识。专门研究历史的学者,也可以从这本书里获得作者对于历史的独特见解。② (1947年4月10日刊出)

①辛雨:《三十年代书籍广告》,见《中国出版史料·现代部分》第2卷,宋原放主编,山东教育出版社2000年,第701页。书目式广告中,有些属图书预告。书目中的图书未必都会如期出版,在使用时需要注意辨别。

②《叶圣陶书写的广告文字》,见《中国出版史料·现代部分》第2卷,宋原放主编,山东教育出版社2000年,第686页。

解题提要式的广告在叙述时可依图书编撰特征和阅读对象的不同而在介绍时有所侧重。如纪庸主编的“中国历史故事小丛书”，读者多为中小学生，则侧重于介绍图书的版式、装帧等外部特征，“（前略）用三十二开本印的，两色封面，美观大方，全书用五号正体字，清楚爽朗。卷首有两幅精致的名家插图，趣味丰富，卷尾更有一幅历史地图，极便参考，实是每个民众和中小学生的很好的读物”。有的还附有订购价格、征订方式等内容，例如上海文华美术图书公司为“儿童史画丛书”所做的新书广告，“（前略）儿童为家庭的单位，救国的重要份子。本书以受帝国主义侮辱的事实绘成图画，附以说明。凡家庭凡小学均应购置，备以教儿童，冀引起儿童的国家观念，在忍辱负重卧薪尝胆之时养成儿童的责任心，行救国主义。共二十册，已出十册，实售大洋八分”。

除了图书广告外，大多数出版社还通过打折、特价等手段，来推动图书的销售。例如《民众周报》刊登的征订预告，“合订本定价每册三万元，特价二万五千元。本刊订户照定价七折，装订无多，购者从速”。周报中还有“优待民众周报读者”的广告，并有“人文书报社优待券”，“惠定书籍，定价八折计算”，还附有“优待订户办法”细则。文华美术图书公司在其出版的图书中还附有“淞沪御日血战大画史特价证”。

出版社的促销让利打折的做法有利于通俗读物在民众中的流通和普及，是值得肯定的。但《淞沪御日血战大画史》《东北血泪大画史》等书是中国军民誓死抗战、奋勇杀敌之实录，而出版社之广告、折扣等促销手法，庸俗市侩，却与书中内容很不协调。

民国时期的出版社之间相互竞争，角力争先，也促使通俗读物大量出版。民国时期中华书局和商务印书馆双峰对峙，中华书局出版“小朋友文库”“中学生文库”，商务印书馆则出“小学生文库”“新小学文库”“中学文库”“国民教育文库”。而世界书局则另出“ABC 文库”，亦风行一时。

应当说，20 世纪初年的新史学思潮，是推动这一时期新型通俗史学产生的主要因素。中国古代辑要、便览、快读式的普及性史书，并不受历史学家的重视，叶德辉以“吾人读书，工苦浩博，钩玄提要，如魏（了翁）氏之节钞五经正义，亦未始不可为课程。若删节三礼、左传并其他古书，此三家村学究所为”。① 显然对“三家村学究”之所为极其轻视。20 世纪初的新史学思潮，提倡“民史”，在内容上以人民群众的历史来替代帝王将相的历史，同时又主张把历史知识在人民群众中去普及，有着目的性非常明确的普及意识。梁启超、吕思勉、顾颉刚等历史学家都是有计划、有目的地从事历史知识的普及工作，在理论和实践两方面都做出了巨大的贡献。

①叶德辉：《书林清话·书林余话》，中华书局 1957 年，第 30－31 页。

五四新文化运动提倡使用白话文,语言上的变革使得通俗史学著作能够更加容易为广大民众所阅读和接受,为历史知识的普及化、大众化开辟了道路。但是我们也应该看到,受新文化运动的影响,在历史学的专业学术著作、论文中也开始使用白话文,胡适便是典型的例子。因此新文化运动提倡使用白话文,只能看成是推动通俗史学发展的充分条件而非必要条件。清末教育制度的变革使历史成为学校课程,为促进历史教学而编撰历史课外读物,同时在面向社会普及历史知识。现代意义上的图书出版机构,有着专业的编辑出版人员从事策划选题组稿编辑工作,有稳定的图书发行销售渠道,这是古代的书坊业所无法企及的。因此,教育制度的变革和现代意义上的图书出版事业,可以看成是新型通俗史学发展在制度、技术层面上的因素。

第二节　20 世纪上半期历史通俗读物的主要类别

近代以来的史学著作可分成严格的章节体著作和非章节体著作。章节体的主要特点是以章节为纲,按主题内容分章析节。不同的章节编排有助于加深对历史问题的探究。一般来说,学术专著大都采用了章节体的体例,而通俗读物为了达到层次分明、容易理解的目的,亦可采用章节体的形式。相比之下,非章节体读物的形式多样,可以按照历史知识普及的目标和接受层次的要求灵活地采用各种形式,主要有以下几种。

(一)历史故事

历史故事是专指以历史为题材的故事。吴晗曾对历史故事下过一个完整的定义:"为了普及历史知识,把历史实际中某些有现实意义的斗争经过,科学地总结出来,其中有人物的性格、思想、活动,有事件的发生、发展、变化和结束,为了写得生动,对人物和事件加以适当的合于历史实际的描写,当然是允许的,但是决不许可有虚构。这样的写法,会使读者易于接受、了解、记忆,因为他既说人,又说事,有情节,有变化,具有一般故事的职能,而又是科学地根据历史文献写成的,所以叫做历史故事,以和一般的故事相区别,也和历史教科书和历史论文相区别。"①

历史故事的编撰基本上都以生动活泼便于读者阅读为目标,宋云彬曾于 30 年代陆续发表短篇历史故事,后结集为《玄武门之变》(开明书店 1947),用故事的手法来叙述历史,在书中有不少想象的成分。全书特点在于揭露历史真相,如刘太公、禅让、玄武门之变等篇目,把历代统治阶级所极力歪曲讳饰的历史事实真实地展现出来。其书对于史料选择相当严谨,故事场景和细节描写得非常

①吴晗:《历史故事·序》,见《历史故事》第 1 册,北京出版社 1963 年,第 5 页。

生动。茅盾在序言中希望作者"再多写一些,将历史上所有重要的古人古事都还它一个本来面目(虽然只能做到比较近于本来),并且扩充成为一部故事体的中国史"。韦休的《中国史话》(商务印书馆1931)便是一部"故事体的中国史",全书共5册,从太古叙至国民军北伐战争胜利,"如果把它一章一章地分开了,实是各个独立的故事;合拢起来却是一部前后贯穿,首尾完整的'历史讲话'。这期间,我们可以看到我国社会的变迁和氏族的分合,而近百年来帝国主义的侵略和我国最近革命运动发展的事实尤其可以看个透亮"。①

民国时期各出版社编撰了许多历史故事,通常都是以丛书形式出现的,丛书大多围绕着某一主题选材和编撰。例如中华书局"儿童古今通"(1931—1933),包括《左传故事》(朱文叔),《史记故事》(朱文叔),《世说新语故事》(郑昶),《前汉书故事》(郑昶),《后汉书故事甲编》(郑昶),《后汉书故事乙编》(范作乘),均为短篇故事集,主要选择《左传》《史记》《汉书》《后汉书》等史书,以及其他文献典籍,选择若干有趣味的篇目,用故事的手法译写,并略作简单注释。世界书局的"中国历史故事丛刊"(1946),收入施瑛的《士大夫的故事》《中华民族的故事》《文学的故事》《侠义的故事》等,大方书局"新标准历史故事丛刊"(1947),收入萧潇的《四君皇》《四谦士》《四忠良》《四奸臣》《四名将》《四女杰》《四烈士》《四贞烈》《四美人》《四才子》,在"不失历史的真实性"的前提下,"唯一的宗旨是要文字通俗化"。其他历史故事丛书还有儿童书局"中国名人故事丛书",合众书店"小学生历史故事丛书",大中国图书局"中国历史故事小丛书"等等。②

历史故事的阅读对象通常是中小学生,为了适应中小学生的阅读习惯和兴趣,在文字生动、叙述有趣的同时,在历史故事中也会加入一些虚构和想象的成分。商务印书馆"小学生文库"中有朱鼎元、胡寄尘等编校的《中国故事》共10册,以檀道济"唱筹量沙"的故事为例(见表2-2)。

---

①臻郊:《推荐五部关于历史科的新书》,载《中学生》第21号,1932年1月。韦休《中国史话》原名《中国的故事》。

②"中国名人故事丛书",有《管仲》(1937),《孔子》(1937),《班超》(1937),《马援》(1934),《诸葛亮》(1933),《陶渊明》(1933),《杜甫》(1937),《苏东坡》(1933),《王安石》(1935),《朱子》(1935),《史可法》(1937),《黄梨洲》(1937),《纪晓岚》(1937),《石达开》(1935),《孙中山先生》(1937)等。"小学生历史故事丛书",有《楚霸王故事》(1936)、《伍子胥故事》(1936)等。"中国历史故事小丛书"参见第三章第三节。

表 2-2

《中国故事·唱筹量沙》(故事类第 8 册)	《南史·檀道济传》
魏国的追兵,快要赶到了。	道济时与魏军三十余战多捷,军至历城,以资运竭乃还。
檀道济心想:此刻军粮缺乏,兵士无心打仗,万一敌兵赶上,势必溃散,一定抵挡不住的。	时人降魏者具说粮食已罄,于是士卒忧惧,莫有固志。
他便想了一个计策:当夜,等军士们安营归号后,他却在中军帐中,把灯火点得很亮,另派一队亲信兵士,在帐中用斗量沙,堆积如山。量的时候,还很清晰地喊着一石、二石、三石……量好,把军中剩余的粮米,薄薄的铺在沙上。沙量完了,就熄了灯。	道济夜唱筹量沙,以所余少米散其上。
兵士们在营中听见唱筹的声音,以为已有粮食运到,便很安心地休息。	及旦,魏军谓资粮有余,故不复追。

从上述对比,可以看出,历史故事中的叙述,与正史中的记载并不能完全对应起来,还存在着很大的差异,故事中有很多都是作者自己的想象。"唱筹量沙"的想象包括了环境背景想象、人物心理想象及故事情节想象等,但是历史故事中运用的想象并不是凭空想象,而是合乎历史学规范的想象。① 合乎历史学规范的想象都以史书记载为依托,有史料做支撑,与文学中的虚构还是有着本质的区别,不能以想象而损害到历史事实的真实性,正如《上下五千年》的作者之一曹余章所说:"写历史故事,既要给读者以正确的历史知识,又要使叙述有故事性,使读者读起来觉得有味,易于接受……历史故事,首先应该是历史,其次才是故事。宁愿使故事的生动性弱一点,也不能用虚构的情节,添枝加叶的方法创造故事性。"②

(二)历史知识问答

历史知识问答类的通俗读物,是采用问答的体例来介绍古今中外的历史人物和历史事件。许伯逵的《中国近百年史问答》,根据作者自述,其书"用问答体,历举近百年来中国国内大事记和政治社会的概况、民生实业的情形","编制的目的,在以最经济的文字,写极烦复的事实。所以文字上不能完全用白话体

①关于历史叙事中的想象,参见张耕华:《试论历史叙事中的想象问题》(载《史学理论研究》2005 年第 4 期)。

②许力以:《品书录·上下五千年》,载《读书》1982 年第 10 期。

……但所用文言,亦为最浅显明白,实际和白话相差无几","因系问答体,对于重大事件,稍加简短评语。却自无妨,而对于初学的人,可以指示许多研究方法和读史的理解"。全书上下两编,上编问答 38 个,下编问答 39 个,专述中国近代的重大历史事件,另附问答 21 个,内容涉及社会、经济、工商、交通诸方面,以"近百年西学输入的状况"为例:

问:清同光以后,新学勃兴,西洋文化,逐渐输入,至民国而渐盛,如人民智识,国家政教,却有绝大关系,试述其经过的情形如何?

答:我国素以守旧著称,但至同光以还,外交失败,外力侵压,直有非新不可的趋势。于是政府则派遣学生出洋游学。学校方面,亦极重外国文字,而西洋的新思想新学理,乃层出不穷,源源不绝地传入中国。当时最先研究西学者,为江南制造局和福建船政局。制造局中还附设一个翻译馆,翻译外国新出的书报,以介绍于国人。计同治六年至光绪三十年,凡译书一百七十余种。所以启迪人民开发思想者,其功不可没。其时更有侯官严复,闽县林纾,以古文法则译述哲理科学,以及各种小说,销行之盛,一时无两,有功文学科学界,更为伟大。(下略)①

很多历史知识问答性的读物,是为辅助历史学习而编撰的。此类通俗读物,主要内容包括了课文知识点解析、补充阅读材料以及习题练习等等,以供学生课外学习参考之用。刘志熙《中外史地问答》是为"自修·考试·升学"适用,分本国史、世界史、本国地理、世界地理四编。根据编辑大意,此书"适合于中学生自修及投考高中、师范及职业学校之用",主要取材于当时通行之各中小学历史地理教科书,书中之问答亦"力求简明扼要,以便学者易于记忆,而性质相同或有因果关系之事实,亦莫不接近排列,俾学者得收联络贯通之效",亦举一例:

问:试述我国国名的沿革

答:我国历称"华","夏","中华","华夏","中国";外人因汉唐声威远震而称我为"汉"或"唐",也有因"秦"字转音而称我为"震旦"或"支那"的,辛亥革命后,民国成立,始称"中华民国",在政体上为"基于三民主义,为民有,民治,民享之共和国"。②

①许伯逵:《中国近百年史问答》,广益书局 1933 年,第 224-225 页。

②刘志熙:《中外史地问答》,大华书局 1949 年,第 1 页。

学生复习参考书还可以把历史知识问答和练习题、复习题等综合运用，巩固学生对历史知识的学习和记忆。其他如丁留余编《中国古代史问答》（大东书局 1932），书中共 196 条问答，包括了史学理论和由上古至宋辽金之历史，该书在凡例中提到，采用知识问答体例，可以“以最经济之时间，供给国人以各种学识”，编撰方式“为求简明扼要起见，故用白话或浅近文言问答”，可以用作学校教学之补充。丁留余《中国近代史问答》（大东书局 1930），在内容上承接上书，除了近代史知识问答外，还包括元、明的一些内容。郭扬烈《中外史地问答》（文化阁书局 1942），共四编：中国历史问答；外国历史问答；中国地理问答；外国地理问答。根据此书例言，知识问答的内容多侧重于抗战以及现时国际关系诸问题，“多用语文体叙述，期在便利表达意旨，减少阅者文字艰深之困难”。

（三）史话

史话包括了各种各样的史学小品文、品读历史、漫话历史、闲话历史等等。史话一般来说篇幅短小，议论精练。相对而言，史话的重点并不在于对历史事实的叙述，而是在于对历史进行解释和评价。而对于历史的解释、评价等等，很多都是作者自己的研究成果和研究心得，包含了许多独特的见解。史话的作者通常来说都需要有深厚的学养、广博的积累、精巧的表达技巧、深切的人文情怀和严谨的治学态度。吕思勉的《三国史话》可视为这方面的典范之作。

史话是对历史做有针对性的深入浅出的议论，可视作通俗性读史札记的汇编。中学生社编《史话与史眼》，作为开明书店“中学生杂志季刊”丛书之一，收入了陶希圣《孔子与耶稣》《什么是儒教》《中国文化与火烧红莲寺》《社会周期病之诊视》《英雄与社会环境》《官僚主义之种种》，周予同《在变动中的中国》《我们往哪里去》《过去了的“五四”》《汉学与宋学》，王伯祥《我国二千年来地方制度》，宋云彬《中国历代的奴隶》《科举制度及其作用》，将叙述、解释与议论相结合，试举陶希圣的几条议论：

> 中国历代的知识分子得到一个教训——统治者颠覆的危机，切不可事前道破。做的只管做，说的不要说。地主阶级以此为相传的统治秘术。
>
> 官僚的财政掠夺组织表现为公文系统。所以一切行政，都是在文字上施行的，除收税捐及派债与杀人收监这一类是直接影响民众的行为以外，其余一切“良法美意”（如果可以这样叫）都只存在于公文之上。百姓或许看不见，或许少数人看得见，却是除了每种政制都加重民众财政负担以外，没有身受过什么。①

①中学生社编：《史话与史眼》，开明书店 1935 年，第 35、48 页。根据何兹全的回忆，陶希圣对历史知识普及有很高的热情，“曾想亲自动手，以通俗之笔写一本中国历史，分篇在《教育短波》上连续刊登”（何兹全：《怀念我师陶希圣先生》，见《何兹全文集》第 6 卷，中华书局 2006 年，第 3132 页）。

一般来说,史话都是作者的治史心得,论题比较随意,并非是做纲领宏大、全面系统的论述。

何兆武把历史学分成两个层次,第一层次是对史实或史料的知识或认定,第二层次是对第一层次理解或诠释。[①] 将此历史学分层理论置于通俗史学便可发现,过去的历史事实是不会变的,故第一层次的人人都能写,至多是行文语言上有所差别,有的写得通俗流畅,有的或许是直译古文,但不同的人写出来的历史事实是一样的。到了第二层次就不同了,对历史学的理解或诠释更多地取决于研究者自身的学识、经历、体验等因素,而研究者在学识、经历、体验方面的差异也决定了其对历史的理解与诠释不可能都是同一的,研究者将自身对历史的研究、体悟与其个人经历、社会现实等加以交融,再与读者的视界进行融合。因此,判断历史通俗读物的高下优劣,更应该取决于第二层次。

(四)历史谱表

历史谱表是把历史知识进行相关的分类与系统化的排列,给人一目了然之感。历史谱表形式多种多样,历史大事表、年代表是将重大历史事件按时间先后依次排列,历史表解是用图表的方式解析历史事件,历史图谱则是将与历史相关的各种图画做归类排比。

谱表中最简易的是人物表、大事表、年代表,史学研究社编《学生用中外历史年表》(1914),于历代纪元之外,附以民国纪元,以"明时代之先后,事实之因果"。其他的尚有傅运森《世界大事年表》(商务印书馆 1934)、飚生《世界大事年表》(独立出版社 1945)等等。

比大事表、年代表更进一步的是"历史表解"。上海科学书局出版有"表解"丛书,和历史相关的有《中国历史表解》《世界史表解》《东洋史表解》《西洋史年表》《东洋史年表》《西洋史表解》,"书之内容,每种各将其紧要处、复杂处、艰深处,作为系统,列为图表,复系之以解。朗若列眉,务使读者易于检查,易于领悟……置之案头,如聆师傅讲解,获益非寡"。

和大事表、年代表相比,表解并不仅仅是按时间次序罗列史实,而是将历史事实进行解析,用图表的形式把各历史知识的要点分门别类加以统摄归纳。许高鹏的《中国历史表解》,为中华书局"初中学生文库"之一,全2册共5编:上古史、中古史、近古史、近世史、现代史,其书用图表的形式来解析历史,李尚春《外国历史表解》(中华书局 1936)同样以此例编撰。以前书"秦之事略"一段为例(见表2-3)。[②]

①何兆武:《对历史学的若干反思》,载《史学理论研究》1996 年第 2 期。

②许高鹏:《中国历史表解》第 1 册,中华书局 1935 年,第 36-37 页。原书使用括号竖排,本文征引时改为表格横排,各细目的简要叙述从略。

表 2－3

秦之事略	一、始皇帝	略例
		称帝
	二、统一之伟业	文字之统一
		度量衡之统一
		政治之统一
	三、始皇帝之武功	北伐匈奴
		西逐西戎
		经略南越
	四、秦之社会及文化	交通之便利
		文字之便利
		文具之创造
		建筑之宏大
	五、灭亡之原因	扩张君权
		严刑峻法
		徭役烦兴
		穷奢极侈
		二世愚昧赵高弄权

历史学中有许多图画，如历史人物图、文物实物图、考古复原图、历史地图等等，将其汇集便为图集或图谱。历史地图较为常见，戴景贤、张鼎元、万籁鸣编《五彩国耻挂图》，由商务印书馆出版，全套十幅，“除指陈八十年来重要国耻事件外，并揭示雪耻目标及方法，旨在唤起民族观念，共雪国耻。布局新颖，色彩调和，为我国旧有挂图别开生面，且图中尽用美术字体，醒目美观，兼而有之。不但可供学校教科应用，凡党政军各界以及民众团体、图书馆、演讲团等，均宜备置张挂，以资警惕”。

图谱是把各种图画按照特定的标准分类编纂，将同一类的图画汇集于特定的主题之下，以图为主文字为辅，用以对照实物，加深对历史事实认识的一种特殊的工具书。历史图谱可以分成综合性图谱和专业性图谱，各种专业性的图谱包括了历史人物图谱、文物考古图谱、艺术图谱等等,综合性图谱即是各专业性图谱的汇编。郑振铎编《中国历史参考图谱》,从1947年开始编纂,共24辑,分上古、殷、商、周、春秋、战国、两汉、三国、两晋、南北朝、隋、唐、五代、宋、辽、金、西夏、元、明、清。郑振铎认为"历史书却正是需要插图最为迫切的。从自然环境、历史人物、历史事件、历史现象,到建筑、艺术、日常用品、衣冠制度,都是非图不明的。有了图,可以少说了多少的说明"。特别是近代以来考古文博事业的发展,各地古文化的发掘,甲骨、金石、简牍以及敦煌宝藏、内阁珍档等发现,"凡昔人所未得一睹之宝绘墨迹,鼎彝瓷皿,石像泥俑,壁画零缣,亦悉得传其真相"。《中国历史参考图谱》的编纂,"化繁为简,取精撷华,俾人人皆能置此一编,而亲炙于古人之实际生活。虽非专家之作,或可为入门之助"。①

中国历来都有着"左图右史"的治史传统,郑樵认为图谱对于历史研究有着重要作用:"见书不见图,闻其声不见形;见图不见书,见其人不闻其容。图至约也,书至博也,即图而求易,即书而求难。古之学者为学有要,置图于左,置书于右,索象于图,索理于书,故人亦易为学,学亦易为功。"②文字与图像两者并举,图文并茂,能够更好地发挥普及之功效,明张居正为神宗"帝师",撰《帝鉴图说》,《四库全书总目提要》评其"取尧舜以来善可为法者八十一事,恶可为戒者三十六事,每事前绘一图,后录传记本文,而为之直解……取唐太宗'以古为鉴'之语名之。书中所载皆史册所有,神宗方在冲龄,语取易晓,不免于俚俗"。上海会文堂书局出版蔡东藩《中国历代通俗演义》,自1917年至1927年出版10种,为光纸石印插图本,虽然插图画显得粗糙庸俗,但却吸引了大量的读者。③

(五)图像化历史

图像化历史是以生动直观的形象来再现历史事件的整体或某个片段以及历史人物的形象面貌的写真,其包含并传递的各种历史信息,具有文字无法替代的功能,能够更加清晰准确地表达历史信息,对于历史研究有着重要的价值。图像化历史可以单独存在,亦可以与文字、声音等其他形式综合运用,传递历史知识。图像化历史与上述图谱中之图的差别在于图像化历史是用来描绘动态的历史场景和历史事件,而图谱中之人物图、实物图、考古图等等则是描绘静态的历史人物与实物。

用图画的方式动态地描绘特定的历史场景和历史事件,可以分单幅的历史绘图和连环性的历史绘图。

单幅绘图历史最有代表性的当属晚清的《点石斋画报》。《点石斋画报》创

①郑振铎:《中国历史参考图谱序跋》,见《中国近现代出版史料》第3册,张静庐辑注,上海书店2003年,第478页。书目文献出版社1994年将《中国历史参考图谱》合为一册,重新出版。

②郑樵著,王树民点校:《通志·二十略》下册,中华书局1987年,第1825页。

③朱联保:《近现代上海出版业印象记》,学林出版社1993年,第234页。

刊于1884年5月,终于1898年8月,15年间共刊行了四千余幅图画。对于《点石斋画报》,可以从新闻、美术、文学、科学、宗教、社会、风俗等各个不同的角度进行解读。而从历史学的角度来看,《点石斋画报》中所绘的内容,对于研究晚清历史有着重要的史料价值。《点石斋画报》中的社会生活部分,多"偏重于荒诞不经之事","但其中亦有极有价值之要闻,如报告甲午中日战事之《鸭绿江战胜图》,及《大同江记战》诸幅是"。[①] 陈平原、夏晓虹编注《图像历史:点石斋画报》,即"以图像历史解说晚清",建立在熟悉画报历史、了解晚清文化、重新认识图文互动关系以及以史料印证图像、以图像解说史料的基础上。[②]

和单幅的历史图画相比,连环性历史绘图的特点在于能够以连环图画的形式来表现出历史发展的连续性。汉代著名的"武梁祠"画像,虽然都是单独的历史图画,但是综合起来看,已经颇能反映出上古先秦的重大历史事件和重要历史人物。六朝时代,开始出现了连环图画,在六朝造像中有不少此种性质的图画。[③] 隋唐时代,敦煌发现的壁画表明了连环图画已经达到比较完善和完整的阶段,敦煌壁画以及卷轴大多还是以绘佛经故事为主。但是一些佛教绘图如《释迦牟尼画传》,还是带有了一定程度的历史意味。

宋代以后,出现了历史人物的传记连环图,如叙述孔子生平的《圣迹图》,孟子事迹的《孟氏宗传图》等等。借助于绘图能够直观、清晰地认识历史。孙毓修编绘的《圣迹图》:"盖传圣贤之馨欬者具于书,传圣贤之形迹者具于画……画之显而易见,足以资通人学士以及妇孺之观感也,尤甚于书。"[④]《中国空军抗战史画》(正气出版社1947),画为油画,所绘为国民党空军主要将领和抗日战争中空军所参与的历史重大战役,并附文字说明。

相比于绘画,摄影技术的运用使得图像化历史在真实性上更进一步,"摄影之法,日新月异。画传史料之价值,较旧日增加不少矣"。[⑤] "九一八"事变后,出现了很多宣传抗战的画册、纪念册,都是将摄影照片与文字叙述相综合,如《日本侵占东北真相画册》,反映"一·二八"事变的《十九路军淞沪御日血战大画史》以及《第五军淞沪抗日画史》,热河抗战的《热河血战画史》,描述国民党远征军赴印缅作战之实况的《印缅远征画史》等。联合画报社出版了舒宗侨所编的《中国抗战画史》和《第二次世界大战画史》。《第二次世界大战画史》搜集了近千幅图片,文字三十余万,地图八十余幅。在舒宗侨看来,"照片是一种立

①萨空了:《五十年来中国画报之三个时期》,见《中国近现代出版史料》第4册,张静庐辑注,上海书店2003年,第408页。

②陈平原、夏晓虹编注:《图像晚清:点石斋画报》,百花文艺出版社2006年,第3页。

③阿英:《中国连环图画史话》,见《阿英美术论文集》,人民美术出版社1982年,第46-47页。

④孙毓修:《圣迹图》,商务印书馆1922年,第4页。

⑤何炳松:《历史研究法》,见《何炳松文集》第4卷,刘寅生、房鑫亮编,商务印书馆1996年,第21页。

体报道的方式，足以补充文字的不足，而效力有时要超过文字……如南京大屠杀、西西里之战、德苏之战、西欧之战、硫磺岛与琉球之战，原子弹的轰炸，相信它说明事实的效力，定在文字之上"，"历史是枯燥的，尤其是战史，如果没有耐心，看起来会索然无味。把图画文字配在一起，看起来，则会增加情趣"。[①]《中国抗战画史》由曹聚仁与舒宗侨合编，编辑例同《第二次世界大战画史》。永安月刊社亦编有《第二次世界大战画史》(1946)的摄影图册，从"九一八事变"至德意日投降，用中英文说明。良友图书印刷公司出版过不少以现当代史为题材的画史性质的历史通俗读物，如《中国现象：九一八后之中国画史》《西班牙内战》《苏联的党案》《德意日的大战准备》《第一次世界大战》《英太子画传》《希脱拉(希特勒)画传》《莫索里尼画传》《帝王的没落》等等。

此外，还有反映共产党及其领导的新民主主义革命的史画。风雨书屋1938年出版钱杏邨(阿英)编的《长征画集》，系黄镇所画，初名《西行漫画》，有24幅漫画，"充分表白了中国人民的伟大、坚实，以及作为民族自己的艺术，在斗争与苦难之中开始成长"。[②] 联合画报社曾出版了萧萧的《解放军史画》《二万五千里长征史画》，舒宗侨的《学生解放运动史画》《八路军抗日史画》等等。虽然是名为"史画"，但是各书还是以文字叙事为主，配以大量图画、照片，记述长征、抗日战争、解放战争以及历次学生运动的史事。《解放军史画》从五四运动、中国共产党成立至横渡长江、解放京沪，共60幅图画。其书以画为纲，辅以小段文字说明。

图像化历史的长处和短处同样明显，其长处在于直观、直接，而其短处是难于表达复杂、抽象的历史概念，无法替代书面文字的记述。正如弗领所说："图画传说的固定性和笔述的传说一样。它俩的分别，就是图画的传说比较不容易把复杂的事物都给它描写起来，并且比较难于描写得惟妙惟肖。"[③]

(六)历史歌

历史歌是把历史编写成通俗形式的诗歌、歌谣、韵语等形式，以韵律化的语言来叙述历史事件。对于广大民众来说，读起来朗朗上口，便于记忆和传诵，有利于历史知识的传播。清末陈天华撰写了《猛回头》《警世钟》，"拿板凳，坐长街，高声大唱，尊一声，众同胞，细听端详"，特别叙述了中国近代以来迭遭侵略："俄罗斯，自北方，包我三面；英吉利，假通商，毒计中藏；法兰西，占广州，窥伺黔桂；德意志，胶州领，虎视东方；新日本，取台湾，再图福建；美利坚，也想要，割土分疆。这中国，那一点，我还有分！这朝廷，原是个，名存实亡。替洋人，做一

①舒宗侨：《第二次世界大战画史》，联合画报社1946年，第3页。

②阿英：《阿英书话》，北京出版社1997年，第254页。

③〔美〕弗领著，薛澄清译：《历史方法概论》，商务印书馆1933年，第29页。

个，守土官长，压制我，众汉人，拱手降洋。”[①]作者将上述弹词语体自谦为“编成几句粗话”，深刻揭露了帝国主义的侵略和清政府的卖国罪行。

《中国白话报》上曾开辟“歌谣”专栏，1904 年 1 月 31 日第四期曾刊载刘师培《昆仑吟》，讲述远古到近代的历史。春秋时期“莽莽中州，异族垂涎，华夏杂居，遍地腥膻，赖有春秋笔削微言，内夏外夷大义传”；东汉末年“羌胡呈逆焰，匈奴鲜卑兼乌桓，非我族类心必异，五胡乱华此其端”。1907 年 7 月 22 日第十六期有署名“苏民”的《汉族历史歌十三首》，五胡乱华，“我中华，我中华，那许胡人玷文化。东汉初，他来附。内地乃杂居。刘石慕容拓跋等，野种纷纷扰东晋。一群羊，一群狼，杀尽已隋唐”。[②] 从上述引文中可以体会出，《中国白话报》中刊载的历史歌谣表达的是一种极端的民族主义思想，而在清末排满革命的历史语境中，这种极端民族主义又有其存在的合理性。

潘抑强《中国历史韵编》是用韵语编写的一部中国通史，全书二十章，前十八章从史前叙至清末，末两章综述中国古代的宗教科技文化。试举其关于中华远古史的叙述：

中华民族，历年悠久；其所自来，臆说孔多；西来之说，一时颇盛；考之地学，殊不足信；中原土著，实我先民；史前遗物，石铜陶器；人类地质，据以论期；考古之学，首重发掘；爪哇欧洲，先后有获；震旦原人，北京发现；距今约计，五十万年；或云我族，原始祖先；旧期石器，河套发现；考其年代，五万年前；新期石器，迹遍南北；文化人种，制作实物；证古例今，衔接符合。[③]

这一段的特点在于采用了很多考古学的材料来叙述上古历史。全书采用自注体，在韵说旁详做附注，并有各种图表以说明之。按照作者的自述，《中国历史韵编》是为配合中国通史教学而编，“据心理学试验，具有声韵节奏之文，最感兴趣，便于记忆”。

此外，还有编写外国历史歌谣的，如袁桐的《外国历史歌》（文明书局 1904），从上古一直叙至世界现代史，试举罗马帝国一段：“三头政治，第二次修。俄达非斯（指屋大维），文武才殊。绅民加号，奥古斯都。自此纪元，始自基督。厥后罗马，三十八帝。安敦通汉，东西初辟。”从大处极为简要地勾勒了罗马帝国的历史。

通俗史学的基本特征决定了其在编撰过程中，必须严格按照历史学的规范，将历史知识转化为通俗易懂的形式。而在编撰过程中的各种想象、增删等

①陈天华：《猛回头》，见《辛亥革命》第 2 册，柴德赓等编，上海书店 2000 年，第 148、151 页。

②转引自刘兰肖：《晚清报刊与近代史学》（中国人民大学出版社 2007 年，第 117 页）。

③潘抑强：《中国历史韵编》，中国孔圣学会 1948 年，第 1 页。

加工工作,都必须建筑在史料的基础上,不超越史料的范围。一般来说,章节体结构谨严,体系完整,内容全面。相比之下,非章节体的历史通俗读物在体例运用上一般都比较灵活,可以就读者不同的知识结构和接受能力采用适当的体例,更好地达到历史知识普及的要求。

第三节　20 世纪上半期历史通俗读物的编撰特征

20 世纪上半期的历史通俗读物,受新史学范式下新体史书的"书法"的影响,在编撰形式上也颇有值得注意和重视的地方。

第一,从编撰的主体来看,当时许多文史名家都参与过历史通俗读物的编撰,最典型的例子便是重庆胜利出版公司所出版的三辑"中国历代名贤故事集"。1943 年 3 月,国民政府教育部史地教育委员会召开全体委员会会议,借各地史学家赴重庆开会之机,成立了全国性的中国史学会,到会者百余人,选举傅斯年、顾颉刚、沈刚伯、缪凤林和黎东方为常务理事。中国史学会在学术上没什么明显的作为,编撰"中国历代名贤故事集"可算是其最大的贡献。其时由名记者潘公展通过黎东方,向中国史学会提出建议,共同编出一部"中国历代名贤传",很多人都欣然同意。不到一年便完成了,由胜利出版公司出版,主编者为潘公展和印维廉,印维廉为胜利出版公司编辑。① 潘公展并作《中国历代名贤故事集编纂旨趣》:"我们编纂这套故事集,既不是整理国故,也并非怀古幽思,更谈不上复古倾向。它只有一个目的,就是希望在建国文化的坦途上,贡献力量,建筑小小的基石……就历史上选出若干伟大人物,描写其所以成为伟人的精神所在,其影响自可深刻动人……为了普及宣传,故写作方法力求通俗,使读者如看传记文学。"

"中国历代名贤故事集"第一辑民族伟人,包括黄帝(钱穆)、夏禹(张含英)、孔子(黎东方)、秦始皇(顾颉刚)、汉武帝(朱焕尧)、唐太宗(罗香林)、成吉思汗(李符桐)、明太祖(吴晗)、孙中山(罗香林);第二辑历代贤豪,包括管仲(王毓瑚)、勾践(卫聚贤)、李斯(朱希祖)、班超(黄文弼)、诸葛亮(祝秀侠)、祖逖(易君左)、王安石(陈啸江)、岳飞(邓广铭)、文天祥(王梦鸥)、郑和(郑鹤声)、戚继光(慕天枢)、郑成功(郑德坤)、林则徐(魏应麒)、洪秀全(罗尔纲)、曾国藩(萧一山)、陈其美(潘公展);第三辑学术先进,包括老子(张默生)、墨子(傅斯年)、孙武子(杨杰)、屈原(游国恩)、司马迁(汪辟疆)、班昭(朱倓)、韩愈(李长之)、玄奘(苏渊雷)、朱熹(黎锦熙)、郑所南(瞿宗浦)、王守仁(段天炯)、徐光启(方豪)、顾炎武(谭其骧)、梁启超(吴其昌)、章炳麟(许寿裳)。集中如

①黎东方:《平凡的我》第 2 集,国史馆 1999 年,第 44 页。

此众多的文史名家来进行通俗史学创作,大概也只有新中国成立后吴晗所主持的"中国历史小丛书"和"外国历史小丛书"方可比拟。有的历史学家虽未参与,但对丛书出版工作十分关注,例如陈寅恪曾推荐罗香林写《唐太宗》,并也给予了一些参考意见。

但是需要指出的是,"中国历代名贤故事集"在编撰出版上,还存在着一些问题,尤其在署名及著作权上存在着不少纠纷,例如《秦始皇》署名顾颉刚,但实为白寿彝所著。虽然众多文史名家进行通俗史学编撰,但上述著作似不为作者本人所看重。民国时期,丛书预先编定和成套出版发行的较少,大都先定丛书的名称,然后陆续编印,种数无定,即使事先拟定了总目录,也往往受条件的限制,出多少算多少,因而丛书究竟包含多少单种还不得其详。

对于历史学家来说,需要将其学术研究成果及时地转化为通俗易懂的形式,以便于历史知识的传播。例如吴晗的《明太祖》,除了经济目的和以朱元璋影射蒋介石外,不应忽视吴晗研究明史多年,《明太祖》是在其以前的研究基础上完成的,"《明太祖》一书实际上是吴晗前此研究心得的综合呈现"。① 顾颉刚提出了"层累地造成的中国古史"的观点,并且推动了"古史辨"运动。根据顾颉刚的自述,1929 年根据崔适《史记探源》中所指出的刘歆利用了五德相生说来改造古史系统的各种证据,复加推阐,写成了《五德终始说下的政治和历史》这一篇著名的论文。1933 年在燕京大学授课时,又把该文编撰成讲义,后分别以《汉代学术史略》和《秦汉的方士与儒生》为名出版。《五德终始说下的政治和历史》是纯粹的学术论文,《秦汉的方士与儒生》是将《五德终始说下的政治和历史》改编而用通俗体裁来表达文中的主要观点,顾颉刚"把自己的研究专著写成类似科普性读物","有人曾说顾先生著作中最有影响且具价值的就是这部较通俗的册子,不能不说这是有见之言……他这样的写作,就使关于'五德终始'的渊博精深的专论让人看得懂了,所以才博得人们称赞这部书最有影响最具价值的"。②

从严格意义上来讲,历史通俗读物的编撰是一项非常严肃的工作,需要具有相当的学术素养和一丝不苟的精神。一般而言,非历史学家由于各种条件的限制,在大多数情况下只能以"剪刀加糨糊"的方式来编撰历史通俗读物,而这种方式对读者、对社会是极不负责的,自然也存在很多问题。因而历史学家的通俗史学创作比之非历史学家而言更具优势。美国历史学家弗领(Fling)曾经说过:"我们定要有一种史书,书中没有注脚,书目以其他科学上的工具。通俗化的史书只把别人研究的结果写出来。通俗化的史书同通俗化的自然科学一

①潘光哲:《学习成为马克思主义史学家——吴晗个案研究》,载《新史学》第 8 卷第 2 期,1997 年 6 月。

②刘起釪:《顾颉刚先生学述》,中华书局 1986 年,第 184 - 185 页。

样地容易弄错。把史学专著写作通俗化的史书,这是作者自己愿意的工作。对于历史完全没有把握的人,谁也不强迫他写著通俗化的史书。写通俗化的历史的人,他对于历史的认识,要同一个史学专家一样才成。我们希望,无论通俗化史书或是史学专著,都是专门研究历史的人写的。要把研究的结果写成通俗化的史书。"①

何炳松《历史研究法》,取伯伦汉、朗格诺瓦、瑟诺博司诸人的主要观点而附以中国史研究之例证。在讨论历史的写作时,何炳松认为专业历史著作和通俗史书两者是并行不悖的,历史学家"先成专门之书,备专家参考之用。另著通俗之本,供常人浏览之资。读者不同其人,著作应异其质",专业史书的写法不能带到通俗史书中来,"若以专门之业而败通俗之形,则子注附录,在所必去"。②何炳松的上述观点,如根据阅读对象的不同编撰不同层次的历史读物,通俗史书的写法须有异于专业史学,对于通俗史学都很有指导意义。黄大受《论国史之编纂》(1943)曾提出一个宏大的构想,即由多位历史学家分工合作进行研究,编出一"国史长编",然后视需要从"国史长编"这一"知识仓库"中抽取材料编辑各种不同的本子,可以编辑 60 万字的"中国通史纲要",20 万字的"国史要略"或者是 12 万字的"中国史纲要","各书程度有深浅,内容有繁简,使教学者均可量力适时而选用",还可从中抽取材料"以评论要事为主者曰论纲,以说故事方式透彻叙述要事为主者曰讲话或史话"。③

历史学家把研究的结果写成通俗化的史书,还需用优美畅达的语言来写作。我们知道,史学和文学的关系至为密切,《史通·叙事》:"史之为务,必藉于文。自《五经》以降,三史而往,以文叙事,可得言焉。"中国古代很多优秀的史学巨著同时又是出色的文学作品。司马迁《史记》被誉为"史家之绝唱,无韵之离骚"。欧阳修主持了《新唐书》和《新五代史》的编纂工作,司马光《资治通鉴》中的许多篇章也被看作是文学叙事的范文。通俗史学的创作,用简洁优美的笔调来写史,要将干枯乏味的史事写得晓畅明了,历史学家除了要有一定史学基础外,还要有深厚的文学修养。英国历史学家屈勒味林认为:"历史是兼为一种科学与一种艺术,即谓历史事实的发见,在方法上须为科学的,但为读者表白它们,则须常有艺术性,而撰述的艺术,通常称为文学。"④

第二,从形式上来看,20 世纪上半期的历史通俗读物,采取的体例多样,形式灵活,有助于历史知识的普及。前述故事、歌谣、图画、谱表、史话等等,都是因不同层次、不同水平的读者需要而采取的有针对性的编撰形式。

①〔美〕弗领著,薛澄清译:《历史方法概论》,商务印书馆 1933 年,第 119－120 页。

②何炳松:《历史研究法》,见《何炳松文集》第 4 卷,刘寅生、房鑫亮编,商务印书馆 1996 年,第 64 页。

③黄大受:《中国通史》上册,五南图书出版公司 1983 年,第 1－3 页。

④〔英〕屈勒味林著,李絜非译:《历史教育》,第 3 页。屈勒味林,今译屈威廉。

许多历史通俗读物的编撰，充分考虑到了读者的知识结构和接受水平，在编撰时灵活运用了各种形式。王钟麒、宋云彬的《开明中国历史讲义》（开明书店 1937），从史前神话述至最近，共 78 讲，每讲各立主题，前后贯穿。其书的编撰，每页正文分成两栏，分栏线之右为各段正文，之左为一小标题，概述了各段正文的内容主旨，标题正文相得益彰。正文叙述简明扼要，但作者认为有的内容不适合放入正文但又不必删减时，在正文中用 ABC 等西文字母做标识，在文末详述之，以做引申阅读之用。在书末还附练习题。“开明中学讲义”各科的编撰，“第一求其明确，第二求其有效，文字又求其生动活泼，总要使读者读下去，宛如面听讲师的讲授，而且是循循善诱”。[①]

除了版式编排外，还注意广泛运用插图。插图是指在历史著作中附以各种实物图像，有助于强化对历史事物的认识。插图并非是独立存在的史著形式，必须与文字配合使用。谭正璧主编的“历史演义丛书”（1947），有《苏武牧羊》《木兰从军》《乱世佳人》《精忠报国》《梁红玉》《秦良玉》《绝代佳人》《明末遗恨》《海国英雄》《忠王殉国》等，丛书“用最浅近之白话，演述历史上最有名之人物与事迹，取材根据史籍，文笔活泼如旧小说”，丛书特请陈江风绘制插图，每册十幅。图文并茂的通俗读物使人印象深刻，冯尔康回忆其“少时读开明书店出版的《开明少年》，讲玄奘、黄宗羲故事，均有他们的旅行图。另外，地方史志中的图比以前增多，乃至有测绘图。有的史学著作也插入人物照片和器物照片”。多使用插图，图文并茂的方式可以使得人们不需要通过“精雕细刻”的方式便能够大量吸收知识，而“教育方面，尤其是婴幼儿、青少年教育的发展，图文配合的书受到青睐”。[②] 齐世荣曾回忆“在上小学时，商务印书馆编过一种类似历史故事的读物，有孔融让梨、司马光破缸救人等。每个故事都有图，看一遍就能记住，感到颇受教益”。[③]

插图的使用在中小学历史教科书中体现得尤其突出。傅斯年认为：“编写历史教科书者，应该搜集一切最有助于了解历史的图像。”根据傅斯年所举，有石刻文之永宁寺奴儿干都司碑、锡兰发现之郑和碑、金文之令敕、宗周钟、小盂鼎、虢季子白盘、秦权、莽量等，其他还有汉晋简牍、唐代沙州张氏玺书、正德中建喇嘛寺诏书、万历对日本的敕书，“如此一辅助书，可以代替十万字的叙述，并且可以增加十倍的兴趣”。[④] 民国时期的中小学历史教科书，如蔡丏因《初中新

---

①叶圣陶、叶至善：《叶氏父子图书广告集》，上海三联书店 1988 年，第 56 页。

②冯尔康：《史学著作的图文配合与建构视觉史料学》，载《学术月刊》2006 年第 7 期。《开明少年》，1936 年创刊，原名《青少年》，顾均正主编，至“八一三”停刊。1945 年复刊，由叶圣陶主编。《开明少年》是与《中学生》性质相同的杂志，以初中学生为对象，内容较浅。

③崔粲、金元山：《关于社会主义初级阶段历史教学改革的几个基本问题的思考》，见《历史教学社会功能的探讨》，周发增、臧嵘、孙恭恂主编，中国地图出版社 1989 年，第 28 页。

④傅斯年：《闲谈历史教科书》，载《教与学》第 1 卷第 4 期，1935 年 10 月。

本国史》(世界书局 1937)采用了爪哇猿人头骨、中国猿人头骨、新石器时代遗物、殷墟青铜器、甲骨文、汉铜镜、霍去病墓等插图。杨人楩《初中本国史》(北新书局 1935)也采用了大量的实际文物和古迹的照片。刘叔琴、陈登原《开明世界史教本》(开明书店 1931)课文仅 213 页,插图却有 79 幅。姚绍华《修正课程标准适用初中本国历史》(中华书局 1937)在每一册书后都附录一阶段历史大事年表,有四项内容:公元、中国旧纪年、民国纪年、重大事项。上述教科书在插图、表格与文字的配合上都下了一番功夫。[①] 对于中小学生来说,实物图谱要比抽象的文字说明容易理解。

除了故事、歌谣、图画、谱表、史话之外,有些形式的读物虽然并不属于历史,但书中也包含有传播历史知识的因素在内。例如 1913 年创办于上海的《民权报》出版了《袁政府画史》,作者钱辛(病鹤)。《画史》有两百多幅,钱辛所绘十之四五,其他画稿都经由钱辛修饰而成。后半部为"老猿百态图",便采用漫画的形式,画中以"猿"代"袁",指代袁世凯,"老猿百态",画了一百多幅猿猴嬉戏图,袁政府的重大历史事件都以漫画的形式进行表达,赤裸裸地丑化袁政府。在那时袁世凯爪牙密布,动辄杀人,钱病鹤这种举动,可谓大胆作风。《画史》揭露了袁世凯北洋政府的各种倒行逆施、破坏共和的罪行,"嬉笑怒骂,皆得神理,诚大观也",[②]成为矛头犀利的"倒袁画展"。棋王谢宣(侠逊)和潘定思合编有《国耻纪念象棋新局》(简称《国耻谱》),1916 年由商务印书馆出版,该书以棋谱的形式来表达"莫忘国耻"的主题,列举了鸦片战争以来的历次国耻事件,排成"莫忘国耻"的字形残局 30 局,"国耻纪念"20 局:鸦片战役、出狩热河、割地酬俄、伊犁赔款、芝罘条约、日并琉球、甲申战争、割让越南、英缅搆兵、暹罗罢贡、马关和约、租借军港、联军入京、满洲兵燹、春丕藏约、片马交涉、日韩合邦、外蒙独立、青岛风云、中日条款。书末另附"时事新局"10 局,每局棋后都附以"国耻小史"和题词一首。以鸦片战争为例,棋谱局势取意"鸦片亦名土药,故本局以土字为纪念"。"国耻小史"简叙其事:"道光庚子鄂都林则徐烧毁英商鸦片,英人率兵攻陷舟山群岛及上海镇江等处。割香港全岛与之议和,赔款二千一百万圆,并开上海、福州、广州、厦门、宁波五处为通商口岸。"

第三,许多历史通俗读物的编撰,充分吸收了学术界的研究成果,把新材料、新观点及时地编入历史通俗读物。贺昌群在《中学生》杂志第 61 期"研究与体验特辑"中发表《历史学的新途径》一文,认同在学术研究中运用新材料、新方法可称是"预流"的观点,并列举了 20 种新材料:史前时代、甲骨、铜器、钤印、封泥、汉代工艺、汉晋简牍、石经、佛教美术、六朝隋唐墓志、日本现存隋唐遗物及

---

①臧嵘:《历史教材纵横谈》,人民教育出版社 1999 年,第 438 页。
②郑逸梅:《郑逸梅选集》第 2 册,黑龙江人民出版社 1991 年,第 285 - 286 页。

古文书、敦煌石室之发现、新疆考古的成绩、辽金元史料之新发现、宋代史料之新发现、南海史之新研究、明清史料之新发现、近代史料之新发现、西南语之研究、中国文学史料之新发现,新史料与根据新史料的研究成果,“有暇也许可写出一部十万字以上的书给中学生诸君课外参考”。①

把新的研究成果及时地编入历史通俗读物中,可以有关郑和的通俗读物为例。郑和下西洋是中西交通史上的一件大事。民国时期对郑和的研究,新材料不断被发现,研究也非常丰富。而对于郑和下西洋事迹的介绍,又是进行爱国主义宣传的极好的素材。因此在民国时期,郑和的事迹被编入中小学历史教材,同时也编撰了一批通俗读物,主要有姚名达、朱鸿禧《郑和》(商务印书馆 1933),章依萍《郑和》(儿童书局 1934),陈子展《郑和》(新生命书局 1934),郑鹤声《郑和》(胜利出版公司 1945)以及《郑和与郑成功》(教育部民众读物编审委员会 1941),《郑和下南洋》(曹云先,中国历史故事丛书 1943)等等。②

首先揭开中国近世郑和研究序幕的可能是发表在光绪二十九年八月初十日(1903 年 9 月 30 日)出版《大陆报》第 11 期传记栏的《支那航海家郑和传》一文。该文分六节:支那民族 15 世纪之航海家;略传;当时之航海术;当时各国之形势;郑和所至各地;结论。1905 年 5 月 18 日,梁启超以“中国之新民”的笔名,在《新民丛报》第 69 号发表了《祖国大航海家郑和传》,将郑和的一生放在世界航海探险史大背景下来进行考察和分析。梁启超特别表彰了郑和的功绩,目的就是要唤起中国人的冒险进取意识,通过航海探险史揭示强国智民的重要性,增强中国人的海权意识。③

梁启超的《祖国大航海家郑和传》,取材仅限于正史以及《瀛涯胜览》《星槎胜览》这两部书。梁启超之后,有关郑和的史料不断被发现,有《昆阳马哈只墓志铭》(《滇绎》卷三),袁树五曾作《昆阳马哈只碑跋》,对碑文进行初步的考释。通过此墓志铭可知郑和原姓马,出身于西域伊斯兰教家庭,“此皆非前此学人所梦想能及者”。此外,福建长乐南山三峰塔寺石刻《天妃应灵之记》和太仓娄东刘家港天妃宫石刻《通蕃事迹记》,“二碑铭辞大同,殊异几希”,对于郑和出使的情况,“自此碑一出,是非之差,便豁然明朗。至于他端之补益,所在犹多”。④

上述新材料及新的研究成果被相关的通俗读物及时地吸收。《马哈只墓志铭》是时人李至刚替郑和之父做的一篇墓志铭,记述了其家世和生平事略。墓

---

①贺昌群:《历史学的新途径》,见《贺昌群文集》第 1 卷,商务印书馆 2003 年,第 287 页。开明书店的《中学生》创刊于 1930 年,主要由叶圣陶主持杂志的编辑出版工作,是刊载青年学习文化科学知识文章的进步刊物。新中国成立以前,很多青年从这个刊物中受过教益,从中学到很多有益的知识。

②朱鉴秋主编:《百年郑和研究资料索引:1904—2003》,上海书店 2005 年,第 1 - 2 页。

③邹振环:《晚清航海探险史研究中的郑和》,载《学术研究》2005 年第 12 期。

④刘铭恕:《郑和航海事迹之再探》,见《郑和研究资料选编》,人民交通出版社 1985 年,第 193、196 页。

志铭的发现,使得后人对郑和的先祖、故里、身世有了较为详细的了解。姚名达、朱鸿禧的《郑和》征引了《马哈只墓志铭》的材料,郑和本姓马,后因进侍宫廷而得以赐姓郑。其父祖都号"哈只","哈只"(Hadji)就是"哈儿只"。按照伊斯兰教的惯例,凡到过天方朝圣而归的,可称"哈儿只",可以考出郑和是出身于一个信仰伊斯兰教的家族。陈子展的《郑和》据此进一步推论,郑和出身于西域的家世以及伊斯兰教的信仰,也是其被明成祖选中出使的原因之一。

郑和下西洋的次数以及时间,文献记载多有缺失。郑鹤声根据长乐《天妃应灵记碑》,与正史互相比堪,订正了文献记载的失误,考实郑和下西洋的次数为7次,具体为:

> 第一次(1405—1407):永乐三年(1405),统领舟师,至古里等国。时海寇陈祖义,聚众三佛齐国劫掠番商,亦来犯我舟师,即有神兵阴劫,一鼓而殄灭之,至五年(1407)年回。
>
> 第二次(1407—1409):永乐五年(1407),统领舟师,往爪哇、古里、柯支、暹罗等国,番王各以珍宝珍禽异兽贡献,至七年(1409)回还。
>
> 第三次(1409—1411):永乐七年(1409),统领舟师,往前各国,道经锡兰山国,其王亚烈苦奈儿,负固不恭,谋害舟师,赖神显应知觉,遂生擒其王,至九年(1411)归献,寻蒙恩宥,俾归本国。
>
> 第四次(1413—1415):永乐十一年(1413),统领舟师,往忽鲁谟斯等国,其苏门答剌国有伪王苏斡剌,寇侵本国,其王宰奴里阿比丁,遣使赴阙陈诉,就率官兵剿捕,生擒伪王,至十三年(1415)回献。是年满剌加国王亲率妻子朝贡。
>
> 第五次(1417—1419):永乐十五年(1417),统领舟师往西域,其忽鲁谟斯国,进狮子、金钱豹、大西马。阿丹国进麒麟,番名祖剌法,并长角马哈兽。木骨都束国进贡花福鹿,并狮子。卜剌哇国进千里骆驼,并驼鸡。爪哇、古里国进縻里羔兽。若乃藏山隐海之灵物,沈沙栖陆之伟宝,莫不争先贡献;或遣王男,或遣王叔、王弟赍捧金叶表文朝贡献。
>
> 第六次(1421—1422):永乐十九年(1421),统领舟师,遣忽鲁谟斯等国使臣久侍京师者,悉还本国。其各国王益修职贡,视前有加。
>
> 第七次(1430—1433):宣德六年(1431),仍统舟师,往诸番国,开读赏赐,驻泊兹港,等候朔风开洋。

郑鹤声又有《郑和》一书,为胜利出版公司"中国历代名贤故事集"之一,书中列举了有关郑和下西洋的各种记载以及时人的一些观点,将自己对此问题的研究成果在通俗读物中反映出来。

历史通俗读物需要不断修订，从而能及时吸收学术界最新的研究成果。张致远认为，“历史的首要价值是教育，它对于历史学者以及一般智识分子的精神影响很大，因此把史家最好的研究工作与最进步的思想，传授给大众，确是第一要义”。[①] 但根据杨玉圣的观察，我国当前的史学研究和历史知识普及远远不成比例。史学研究成果通常只是在相对狭小的史学界内部消化和小范围流传。将历史学家的史学研究成果及时准确地转化为深入浅出的大众化知识，是必须要面对的关键问题。[②]

第四，历史通俗读物的编撰，还从娱乐化历史中吸取一些有益的做法，将其运用于历史通俗读物的编撰之中。通俗史学和娱乐化历史虽然在性质功用上存在着根本的不同，但两者之间还是有着密切的关联。历史通俗读物在形式体例、编撰方式、语言运用等方面，都可以从娱乐化历史中吸取一些成功的经验。顾颉刚主持的通俗读物编刊社，主张出版的读物“在外观上要尽量通俗，使每个能看旧剧本旧小说的人，都能看得懂看得惯，体裁与用语可以仿效章回小说，也可以仿效鼓儿词和弹词，甚至俚语土调歌谣谚语，但内容上必须是革命的，科学的，和旧读物不两立的”。[③]

民国时期的历史通俗读物，有些模仿了平话、章回小说等叙述手法。吕思勉《三国史话》开篇为“楔子”，引陆游“斜阳古柳赵家庄，负鼓盲翁正作场。死后是非谁管得？满村听说蔡中郎”这首诗作为开场白，文学化的语言很容易引发读者的兴趣。陈子展的《郑和》为樊仲云主编之“新生命大众文库·民族英雄事略”之一种，全书分七目：英雄传说成神话；三宝太监何许人；中官出使缘何事；三播番酋扬国威；海上横行二十载；星槎胜览说瀛涯；郑和远征之影响。标题起名使用韵律化的语言，模仿章回体历史演义小说。谭正璧主编北新书局出版的“历史演义丛书”，“用最浅近之白话，演述历史上最有名之人物与事迹，取材根据史籍，文笔活泼有如旧小说”，叙述模仿了旧小说的文笔，引人入胜，读来赏心悦目。许立群等人合著的《国事痛》，除了“楔子”和“尾声”外，从第 1 回“苏联宣战东北光复，日寇投降举国同欢”，至第 12 回“反动派坚持卖国独裁内战，共产党力争独立民主和平”，都用章回小说式的标题。作者认为此书的章回小说体裁，“包括它的‘话说’、‘却说’、‘且听下回分解’之类的语句，在今天并不值得提倡，但也无关紧要”。此书编撰采章回体，“不能在这里要求历史细节

---

①张致远：《历史的教育价值》，见《史学讲话》，中国文化大学出版部 1984 年，第 252 页。

②杨玉圣：《史学成果的知识转化问题》，载《中国教育报》2001 年 1 月 18 日。刘志琴《历史普及读物出版的三次热潮》（载《中华读书报》2008 年 2 月 27 日）曾举王（汪）直研究的例子。根据林仁川、樊树志等人的研究，可以认定明代商人王直所从事的海上活动是“私人海上贸易”而非“倭寇骚乱”。但这一研究结果只停留在专业学术领域，民间还沿袭三四十年前的观点，以至王直墓被当作倭寇墓而被毁。

③顾颉刚：《通俗读物的历史使命与创作方法》，见《通俗读物论文集》，生活书店 1938 年，第 4 页。

的完全真实或确凿无误。它只是以当时时事为主体的漫画式的演义小说而已。既然是漫画式的演义小说，就得允许作者在一定程度上的幻想和夸张。这种幻想和夸张，自然不应该违反历史的主要事件的真实。我们在写作的时候，是尽量注意了这一点的"。[①]

徐文珊著《历史教育论》，主张历史教育要实现大众化，"大众化的意思是要从少数学人手中，扩展到全民族。祖宗的遗产大家有份，继承先祖遗业，也大家有责任，生活上需要充实，需要资鉴，也是大家所同。过去学人专利而广大民众都漠不相关，不是合理的现象，必须扩展推行，使它普及全民族。学人要负责传播、供给，民众要吸收、追求；两方面通力合作，才能有大成效，政府当局尤其要努力加速历史教育之普及"，"假如听任百分之七十以上的同胞一直拖在时代的后面，民族前途要吃大亏"。而要实现历史教育的大众化、普及化，徐文珊特别提倡历史教育中要充分从戏剧、小说中吸取经验，认为这些艺术形式可以将死的历史变活过来，使纸面的历史变为活动的人生，增加趣味性和直接性，使大众更容易接受，有利于普及工作的开展。"我们站在国家民族的立场，站在历史教育的立场，要使历史和戏剧小说都能结婚，互助互利，都得到正常发展，而国家民族却得现成的便宜"。[②]

第四节 20世纪上半期历史通俗读物编撰的主要缺陷

20世纪上半期在新史学思潮的影响下，历史通俗读物的创作都以普及历史知识、提高民众知识水平为目标，是真正以民众为主体而又面向民众的。但是我们也应该看到，这一时期的历史通俗读物，在编撰出版传播中还是存在着很多缺陷，还有很多需要注意加以改进的地方。

20世纪上半期，各大出版社编辑出版各种类型的历史通俗读物，获取利润毫无疑问是放在了首要地位，就连顾颉刚也不讳言通俗读物是"开发财源"的重要途径，有了"普及"所奠定的经济基础才有条件去搞精深的学术研究，"只想'提高'，可是没有经济基础……现在我们虽然志在'提高'，然而懂得以'普及'培养'提高'，所以可以立于不败之地"。[③] 追逐利润导致历史通俗读物的"批量生产"(mass production)，正所谓"在商言商"，"表解""问答""必读"之类的读物，"社会上需要哪一类货色，他们就制造哪一类货色"。[④] "批量生产"是为了

①许立群：《许立群文集》下册，当代中国出版社2003年，第698页。

②转引自尤学工《"大时代"中的历史教育》(载《廊坊师范学院学报》2006年第9期)。

③顾颉刚：《书信集·致胡适》，见《顾颉刚全集》第39册，中华书局2010年，第495页。

④《专供应试用的书籍》，载《中学生》第46号，1936年6月。

最大限度地获取利润,可以国耻史的读物为例。自鸦片战争后中国迭遭外国侵略,各种名目的国耻史、丧地史、侵略史的通俗读物大量出版,各书的编辑旨趣都大同小异,均谓其书为激发国民爱国心而撰,内容为历次侵略战争、不平等条约、丧失利权等等。毫无疑问,此类读物在宣传国耻、激扬民族精神方面有一定的作用。但是也应看到至少有部分著作的隐含目的在于借"国耻"为其书销售的卖点,以爱国主义为其促销广告。例如《国耻痛史》,其书正值"青岛事起,各省国民鉴于时局危迫,百方救护,爱国热诚,已达极点",该书之编,"搜辑各种方法与历代交涉之历史,汇为一编,有志救国者不可不手置一编"。国民"手置一编",必然使其销量大增。此种广告语言,为数众多,例如中华书局的《国耻小史》"一般公民,不可不读",《中国国耻地图》"爱国者……允宜家置一幅",使得此类读物的销售情况非常理想(见表2-4)。

表2-4

书名	版次
增订国耻小史(沈文濬)	1910年初版,1925年12版
国耻史(蒋恭晟)	1926年初版,1929年4版
新编国耻小史(曹增美、黄孝先)	商务印书馆,1928年初版,1930年4版
帝国主义侵略中国史(吴寿彭等)	中央陆军军官学校政治训练处,1929年初版,1930年2版
帝国主义铁蹄下的中国	光华书局,1933年10版
日本帝国主义侵略中国史(蒋坚忍)	现代书局,1931年3版,印数13500
日本帝国主义侵略中国史(张觉人)	青年书店,1940年2版

除了增加销量外,还有部分读物在其书中大卖"提倡国货"的广告。《国耻演说》(沈戟仪,国民教育实进会1920),此书分上下两卷,"内容丰富,词意浅显,且有图表,格外明白。读之可作演讲之材料,足以感发全国同胞之爱国心,增进其救国之热度"。书末刊登的广告:龙虎牌人丹"完全中国国货",烟台张裕酿酒有限公司"完全国货,天然饮料",三角牌卫生软毛巾,倡言"爱用国货为国民之天职,分别国货与舶品优美与庸劣为国民应有之常识",国民应"改用三角牌软毛巾,以奏爱国之全功"。

"批量生产"的直接后果就是出版的历史通俗读物粗制滥造,选题重复、内容雷同者比比皆是。沈刚伯曾以"剑桥历史丛书"为例,众所周知,"剑桥历史丛书"是众多权威专家集体编撰的集大成之作,但是"能够像'剑桥丛书'那样管用五六十年的,真是少之又少……现在如果新的'剑桥丛书'出来,旧的我们不必看了"。沈刚伯所言并不是专门针对通俗史学,但其所批评的对历史通俗读物来说同样适用:"任何时代的人都可以像开矿一样,挖来挖去的从这些书(指文献典籍史料)中挖出无数的宝贝来。若现在把它综合起来写成一部书,把古人原有的史料打散,合拢,在读者看起来固然是一篇很有趣味的文章……于是自夸是成熟的、组织好的著作……一旦事过境迁,写的书连半文钱都不值"。① 历史通俗读物的编撰在很多情况下正是如沈刚伯所喻的开矿以及史料的重新排列组合。

历史通俗读物编撰的质量参差不齐,有的辗转抄袭,东拼西凑,写出来的都是急就篇,贻害读者,这是最为普遍的现象。例如世界书局的"ABC 丛书",根据其编写旨趣,"ABC"之含义,"就是各种学术的阶梯和纲领……我们要把各种学术通俗起来,使人人都有获得各种学术的机会,使人人都能找到各种学术的门径。这部 ABC 丛书,每册都写得非常浅显而且有味",其中不乏名家名作。历史类的有曹聚仁《中国史学 ABC》,刘剑横《历史学 ABC》,傅彦长的《东洋史 ABC》《西洋史 ABC》和《日本史 ABC》。对于刘剑横的《历史学 ABC》,金毓黻认为其书不过是抄撮成书,"书贾藉以骗钱"而已。② 金毓黻又批评吴贯因的《史之梯》"仿梁任公《史学研究法》之作,而无其精采。特杂引众说,纬以正意,以云著作,去之尚远……吴君以投之宣传笔墨,著学术文字,他人以十数语可尽者,而吴君敷衍至数千百言之多"。③

除了辗转抄袭外,还将有些读物,改头换面,重新包装推出。黄孝先著《帝国主义侵略中国史》,为商务印书馆"万有文库"之一。黄孝先、曹增美又著《新编国耻小史》,"根据最可靠之外交材料编辑而成,全书凡二十章,自鸦片战争起,直叙至五卅案件为止,于不平等条约,搜罗尤备,且于各条约之后,加以按语,务使读者洞悉究竟。凡我国民咸宜人手一册,演讲国耻者尤可采作宣传之资料"。两书的结构内容并无太大差别,甚至行文用语也多有相同。此类读物于学术上并无太大的价值,只能做宣传鼓动之用。吴晗曾写《从僧钵到皇权》一书,"中国历代名贤故事集"中的《明太祖》与《从僧钵到皇权》就是同一本书,《明太祖》是被"掠夺"成为"中国历代名贤故事集"中的一种,而作者的著作权

①沈刚伯:《如何鼓励青年从事本国古代史之研究》,见《沈刚伯先生文集》下册,中央日报出版社 1982 年,第 532—534 页。沈刚伯在中央大学任教期间曾主持"外国历史小丛书"的编撰工作,但丛书未见出版。

②金毓黻:《静晤室日记》,辽沈书社 1993 年,第 2541 页。"ABC 丛书"细目见书中图书广告。

③金毓黻:《静晤室日记》,辽沈书社 1993 年,第 2539 页。金毓黻在其日记中还表示,对一些质量低劣的史学专著"无评论之必要"。很明显,民国时期许多的历史通俗读物还达不到被专业历史学家批评的水准。

并没有得到主编者的尊重，在版权、稿酬等方面亦受到不公正对待。[①] 此外，“故事集”中有些作品虽署作者名，但实际上是请人捉刀代笔，具体情况大多数现已无从考证。张荫麟的《中国史纲》，曾被某书店盗印，据说盗印者还是张荫麟的同学。[②]

利用历史通俗读物散播荒谬的偏见、观念和价值，是通俗史学最重大的缺陷。我们都知道，历史学的主要任务是如实直书，不管历史学家喜欢与否，都必须实事求是。但是在历史知识的教育和普及中，“历史事实的描写，叙述和解释倒成了次要的事，已降为手段的地位”，“能否通过以特定方式表达的历史事实而使对方接受某些价值，观念和知识，并养成某些性格与趣味”，才是最重要的。这使得历史知识的教育和普及，每每成为“偏见的传播”。[③]

“偏见的传播”最常见的现象就是借编撰历史通俗读物而进行盲目的比附，例如胡适把王莽称作是“一千九百年前的一个社会主义者”，把“王田制”“五均六管”等看作是“国家社会主义政策”，王莽的失败则暗指在中国社会主义道路行不通。比历史与现实盲目比附走得更远的是在历史通俗读物中夹带各色各样的反动货色，违背了史学求真的特征，向民众灌输反动思想。汗血书店曾出版“汗血丛书”“民族英雄评传”“实干人物丛书”等，“民族英雄评传”有《秦始皇之民族功业》《汉武帝的批判》《留胡节不辱的苏子卿》《唐太宗的精神及其事业》《中国军神岳武穆》《抗金护宋的民族英雄李纲》《纵横欧亚的成吉思汗》《平倭名将戚继光之生活批判》《复兴意大利之三杰》。“实干人物丛书”为《管仲》《商鞅》《谢安》《王安石》《王阳明》《曾国藩》《华盛顿》《希特勒》。丛书内容大多数带有法西斯主义色彩，鼓吹专制集权统治：“处于特殊情况的乱世之中——即转变中间的政治，他们很坚决的相信只有独裁政治才是救国的方针”[④]；“历史上，异族侵略中国在三五百年内，必有一次严重的局面，我曾说：有了能干的领袖，运用他的权威，充实国力与民力，便有抵抗异民族侵略的基础。否则，必走入不可收拾的覆灭”[⑤]；“蒋委员长所领导的新生活运动，便是从生活上表现礼义廉耻，与苏武的提倡气节，同一意义——挽救颓唐的民气，消沉的精神”。[⑥] 此类言论，在丛书中比比皆是。更有甚者，《墨索里尼传》《德意志的复兴》等书居然把希特勒、墨索里尼之流称作“民族的英雄”。

当然，这一时期的通俗史学毫无疑问也存在着庸俗化的倾向，在历史通俗

①吴晗：《〈明太祖〉和〈从僧钵到皇权〉》，见《吴晗全集》第7卷，中国人民大学出版社2009年，第156页。

②吴晗：《记张荫麟》，见《吴晗全集》第7卷，中国人民大学出版社2009年，第101页。

③许冠三：《史学与史学方法》下册，香港龙门书店1975年，第240—241页。

④姜龢孙：《商鞅——独裁政治的肇始人物商鞅》，汗血书店1936年，第58页。

⑤刘广惠：《谢安——东晋安内攘外之谢安》，汗血书店1936年，第58页。

⑥刘沛霖：《留胡节不辱的苏子卿》，汗血书店1935年，第32页。

读物中大量充斥了低级趣味的内容。例如为了迎合市民大众“志奇”“猎艳”的阅读兴趣，在一些书铺中陈列有诸如《满清宫闱秘史》之类读物，某些书店图书广告中有《武松与潘金莲》《石秀与潘巧云》等等，看题名即可想见其内容，大多格调低下，内容猥琐，起着不良的社会效应。上海宏文图书馆出版，大东书局代售之《近十年之怪现状》《民国三百件稀奇案》《伍廷芳轶事》《李纯轶事》《奉直战史》，估计也多是哗众取宠之作。此类读物，图书馆一般不会收藏，各种书目、提要也不会收录。（李）平心主编生活书店《全国总书目》（1935），根据“编例”所述：“滑头书店刊行之黑幕书，诲淫书，低级趣味书，以及各种宣传宗教迷信之书，概不收入”。因此，对各类低级趣味之历史读物，难以进行研究。但可以肯定的是，各种“低级趣味书”的发行不在少数，在社会上也流通甚广。

总之，20世纪上半期的历史通俗读物在选题、编辑、出版、流通等方面，可以为当前的历史通俗读物编撰工作提供经验，其不足、失误之处亦可从反面提供教训，有很大的参考借鉴价值。

第五节　爱国主义思潮与20世纪上半期的通俗史学

20世纪初的爱国主义思潮，主要是当时进步历史学家史学思想中的爱国主义内容，内容丰富，题材广泛，是中国近代文化宝库中的一份遗产。[①] 20世纪初，梁启超强调一家一姓王朝史的观念必须破除，“在‘国家’意识出现之后，一些今天习以为常的词汇，像‘国民’、‘国力’、‘爱国心’才开始流行并取得了它的现代意义”。[②] 在现代意义上的“国家”观念确立以后，20世纪上半期历史通俗读物的编撰，注重宣扬爱国主义思想。尤其是“九一八”事变后中国面临着日益空前的民族危机，“过去的历史，只是些帝王家谱，与大多数人的生活相去太远……因此造成了大多数人的意识的落伍，很痛心的，就是前面说过，大部分的中国人，还以为亡国和他们没有关系”。[③] 把历史知识在民众中去普及，编写的历史读物要“选取富有民族思想，且切合民众日常生活需要的历史材料，用浅近而通俗的词句写出……就是不识字的民众，我们也应该用讲述故事的方法，灌输一些历史知识”。[④]

爱国主义思潮影响下的20世纪上半期通俗史学，在内容上主要表现为以

①俞旦初：《二十世纪初年中国的爱国主义史学思潮》，见《爱国主义与中国近代史学》，中国社会科学出版社1996年，第106页。

②王汎森：《晚清的政治概念与“新史学”》，见《近代中国的史家与史学》，复旦大学出版社2010年，第10页。

③孙克刚：《历史教育要普遍化》，载《历史教学》1937年第1期。

④初拓：《历史教育的改进问题》，载《历史教学》1937年第1期。

下几个方面：一是编撰中国历代伟人、民族英雄的小传记、小故事；二是介绍鸦片战争以来的屈辱历史，近代史的重点放在了帝国主义侵略史、中国丧地史以及国耻史上；三是介绍中国边疆的历史地理；四是对中华民国创立史的关注。

（一）中国历代伟人传记故事

传记（biography）是记述人物生平的著作。传记的性质是历史的，但表达方式是文学的，杜维运认为："传记学家系自史学家始，以文学家终。自史学家始，传记才不流于虚诞。以文学家终，传记才显神奇。"①黄大受也认为："撰写传记的人，有的写得生动，遂有传记文学一词，其实文学常常脱胎于传记，传记不一定是文学，传记文学虽属于文学，但仍然是传记，虽然不乏渲染美化之处，究竟是实话实说，还存着本来面目。"②传记文学实际上是等同于传记，即其性质依然是史学而非文学。

通俗人物传记是指用通俗流畅的笔法所创作的传记，传记中的年谱、学案、评传等学术性较强的当排除在外。陈训慈提出"教学历史之中……不能不确认富有民族性的传记是最重要的教材"，历史教师应"举示中国历代伟大人物的重要贡献以证明中国民族的优越"；"举示振兴民族之中心人物以兴敬爱之念与继起的努力"；"举示民族遭难中之忠烈事迹以激发舍身报国的志气"；"表章本乡之先烈名贤以引起深切之观感"。③ 在抗战时期，编撰介绍中国历代伟人、民族英雄的爱国事迹的历史通俗读物，能够起到培植民族自信力、灌输真知、鼓舞热情、激励继起之努力的功效。李季谷列举了八类历史人物需要特别介绍：卧薪尝胆，誓雪国耻者；威武不能屈，富贵不能淫，贫贱不能移，善养浩然之气者；开拓疆土，冒险绝域，不辞劳苦卒能凿空绥边者；有思想，有计划之历代改革家；爱护民族，不避艰难，抗战到底者；杀身成仁，坚贞不屈，不怕牺牲者；绝对不与敌人合作，传播革命思想，为民族复兴先驱者。④

民国时期各教育机构、民间组织以及出版社都编辑出版了为数众多的历史通俗小传记，例如孙毓修主编商务印书馆"少年丛书"，每册定价一角，本国历史人物为玄奘、陶渊明、张良、岳飞、朱子、苏秦、苏轼、马援、班超、信陵君、诸葛亮、郭子仪、文天祥、王阳明、司马光。⑤ 教育部教科用书编辑委员会编印"历代贤豪传记"（1943），有蒙恬、霍去病、李广、张骞、苏武、赵充国、马援、班超、傅介子、陈

---

①杜维运：《史学方法论》，北京大学出版社，第 218 页。

②黄大受：《传记的写作》，转引自朱文华《传记通论》（复旦大学出版社 1993 年，第 6 页）。

③陈训慈：《民族名人传记与历史教学》，正中书局 1936 年，第 6－13 页。美国历史学家约翰生在《历史教学法》中曾提出历史教学的传记与社群的两条路径，陈训慈的文章先发表在《教与学》第 1 卷第 4 期，后扩写成专著。

④李季谷：《抗战建国中的历史教育》，载《教育杂志》第 31 卷第 11 号，1941 年 11 月。

⑤"少年丛书"外国历史人物为达尔文、大彼得、拿破仑、富兰克林、苏格拉底、加里波的、林肯、格兰斯登、克林威尔、德谟士、哥伦布、华盛顿、毕斯麦、纳尔逊。

汤、窦宪、刘琨、祖逖、谢安、刘仁轨、张巡(附许远)、颜杲卿、郭子仪、李光弼、寇准、狄青、李纲、张叔夜、韩世宗(附梁红玉)、宗泽、张浚、岳飞、虞允文、文天祥(附尹玉)、李庭芝、姜才、张世杰、陆秀夫、俞大猷、戚继光、唐顺之、熊廷弼、孙承宗、袁崇焕、秦良玉、史可法、郑成功、瞿式耜、左宝贵、邓世昌、聂士成。青年出版社"青年模范丛书",共四辑,第一辑"我国历史上知识青年从军之先例",有张骞苏武、卫青霍去病、马援、班超、诸葛亮、李世民、岳飞、辛弃疾、戚继光、郑成功。上海大方书局的"新青年历史故事丛刊",有文天祥、史可法、郑成功、戚继光、诸葛亮、班超、岳飞、关云长、曹操、苏武。

通俗人物传记中最著名的当属重庆胜利出版公司所出版的"中国历代名贤故事集",共三辑,第一辑民族伟人,包括黄帝、夏禹、孔子、秦始皇、汉武帝、唐太宗、成吉思汗、明太祖、孙中山,第二辑历代贤豪,包括管仲、勾践、李斯、班超、诸葛亮、祖逖、王安石、岳飞、文天祥、郑和、戚继光、郑成功、林则徐、洪秀全、曾国藩、陈其美,第三辑学术先进,包括老子、墨子、孙武子、屈原、司马迁、班昭、韩愈、玄奘、朱熹、郑所南、王守仁、徐光启、顾炎武、梁启超、章炳麟。[①]

历史人物传记是进行历史知识普及的基本途径。编撰中国历代伟人、民族英雄的小传记,更能起到培植民族自信心、自豪感的效果,裴小楚《中国历代民族英雄传》所编选的人物都是"为了国家民族,能够发扬光大的精神,他们这种英勇抗节的壮烈精神,做过了万世不朽的卫国工作,足以启发我们的民族意识,加强我们抵抗外侮的勇气"。[②] 革命家吴玉章回忆其幼年"读到民族英雄岳飞、文天祥等人的事迹时,都深受感动。我的爱国思想就是这样萌芽的"。[③]

(二)国耻史、侵略史的编撰

自鸦片战争以来,中国屡遭侵略,反映在通俗史学中即是重点介绍帝国主义侵略史、国耻史以及中国失地史。许多出版社、杂志社的征稿稿约也多以此为题材,例如顾颉刚主编的《大众知识》征稿,划定的范围为:中国近代国耻题材的小说,中国近百年史中名人评传,近年的公路建设,近十年中国思想及文艺运动的批评,中学会考的利弊,作者本乡的风土及社会状态。显然是将国耻史置于首位。

以国耻史为名的,中国图书公司 1909 年出版沈文浚、沈彭年《国耻小史》(1914 年出《增订国耻小史》),以及赵玉森《国耻小史续编》(1915)。1915 公民救国团编印《国耻痛史》(1918)。后有蒋恭晟《国耻史》(中华书局 1928),黄孝先《中国国耻史略》(商务印书馆 1928),贾逸君《中国国耻地理》(北平文化学社

---

①"中国历代名贤故事集"三辑的细目参考了出版广告,其中有部分未能出版,也有部分改换了作者。编撰过程见本章第二节。

②裴小楚:《中国历代民族英雄传》,上海大方书局 1939 年,第 3 页。

③吴玉章:《〈历史文集〉序言》,见《吴玉章文集》下册,重庆出版社 1987 年,第 903 页。

1930)，曹增美、黄孝先《新编国耻小史》(商务印书馆 1930)，吕思勉《国耻小史》(中华书局 1933)，黄孝先《国耻小史》(商务印书馆 1933)，梁心《国耻史要》(日新舆地学社 1933)，邹平实验县政府编印《国耻史略》(1936)，沈鉴、王栻《国耻史讲话》(独立出版社 1939)等。

以帝国主义侵略史为名的，刘彦于 1914 年出版了《中国近时外交史》(华昌书局)，1927 年改名为《帝国主义压迫中国史》(太平洋书店)。刘彦的著作大多取材于日人的著作，而附以中国民族主义的观点，杂糅而成，书中揭露了帝国主义对中国的侵略和压迫，反映了中国人民在民族压迫下的痛苦以及争取民族独立的愿望。① 其他的侵略史尚有黄克谦、孙季武《帝国主义侵略中国史》(真美书社 1927)，萧楚女《帝国主义侵略中国史》(中央军事政治学校政治部宣传科 1927)，于树德《帝国主义侵略中国史》(国光书店 1927)，黄孝先《帝国主义侵略中国史》(商务印书馆 1928)，陈彬龢《帝国主义侵略中国史》(世界书局 1928)，唐守常《帝国主义侵略中国痛史》(大东书局 1928)，高守一《帝国主义压迫中国史》(北新书局 1929)，王敬《帝国主义侵略中国史》(新智书局 1929)，漆树芬《帝国主义铁蹄下的中国》(光华书局 1932)，朱寿田《帝国主义侵略中国小史》(中华书局 1934)。

“九一八”事变以后，出现了大量记述日本侵华的著作，有《日本侵略中国史》(李温民)，《日本帝国主义侵略中国史》(李白英)，《日本帝国主义与中国》(吴兆名)，《日本侵略中国史》(张润泉)，《日本帝国主义侵略中国史》(陈殷)，《日本帝国主义侵略中国简史》(翁其法)，《日本侵华简史》(曹伯韩)，《日本侵华史略》(陈智乾)，《日本侵略我国小史》(李昭和)，《日本侵略中国小史》(李洁西)，《日本侵略中国大事年表》(邱培豪)，《日本对华侵略的过去及未来》(龚德柏)，《日本帝国主义侵略中国简史》(孔昭)，《日本侵华秘史》(郑学稼)，《日本侵华史纲》(彭友生)，《日本帝国主义侵略中国史》(张觉人)等等，其他专述英、法、俄等侵略中国历史的亦为数不少。②

各种名目的“国耻史”“侵略史”“丧地史”，内容大同小异，即记载近代以来的历次侵华战争，签订不平等条约以及随之而来的严重后果，目的都是激发民国的爱国心，当然也不乏隐含增加销售量、获取利润的意图。谢彬的《中国丧地史》，列入中华书局“初中学生文库”，将近代帝国主义侵略中国的历史分为四个时期：鸦片战争以前；鸦片战争至中日甲午战争；中俄密约至民国成立；世界大战至 20 年代中期。全书共分七章，按上述四个时期阐述了历次不平等条约、边疆藩属的丧失、民国成立后帝国主义的压迫、日本帝国主义的侵略等等。《中国

①萧一山：《近代史书、史料及其批评》，见《中国近代史论丛》第 1 辑第 1 册，正中书局 1979 年，第 94 页。

②新中国成立后，美帝侵华史著作占了绝大多数。见第五章第二节。

丧地史》是我国最早全面论述中国近代边界问题的著作之一，对于国人明了近代中国丧地的缘由激发读者爱国主义思想，是有很大帮助的。[①] 根据中华书局的图书广告："该书对于列强之侵占，国境之变迁，靡不详载，阅之不特可知祖国缔造之艰难，并可发愤图强，为外交之一助。"作者曾多次游历边疆，对边疆问题素有研究，因此在书中特别提出了重视边疆、巩固边防的建议："有明瞭领土领海之观念，是知保持领土领海之利益，起而团结民族，竞争拓殖，移本部各省过剩之人民，以实满、蒙、新疆、康藏之荒野，令边防不致空虚而已。"[②]朱寿田《帝国主义侵略中国小史》是中华书局"常识丛书"之一，根据中华书局为该书所做的图书广告："本书以广大之题目而包括于这本小册子中，故其取材下笔，务以简明扼要为原则，将近百年来我国所受帝国主义侵略事实，择尤叙述，以期激发国人爱国之情绪。中等学生用作课外读物，颇为适用。"中国近代史就是一部失地史，黄孝先《帝国主义侵略中国史》中，附有"帝国主义侵略中国图"，起到图文并茂的效果。

限于时代条件和编撰意图，很多侵略史、国耻史、丧地史的通俗读物基本上都是采取一边倒的叙述立场，齐声痛诋帝国主义的各种侵略活动，缺乏公平客观的认识，例如黄克谦、孙季武《帝国主义侵略中国史》认为帝国主义的侵略手段多种多样，在文化方面，"利用文化机构如学校、青年会等，施行奴隶化教育，麻醉中国青年，教会学校出身的学生，大多数不是卖国贼就是买办，不是新式官僚，就是假学者……利用慈善机构如医院红十字会平民教育等，以市恩于一般国民，使一般国民皆歌功颂德，不反抗帝国主义。利用宣传机关如通讯社报纸，极力宣扬帝国主义者的威德，捏造谣言，以愚弄人民，蛊惑人心"。[③] 帝国主义的侵略和殖民统治，给中国人民带来了巨大的灾难，但在客观上促进了中国和西方的接触和交往，迫使中国打开国门，融到世界潮流中去。而在学校教育、医疗救治、文化舆论等方面，西方国家的某些做法还是值得肯定的。还有读物甚至加入了很多主观化、情绪化、煽动性的语言，以强化其宣传功能。茅仲复《帝国主义侵略中国史简本》，书末以标题结束："收复一切失地，打倒帝国主义，取消一切不平等条约，中华民族复兴万岁"，与宣传口号毫无二致。沈鉴、王栻的《国耻史讲话》，全书十讲，编撰遵循"文字要通俗生动，内容要扼要可靠，脉络要清楚贯彻"的原则，以侵略中国的"魔王有两个：第一个姓白，是西魔王；第二个姓倭，是东魔王……在下讲的国耻史，就是讲这两个恶魔欺侮我们的历史"。[④] 两位作者系金陵文理学院教授，又曾受业于蒋廷黻，受过严格的历史学训练，但采

①吕一燃：《谢彬及其边疆史地著作》，载《西北史地》1988 年第 1 期。

②谢彬：《中国丧地史》，中华书局 1936 年，第 1 页。

③黄克谦、孙季武：《帝国主义侵略中国史》，上海真善美书社 1927 年，第 5－6 页。

④沈鉴、王栻：《国耻史讲话》，独立出版社 1940 年，第 7 页。

取此种叙述方式，显然与历史学的语言判然有别。

（三）介绍边疆历史地理知识

鸦片战争后的历次战败、不平等条约导致了大片疆域丧失，帝国主义觊觎中国边疆，导致了中国各处边疆危机不断。鸦片战争前后与“九一八”事变后，出现了边疆史地研究的两次高潮。[①] 在通俗读物领域里，除从整体上叙述外祸、侵略、战败、失地的之外，还有大量记述、介绍各边疆区域的作品，以激发国人的爱国热情。许公武《边疆述闻》列举边疆各省“历史、地势、宗教、习俗、物产诸端，条分缕析，了如指掌。吾人披览之余，不仅可以想见我国边疆区域之广大，物产之富饶；更可认识我国边疆宗教力量之宏伟与民俗之特殊，其俾助于边事之探讨，边政之实施”。[②]

由于日本帝国主义的侵略活动，东北问题首先受到突出的关注，出现了一大批专论东北问题的读物，有陈博文《东三省一览》(1924)，雷殷《东三省之过去与未来》(1926)，周志骅《东三省概论》(1931)，臧启芳、曹树风《东三省》(1934)，何新吾《东北现状》(1933)，李公衡《东北史地》(1936)，席征庸《东北》(1938)，《沦陷七周年的东北》(1938)，强项生《沈阳痛史》(1931)，卞宗孟《东北之史的认识纲要》(1934)，李洁非《东北小史》(1942)，董启俊《近百年来之东北》(正中书局，1946)等等。

“九一八”事变后，国内兴起“开发西北”的热潮，介绍西北与西南边疆的读物也开始出现，有陈博文《甘肃省一瞥》(1926)，刘虎如《青海西康两省》(1931)，《西北一瞥》(1932)，吴绍璘《新疆概观》(1933)，赵琼《新疆省》(1934)，《青海》(1934)，刘虎如《青海西康一瞥》，汪公亮《中国西北历史》(1934)，席征庸《西北》(1938)，洪涤尘《新疆史地大纲》(1939)，贺岳僧《西北史纲》(1943)，朱学春《我们的西北》(1943)，陈希豪《新疆史地及社会》(1947)，蔡君启《西北》(1948)等等。介绍西南边疆的有洪涤尘《西藏史地大纲》(1936)，尹扶一《西藏纪要》(1930)，秦墨哂《西藏问题》(1931)，石青阳《西藏纪要》(1933)，谢彬《西藏交涉略史》(1933)，梅心如《西康》(1934)，詹念祖《云南省一瞥》(1935)等等。

上述著作，大多采用通俗的叙述方式，例如秦墨哂的《西藏问题》，根据自序，作者曾经到过西藏，属游历性质，而其书的编撰，是“从国内外记载藏案的书中，得到许多的材料，抄写出来，略微把我从前的印象作参考，写成这本通俗讲话，附以小图”。[③] 而其内容大致有三：一是介绍各边疆地区的历史地理沿革、政

①马大正：《当代中国边疆研究者的历史使命》，载《中国边疆史地研究》1992年第2期。

②许公武：《边疆述闻》，正中书局1943年，第1页。

③秦墨哂：《西藏问题》，见《民国藏事史料汇编》第16册，张羽新、张双志编，学苑出版社2006年，第1页。

治制度、宗教信仰、生产实业、风俗习惯等；二是介绍各边疆地区在历史上与中央政府之关系，主要侧重于友好往来的一面；三是介绍各边疆地区在当前所面临的侵略、危机以及解决之方法。文字以介绍为主，有的还附有相关的地图、文件、条款等等。

根据有关的调查，在学生的课外阅读中，有关边疆记载的书籍如游记、考察记之类的颇受欢迎，如《中国的西北角》《西线风云》《塞上行》《中国边疆》《边疆问题》《蒙古游牧记》《内外蒙古考察日记》《国防前线外蒙古》《盛世才与新疆》《西北》等书，在学生中的传阅频率比较高。①

值得一提的是，在边疆少数民族地区也编撰了部分专供少数民族阅读的通俗读物。教育部于 1938 年专设机构编撰民族地区的民众读物，分五类：(1) 自修读本，介绍各种知识技能及养成良好习惯，以培养德行。(2) 民众小说，激发民族意识，补充公民常识，以激励志气培养感情。(3) 民众故事，凡古今人物中有合于礼义廉耻、忠孝仁爱、信义和平及同情革命、创造侠烈牺牲等可歌可泣之事迹，以及各界成功人物奋斗之经过。(4) 民众歌词，鼓励志气，激发同情，发扬民族精神，提高欣赏能力等。(5) 连环图画，内含有教育意味之故事，用图画写出，给识字较少之民众阅读者。所编之通俗读物，词意浅显，受过基础教育者即可阅读，故能深入民间，流传至广，拥有读者亦众多，在社会文化上之影响甚为巨大。根据教育部边疆教育委员会会议报告，至 1941 年"已出版二百余种。蒙藏等地方文化水准尚未能与内地相比拟……请选部编是项读物成稿，译成汉蒙、汉藏、汉回文字，大量印刷分发各地，庶于推动文化之际，可兼收潜移默化之功"。②

(四) 当代民国史的关注

克罗齐把历史区分为编年史 (chronicle) 和真历史 (history)，主张真正的历史贯穿了人们的精神活动，而精神活动必定来自于对当前社会的感受和体悟，提出了"一切真历史都是当代史"的著名观点。朱谦之发挥了克罗齐的思想，提出了一个独特的概念"考今"，和"考古"相对应，"现代史学不应只是考古，更应该注重考今，不然读破二十四史，尚不知何谓现代，亦有何价值？有何益处？"③

民国时期的历史通俗读物有很多都涉及了 1912 年中华民国后之当代历史。郑鹤声的《中华民国建国史》为国立编译馆"青年基本知识丛书"之一，其书将民国历史分成三阶段：辛亥革命推倒清政府；北伐完成打倒军阀；抗战建国。叙事"常注意于其事实发生之背景，有时兼采夹叙夹议体裁，并明白揭示其

---

①曹梦樵：《边省青年阅读兴趣之蠡测》，载《边声月刊》第 1 卷第 2 期，1938 年 10 月。《蒙古游牧记》，清人张穆所作，可能作者记录有误。

②教育部边疆教育委员会编印：《边疆教育委员会报告》，1941 年，第 40 页。

③朱谦之：《考今》，见《朱谦之文集》第 2 卷，福建教育出版社 2002 年，第 158 页。

真义,使读者易于领会"。[1] 钱歌川主编的"中华民国历史小丛书"(1948),包括有《辛亥革命》(张知本)、《二十一条》(吴一心)、《五四运动》(李何林)、《五卅惨案》(阮渊澄)、《国民革命军北伐》(凌轸)、《九一八东北被占》(沈吉苍)、《一二八淞沪抗战》(华白)、《七七卢沟烽火》(曾宪楷)、《八一三全面抗战》(吴相湘)、《迁都重庆》(赵授承)、《国军远征缅甸》(李鍌培)、《太平洋战争爆发》(朱子容)、《开罗会议》(李季谷)、《日本无条件投降》(刘世模)、《还都南京》(黄时枢)、《台湾光复》(谢康)等,在"发刊旨趣"中言道:"过去半世纪,波澜起伏,诚然是一个多事之秋,然其间却发生了好些划时代的大事,如辛亥革命,五四运动,七七抗战,开罗会议,诸如此类,对国家的前途,都有极大的影响",因此"特邀专家执笔,编纂中华民国历史小丛书,自辛亥革命至最近为止,所有重要的历史事件,莫不用专题写出,以平易的字句,叙正确的史实,目的在使读者得到国人应有的常识"。世界书局的"新民国丛书"(1927),史部类有《中国罢工史》(贺岳僧),《中国国民党之沿革与组织》(陈味凉),《中国学生运动小史》(查良鉴),《中国佛教小史》(陈彬龢),《孙中山年谱》(贺岳僧)等,丛书只记述概要,使读者明了史实之大概。例如《中国罢工史》,"本书之旨趣,在使读者明了罢工运动之概略,重要序述之事实……编者以慎重之态度,采择各种报纸杂志为材料"。[2] 青年出版社"青年模范丛书"第2辑为"革命先烈奋斗之事迹",包括有《陆皓东·史坚如》《邹容》《秋瑾》《黄克强》《陈英士》《朱执信·廖仲恺》《蔡松坡》《黄花冈》。第3辑"抗战期中国军民忠勇故事",第4辑"远征军青年生活纪实",其编辑旨趣中提到,中国历代仁人志士投笔从戎、以身许国之义勇事迹,"实为我中华民族之优良传统,亦即我中华民族赖以永存者也",为发扬此种精神而编撰此丛书。在书中都着重表彰其牺牲精神,如黄花冈七十二烈士的牺牲,最终使得"革命的成功。因为先烈虽然抛弃了他们的头颅,但是他们却争取'人心'的地盘。从此全国人都知道大势所趋,必须推翻满清"。[3]

通俗史学具有教育功能,尤其是在救亡图存的年代中,更要突出其爱国主义精神。但是通俗史学在宣扬爱国思想,激发民族精神的同时还要防止其走向极端化,即既要避免爱国教育沦为如法西斯德国一般的极端偏狭民族主义教育,又要避免为迎合宣传教育而损害到历史事实的真实性。

①郑鹤声:《中华民国建国史》,正中书局1943年,第2页。

②贺岳僧:《中国罢工史》,世界书局1927年,第1页。

③何伯言:《黄花冈》,青年出版社1946年,第59-60页。

第三章 历史学家与通俗史学创作

在中国史学史的研究中，除了阐明中国史学发展规律、批判总结史学成果外，还要对具有代表性的历史学家及其代表作品进行具体分析。通过历史学家的个案研究，才能对中国史学史有更加深刻的认识和理解。20世纪上半期的通俗史学是新史学思潮影响下的新型通俗史学，和中国古代相比，许多历史学家都是自觉的、有目的地进行通俗史学创作，从事历史知识普及工作，梁启超、吕思勉、顾颉刚、黎东方是其中的代表。本章即以上述四人为个案，论述其对于通俗史学的贡献。

第一节 梁启超历史知识大众化的思想和实践

梁启超（1873—1929），广东新会人，近代著名思想家、政治活动家，在经学、史学、文学等领域都卓有建树，而以史学研究的影响最为巨大。1902年发表《新史学》一文，举起了"史界革命"的大旗，系统地提出了新史学的理论，被目为中国近代新史学的奠基人。梁启超的生平经历在丁文江、赵丰田合编的《梁任公先生年谱长编》（上海人民出版社1983）中有详细的介绍。梁启超的著作绝大多数由林志钧编入《饮冰室合集》中，夏晓虹又编《饮冰室合集集外文》，是研究梁启超生平思想学术的基本材料。本节即拟对梁启超历史知识大众化的思想和实践进行简单的介绍。

（一）梁启超历史知识大众化的思想

中国史学的产生、发展与时代息息相关，沈刚伯对于史学与时代的关系曾做过非常清晰的表述："史学产生后，物质环境仍是日新月异，史学也就跟着不断底变。世变愈急，则史学变得愈快；世变愈大，则史学变得愈新。这原因是不难推测的。因为人们大都抱着鉴往知来的目的去读历史，一逢世变，便想从历史中探寻世变之由；求之不得，自然不满意于现有的史书，而要求重新写过。于是乎每一个时代必有好些根据其时代精神所改修的史书。”[①]梁启超的新史学，便是在近代以来时局剧变的背景下出现的。

1902 年 2 月 8 日，梁启超在《新民丛报》上发表《新史学》，对于旧史学提出了严厉的批判，举起了“史界革命”的旗帜。梁启超《新史学》中的观点早已为治史者所熟知。梁启超批判了旧史学的六病：知有朝廷而不知有国家；知有个人而不知有群体；知有陈迹而不知有今务；知有事实而不知有理想；能铺叙而不能别裁；能因袭而不能创作。传统史学的各种弊端积习对广大读者造成了严重的恶果，具体而言有三：“一曰难读。浩如烟海，穷年莫殚，前既言之矣。二曰难别择。即使有暇日，有耐性，遍读应读之书，而苟非有极敏之眼光，极高之学识，不能别择某条有用，某条无用，徒枉费时日脑力。三曰无感触。虽尽读全史，而曾无有足以激励其爱国之心，团结其合群之力，以应今日之时势而立于万国者。”旧史学与新史学之间的区别在于“前者史家不过记述人间一、二有权力者兴亡隆替之事，虽名为史，实不过一人一家之谱牒；近世史家必探索人间全体之运动进步，即国民全部之治乱及其相互关系”，“前者史家不过记载事实，近世史家必说明其事实之关系与其原因结果”。梁启超明确提出，“历史者，叙述人群之进化现象而求得其公理公例也”。究其要旨：一是因为新的历史所要记叙的对象是中国，所以要改君主政治史为“国民发达史”；二是要找寻历史发展进化的“公理公例”，以“使后人循其理，率其例，以曾幸福于无疆也”。上述两者是相互依存、不可分割的。即唯有一部真正的“国民发达史”，才能真正揭示历史发展进化的“公理公例”。

梁启超认为历史学在揭示人类历史进化的“公理公例”的同时，还是唤起民族精神、激发广大民众爱国热忱的最佳手段，因此必须将其深入千千万万的民众中去，“本国史学一科，实为无老、无幼、无男、无女、无智、无愚、无贤、无不肖所皆当从事，视之如渴饮饥食，一刻不容缓者也”。[②] 历史学是激扬广大民众爱国精神的重要途径，“夫爱国者，欲其国之强也。然国非能自强也，必民智开，然后能强焉”。兴办教育以开民智，历史学是断不能被忽视的，“我同胞之民所学者何，学以救我中国也？凡每一国，必有其国体之沿革，存于历史。必有其国俗之习惯，存于人群。讲经国之务者，不可不熟察也”。[③] 历史学对于国民性的培养有着无可替代的重要功能，“史学为很重要的一门学科，是人人共知的，内中

①沈刚伯：《史学与世变》，《沈刚伯先生文集》上册，中央日报出版社 1982 年，第 64 页。

②梁启超：《新史学·中国之旧史》，见《饮冰室合集·文集》第九，中华书局 1989 年，第 7 页。

③梁启超：《爱国论》，见《饮冰室合集·文集》第三，中华书局 1989 年，第 68－69 页。

尤以中小学教育的需要为尤甚，又以本国历史的需要为尤甚。倘若中小学里头没有好好的国史教育，国民性简直不能养成”。[①] 而传统的史学根本无法担当这一使命，因此必须倡导“史界革命”以救国。

梁启超把历史学的专门知识和历史常识进行了区分，常识“谓普通学识，人人所必当知也”。[②] 历史学的专门知识和历史常识的区别，在于“网罗放失旧闻，推求前因后果，通古今之变，成一家之言，此专门学识也。知中外各国历代兴废之迹，撮举其大事之始末，略谙其名人之传记，此常识也”。常识简易明了，是国民所必须具备的。对于广大民众来说，其“为国民之一分子，而于国中常识不能具备，则无以自存于其国”。[③] 在基础教育中即应该普及常识。梁启超把学校教育以及自修自学所必须具备的基础科目称为“普通学”，并介绍了日本中学中的十门“普通学”：伦理、国语汉文、外国语、历史、地理、数学、博物、物理化学、法制、经济。在各门“普通学”中，历史是最重要的，“历史者，普通学中之最要者也。无论欲治何学，苟不通历史，则处处窒碍”。[④]

在梁启超看来，编撰一部适合于国民阅读的中国通史是实现历史知识普及的重要途径，因为通史的编撰可以求得历史发展进化的“公理公例”，以便于鉴往知来，更可以激发国民的爱国心。成于1901年的《中国史叙论》就是梁启超计划中的中国通史的叙言。1902年的《新史学》，实际上就是为其编撰一部新体的中国通史而在体例、书法等方面所做的进一步的探讨。梁启超在《三十自述》中记其东渡日本，“一年以来，颇竭绵薄，欲草一中国通史，以助爱国思想之发达，然荏苒日月，至今犹未能成十之一二”。[⑤] 从1921年开始，梁启超在南开大学做中国历史研究法的讲演并将讲稿汇集出版，名为《中国历史研究法》。在“自序”中提到，“吾发心殚三四年之力，用此方法以创造一新史，吾之稿本，将悉以各学校之巡回讲演成之，其第二卷为《五千年史势鸟瞰》，以今春在北京清华学校讲焉，第三卷以下以时代为次，更俟续布也”。[⑥] 由此可知，梁启超曾计划在各高校中做有关中国通史的系列讲演，以此方式来完成中国通史，《中国历史研究法》则是“治史所持之器”。可见，梁启超的中国通史编撰的思想和实践贯穿了其史学生涯的始终。在《中国史叙论》中已经可以看出梁启超所设想的中国

①梁启超：《我对于女子高等教育希望特别注重的几种学科》，见《饮冰室合集·文集》第三十八，中华书局1989年，第5页。

②梁启超：《国风报叙例》，见《饮冰室合集·文集》第二十五，中华书局1989年，第1页。

③梁启超：《说常识》，见《饮冰室合集·文集》第二十三，中华书局1989年，第1－3页。

④梁启超：《东籍月旦》，见《饮冰室合集·文集》第四，中华书局1989年，第90页。

⑤梁启超：《三十自述》，见《饮冰室合集·文集》第十一，中华书局1989年，第19页。

⑥梁启超：《中国历史研究法》，见《饮冰室合集·专集》第七十三，中华书局1989年，第2页。

通史的大致内容。梁启超又在《志三代宗教礼学》之后附上《原拟中国通史目录》，其设计是将中国通史分政治、文化和社会生计三大部分，每部分之下又设若干子门类，一是政治之部：朝代篇、民族篇、地理篇、政制组织篇上（中央）、政制组织篇下（地方）、政权运用篇、法律篇、财政篇、军政篇、藩属篇、国际篇、清议及政党篇。二是文化之部：语言文字篇、宗教篇、学术思想篇（上中下）、文学篇（上中下——文、诗、词、曲本、小说）、美术篇（上中下——绘画、书法、雕刻、髹治、陶瓷、建筑）、音乐剧曲篇、图籍篇、教育篇。三是社会及生计之部：家族篇、阶级篇、乡村都会篇、礼俗篇、城郭宫室篇、田制篇、农事篇、物产篇、虞衡篇、工业篇、商业篇、货币篇、通运篇。[①] 梁启超的这种通史编撰新体裁，突破了已往以帝王将相为中心的模式，把范围扩大到智力、产业、工艺、美术、学术、宗教、风俗、教育、交通等各方面。

对于当时文化教育水平不高、广大民众接受能力有限的现状，梁启超强调通过编撰新体历史演义是普及历史知识的一条重要途径。晚清时在知识分子中曾出现了一股小说救国、演义救国的热潮。梁启超主张教育救国，兴办教育，广开民智，是国家由弱转强的重要途径，“亡而存之，废而举之，愚而智之，弱而强之，条理万端，皆本于学校”。[②] 其行之细目为：学堂、科举、师范、专门、幼学、女学、藏书、纂书、译书、文字、藏器、报馆、学会、教会、游历、义塾、训废、训罪人。但是旧中国的教育极为落后，普通民众“不识字者，十人而六。其仅识字而未解文法者，又四人而三乎？故教小学教愚民，实为今日救中国第一义”。[③] 而在“教小学教愚民”方面，小说演义有着无可替代的功能。梁启超引述了康有为的说法：“仅识字之人，有不读经，无有不读小说者。故六经不能教，当以小说教之；正史不能入，当以小说入之；语录不能谕，当以小说谕之；律例不能治，当以小说治之。”[④]对于普通民众来说，“六经虽美”却难通其义，而通俗小说正好可以起到知识传播普及之功效。梁启超在《论小说与群治之关系》一文中进而认为，小说对于国家民族来说实际上是一把双刃剑，旧中国的种种弊端很多都可以在旧小说中找到根源，而要革除各种弊端，必须提倡小说革命，创作新小说。

梁启超提倡编写各种题材的新体历史小说，虽然是以“历史演义”为其名，但历史演义仅指其文体，而在写作上，则是严格依据史料，演义创作不超越史料的范围，还是属于通俗史学的范畴。梁启超在1902年8月《新民丛报》第14号

---

①梁启超：《志三代宗教礼学》，见《饮冰室合集·专集》第四十九，中华书局1989年，第15－17页。

②梁启超：《变法通议·学校总论》，见《饮冰室合集·文集》第一，中华书局1989年，第19页。

③梁启超：《蒙学报演义报合叙》，见《饮冰室合集·文集》第二，中华书局1989年，第56－57页。

④梁启超：《译印政治小说序》，见《饮冰室合集·文集》第三，中华书局1989年，第34页。

发表《中国唯一之文学报——新小说》一文，相当于《新小说》的发刊词。梁启超提出《新小说》的创刊宗旨是“专借小说家言，以发起国民政治思想，激励其爱国精神”，历史小说是“专以历史上事实为材料，用演义体叙述之。盖正史则易生厌，读演义则易生感。征诸陈寿之《三国志》与坊间通行之《三国演义》，其比较厘然矣”，在行文语言上，则“以诙奇椒诡之笔，代庄严典重之文”。[①] 其历史小说拟目有：《罗马史演义》《十九世纪演义》《自由钟》《洪水祸》《东欧女杰传》《亚历山大外传》《华盛顿外传》《拿破仑外传》《俾斯麦外传》《西乡隆盛外传》等。我们知道，历史小说、历史演义是娱乐化的历史，与通俗史学有着本质的区别。但是梁启超提倡用演义体来写历史，是借用娱乐化历史的形式来普及历史知识、达到提高普通民众知识水平、普及历史知识的目的。

（二）梁启超的通俗人物传记和世界史通俗读物

梁启超在对于历史知识大众化进行理论上探讨的同时，还使用了新观点、新方法写了一批历史著作，其中有相当一部分是通俗性的历史著作，而多集中于历史人物传记。梁启超主张“应该把历史上名人——大学者，大文学家，大美术家，大政治家，大军人，以及气节峻拔的人，挑选百来个，重新替他们各做一篇有趣味的传，以此教导青年，比什么都有益”。[②] 梁启超所编撰的历史人物通俗传记，主要可分三类：

一是特别选择开拓中西交通、发展海外殖民事业、恢宏民族精神、显示中华民族开拓进取精神的历史人物，如《张博望班定远合传》（1902）、《祖国大航海家郑和传》（1905）、《中国殖民八大伟人传》（1905）等等。

梁启超《中国史叙论》将中国历史划分成三个时期，中国之中国、亚洲之中国、世界之中国：“第一，上世史，自黄帝以迄秦之一统，是为中国之中国，即中国民族自发达自争竞自团结之时代也”；“第二，中世史，自秦统一后至清代乾隆之末年，是为亚洲之中国，即中国民族与亚洲各民族交涉繁赜竞争最激烈之时代也”；“第三，近世史，自乾隆末年以至于今日，是为世界之中国，即中国民族合同全亚洲民族，与西人交涉竞争之时代也”。[③] 根据这一历史分期观点，梁启超特别看重凿空中西交通、加强中国与其他国家之间交流做出突出贡献的人物，《张博望班定远合传》以“欧美人常言，支那历史，不名誉之历史也。何以故？以其与异种人相遇辄败北。故呜呼！吾耻其言。虽然，吾历史其果如是而已乎？其

①梁启超：《中国唯一之文学报——新小说》，见《饮冰室合集集外文》，北京大学出版社 2005 年，第 121－122 页。

②梁启超：《读书法讲义》，见《饮冰室合集集外文》，北京大学出版社 2005 年，第 1359 页。

③梁启超：《中国史叙论》，见《饮冰室合集·文集》第六，中华书局 1989 年，第 11－12 页。

亦有一二非常之人，非常之事”①，张骞、班超两人的事迹便“足以自豪”。“合传”详述张骞、班超两人所处之时代背景与政治局势，叙述了张骞与大宛、康居、月氏、大夏、乌孙、安息、罽宾、奄蔡、身毒等国的交往，班超在鄯善、于阗、疏勒、尉头、姑墨、乌孙、莎车、月氏、龟兹、焉耆及危须、尉犁等国的活动，对于两人交通西域各国，凿空中西交通及其重大意义进行了很高的评价。梁启超还曾编有《班定远平西域》的剧目，作为“通俗精神教育新剧本”。

近代以来，新航路的开辟推动了西方资本主义的发展和海外殖民事业的拓展，与此形成鲜明对照的是中国航海事业的不振。梁启超在《祖国大航海家郑和传》中述郑和下西洋事迹，盛赞郑和下西洋规模之宏伟。梁启超另有《中国殖民八大伟人传》，八人为三佛齐国王梁道明、三佛齐国王张琏、婆罗国王某、爪哇顺塔国王某、暹罗国王郑昭、戴燕国王吴元盛、昆甸国王罗大、英属海峡殖民地开辟者叶来，后附菲律宾寓侠潘和五，上述诸人都为广东、福建沿海居民，由于各种原因迁徙至南洋各国，之后建功立业，传播中国文化。这些海外开拓者的事业根本得不到中国政府的支持，这正反映了中国传统文化中不重海洋的取向。梁明道等人在中国的史籍中也是籍籍无名，“不见称于后世”，长期不为人们所知，“其毋乃即中国民族见摈于今日生存竞争之表征也”。②

二是中国历史上抗击少数民族南侵、保卫汉族政权的历史人物，如《黄帝以后第一伟人赵武灵王传（附李牧传）》（1903）、《明季第一人物袁崇焕传》（1904）等等。

梁启超的进化史观深受社会达尔文主义的影响。早在戊戌变法时期，梁启超在《变法通议》中的一系列论文中就反复论证了“变易之义”。梁启超根据社会达尔文主义的学说，宣传物竞天择、适者生存的理论，提出“世界以竞争而进化，竞争之极，优者必胜，劣者必败。久而久之，其所谓优者，遂尽占世界之利权，其所谓劣者，遂不能自存于天壤，此天演之公例也”。③ 要保持优者地位，避免被淘汰，就必须保持竞争力，“夫竞争者，文明之母也。竞争一日停，则文明之进步立止”，这是把竞争看作为人类社会发展的根本推动力。竞争由个人而推及至家庭、乡族、国家，“一国者，团体之最大圈，而竞争之最高潮也”。④ 梁启超另著《中国之武士道》（1904），倡言尚武精神，记述了“春秋战国以迄汉初，我先民之武德，足为子孙模范者”的事迹，其书采传统的列传体，末附作者的评论，

①梁启超：《张博望班定远合传》，见《饮冰室合集·专集》第五，中华书局1989年，第1页。

②梁启超：《中国殖民八大伟人传》，见《饮冰室合集·专集》第八，中华书局1989年，第5页。

③梁启超：《论商业会议所之益》，见《饮冰室合集·文集》第四，中华书局1989年，第10页。

④梁启超：《新民说》，见《饮冰室合集·专集》第四，中华书局1989年，第18页。

“欲使全国尚武精神，养之于豫，而得普及也”。①

正是基于这种生存竞争的思想，梁启超对“中国民族之外竞史”感到极为痛惜，汉族与周边少数民族的竞争，“劣败者九而优胜者不及一”。而“稍足为历史之光者，一曰赵武灵王，二曰秦始，三曰汉武，四曰宋武（刘裕）……而四役之中，其最足为吾侪子孙矜式者，惟赵武灵”②，因而作《赵武灵王传》，述赵武灵王胡服骑射，抗击匈奴之功业，更重要的还是在于提倡尚武精神，实行“军国民主义”。后附李牧传之主旨亦为此。

梁启超的《明季第一人物袁崇焕传》，除了称赞袁崇焕抗击后金的功绩外，还有表彰乡贤之意。袁崇焕的冤狱自清朝官方披露的资料已经真相大白，清宗室昭梿《啸亭杂录》中“设间诛袁崇焕”条记其事经过。但是袁崇焕杀皮岛总兵毛文龙一事尚有争议。传统说法大多认为毛文龙据皮岛，在战略上对后金起了巨大的牵制作用，袁崇焕杀毛文龙加速了辽东战局的恶化和明朝的灭亡，或认为“自毛文龙之死，其部将孔有德、耿仲明、尚可喜第叛，后卒为满洲伥，扫定西南，或以是为袁督师实有以致之”，梁启超则认为“（毛）文龙不死，安知其不执梃为诸降王之长”。③ 意指毛文龙与孔有德、耿仲明、尚可喜都是一路货色。根据明清大档中发现的资料，有毛文龙与后金交通之文书，在袁崇焕代表明朝官方与后金交通之前（1627），毛文龙已经私下接受了后金的招降活动，与之暗通款曲，足证袁崇焕杀毛文龙并非为冤狱。而毛文龙对后金所谓的“牵制作用”，已被事实证明是极之有限的。梁启超提出这一看法时，明清大档尚未被发现和系统整理，而实为历史学家之卓识。

三是中国历代的改革人物，这可能与梁启超本人的政治经历有关。梁启超于1901年写成了《南海康先生传》，由于康梁两人的关系，此书理所当然是研究康有为的重要的参考书。其他尚有《李鸿章传》（1901）、《王荆公》（1908）、《管子传》（1909）等，而以《李鸿章传》写得最为深入浅出、通俗易懂。根据《清议报》第100册刊载的图书广告，《李鸿章传》“承各处函询电购”，可见其书流传广泛，影响很大。

梁启超的传记写法，通常是将历史人物置于时代大背景之下，将个人与社会联系起来，而传主大多个性鲜明，形象栩栩如生，给人印象深刻。《李鸿章传》“全仿西人传记之体，载述李鸿章一生行事，而加以论断，使后之读者，知其为

①梁启超：《中国之武士道》，见《饮冰室合集·专集》第二十四，中华书局1989年，第1页。

②梁启超：《黄帝以后第一伟人赵武灵王传（附李牧传）》，见《饮冰室合集·专集》第六，中华书局1989年，第1页。

③梁启超：《明季第一人物袁崇焕传》，见《饮冰室合集·专集》第七，中华书局1989年，第17页。

人”。此书又名《中国四十年来大事记》，因为“四十年来，中国大事，几无一不与李鸿章有关系，故为李鸿章作传”，通过为李鸿章作传而将晚清自太平天国至八国联军侵华的一段历史展现在世人面前。梁启超的《李鸿章传》在把李鸿章置于晚清特定政治背景下的同时，又将其置于整个世界局势的背景下。从中国和世界的双重角度出发，梁启超对李鸿章的评价极其深刻。梁启超认为“李鸿章之外交术，在中国诚为第一流矣，而置之世界，则瞠乎其后也”。又断言整个中国“三四品以上之官，无一可以望李鸿章之背肩”，但李鸿章却“不识国民之原理，不通世界之大势，不知政治之本原”，完全与世界、时代相脱节，其施政方针“仅摭拾泰西皮毛，汲流忘源，更挟小智小术，欲与地球著名之大政治家相角，让其大者，而争其小者，非不尽瘁，庸有济乎?”更为可悲的是，“以吾中国之大，而惟一李鸿章是赖”。[①] 这不仅是李鸿章的悲剧，更是中国的悲剧。值得注意的是，梁启超还使用了比较史学的方法，将李鸿章与古今中外许多同类历史人物相比较，从而得出对其的评价。

除了创作中国历史名人的通俗传记外，梁启超对外国史亦颇多注意。早在戊戌变法时期，维新派就利用其颇为有限的历史知识，编译了一批外国史的论著。在编译的各种外国史著作中反复论证，在日益深重的民族危机之下，中国必须维新变法，否则，不是衰弱灭亡，就是爆发革命。[②]

梁启超的外国史通俗读物，题材是外国的，立足点在中国，有很强的针对性。在1896年至1911年间，梁启超先后写了《波兰灭亡记》(1896)、《朝鲜亡国史略》(1904)、《越南小志》(1905)、《越南亡国史》(1905)、《朝鲜灭亡之原因》(1911)、《日本并吞朝鲜记》(1911)等等，通过叙述上述各国的亡国经历，总结其灭亡的教训，以为中国之借鉴，避免重蹈其国的覆辙。并且通过描述中国周边邻国亡国之惨痛情状，斥责西方殖民者的野蛮侵略，并激发国人的民族意识，这是梁启超编撰亡国史的基本动因。例如在《越南亡国史》中，梁启超历数法国殖民者在越南的种种苛捐杂税，税收本为取之于民用之于民，但法国所征收的税款，越南人民实无半点分润。法国在越南的殖民统治，极尽狡诈，最厉害的手法就是利用越南的内奸，充当使臣，苛剥百姓，利归法国，恶名则由内奸承担，“实为古今第一无二的手段”。越南为中国之邻国，越南的灭亡则为中国敲响警钟。唇亡齿寒，这是最简单的道理，“我国今如抱火厝积薪下而侵其上，犹举国酣嬉若无事。语以危亡之故，藐藐听之而已。吾子试为言越亡前事，或我国大

①梁启超:《中国四十年来大事记(李鸿章)》，见《饮冰室合集·专集》第三，中华书局1989年，第1、67、4页。

②胡逢祥、张文建:《中国近代史学思潮与流派》，华东师范大学出版社1991年，第241页。

多数人闻而自惕,因蹶然而起,有复见天日之一日”。[1]

梁启超虽然批判“帝王谱牒”式的旧史学,主张“民史”,但在其史学体系中,英雄史观却是根深蒂固。梁启超在《新史学》中即明确表示:“历史者,英雄之舞台也,舍英雄几无历史。”[2]又引用了英雄史观代表人物卡莱尔的观点,“国民不可不崇拜英雄,此苏国诗人卡黎尔之言也。卡黎尔曰:‘英雄者上帝之天使,使率其民以下于人世者也。凡一切之人,不可不跪于其前,为之解其靴纽。质而论之,宇宙者,崇拜英雄之祭坛耳。治乱兴废者,坛前燔祭之烟耳’”。[3] 梁启超撰写了一批世界史上著名人物的通俗传记,有《匈牙利爱国者噶苏士(Louis Kossuth)传》(1902),《近世第一女杰罗兰夫人传》(1902),《新英国巨人克林威尔传》(1903),《意大利建国三杰传》(1902),三杰为玛志尼(Ginseppe Mazzini)、加里波第(Ginseppe Garibaldi)、加富尔(Camillo Bensopi Cavour)。梁启超的上述诸人传记,除了记述英雄人物的事迹外,还有宣传资产阶级自由民主思想的目的。

(三)梁启超通俗史著的主要特征

梁启超的史学论著,在写法上是自觉地将其新史学的理论运用于历史撰述的实践中,正如张荫麟所说,梁启超“于官报及帝谱而外,别创以民族及文化为对象,借国民之照鉴之历史。其于《新民丛报》中,《新史学》,《中国史叙论》已发其凡;于《中国历史上革命之研究》《历史上中国民族之观察》《世界史上广东之位置》,及《赵武灵王传》《张博望班定远合传》《王荆公传》《郑和传》《中国殖民八大伟人传》等篇中,复示其例”。[4] 就其通俗史著而言,主要特征有三:

一是借史寓意,借通俗史著表达作者的历史观点和政治思想。这是梁启超通俗史著最主要的特征。梁启超的通俗人物传记,重点在于通过介绍历史人物的生平,把叙述和议论有机结合起来,传末又多以“新史氏曰”的形式,阐发其个人的见解。“新史氏曰”的史论形式,并非是简单的历史评论,而是借史论以表达其政治观点和史学思想。例如《祖国大航海家郑和传》,在肯定郑和是世界历史上的大航海家的同时,又深惜西方“哥仑布以后,有无量数之哥仑布,维嘉达哥马以后,有无量数之维嘉达哥马。而我则郑和以后,竟无第二之郑和”。[5] 严厉批评了明成祖派遣郑和下西洋,以威服远人、万国来朝为目的,空邀虚誉,使

---

①梁启超:《越南亡国史》,见《饮冰室合集·专集》第十九,中华书局1989年,第1页。

②梁启超:《新史学·中国之旧史》,见《饮冰室合集·文集》第九,中华书局1989年,第7页。

③梁启超:《新英国巨人克林威尔传》,见《饮冰室合集·专集》第十三,中华书局1989年,第2页。

④张荫麟:《近代中国学术史上之梁任公先生》,见《追忆梁启超》,夏晓虹编,中国广播电视出版社1997年,第106–107页。

⑤梁启超:《祖国大航海家郑和传》,见《饮冰室合集·专集》第九,中华书局1989年,第11页。

得中西交通事业停滞不前。

梁启超通俗史著借史寓意的特征，在世界史的通俗读物中表现得尤为突出，例如在《波兰灭亡记》述波兰被瓜分之史实，批评波兰内政不修、不图自强，反而欲借重大国以自壮，这种做法实在是本末倒置，反而招致了其国的速亡。梁启超的结论是："不图自强而欲庇大国之宇下，藉他人之保护。呜呼，则足以速其亡而已……波兰者，其亦自亡，而非俄之亡之也。"①在《朝鲜灭亡之原因》中，梁启超认为朝鲜灭亡，根本原因在于宫廷。朝鲜宫廷政治混乱，政出多门，争权夺利，互相倾轧，其灭亡实在是必然的。梁启超对朝鲜灭亡原因的分析，实际上是在宣传其君主立宪的政治思想。专制国家的命运全系于君主一身，宫廷混乱必然导致政治败坏，不可收拾。君主立宪则全然不同，君主的个人品德与政治无关，不会影响到大局。朝鲜的灭亡，正为中国提供深刻的教训。

梁启超还借通俗史著宣传其资产阶级自由民主思想。《雅典小史》(1902)从雅典立国叙至梭伦改革。梁启超从雅典平民与贵族的斗争中，得出的结论就是民主改革必须依靠中等阶级："案各国改革之业，其主动力者恒在中等社会。盖上等社会之人，皆凭藉旧弊以为衣食。其反对改革，势使然矣。下等社会之人，其学识乏，其资财乏，其阅历乏，往往轻躁以取败，一败即不能复振。故惟中等社会为一国进步之机键焉。"②《斯巴达小志》(1902)则介绍了斯巴达的立国与来喀瓦士(Lycurgus，莱库古斯)立法，斯巴达的政体、社会阶级、国民教育、行政等情况，并分析了斯巴达立国的缺陷。《斯巴达小志》主要是为宣传尚武精神，但梁启超还是强调，斯巴达虽然实行的是寡头政治，但这种寡头政治与东方君主专制政体还是有着根本的差异。斯巴达的寡头政治"非君主之专制，而人民之专制也"。梁启超对斯巴达的政体评价颇高："斯巴达民权之盛，殆非今日欧美诸国所能及者也。夫立宪君主者，过渡时代之政体也。而此之过渡，直亘数千年，远溯斯巴达，近泊英伦。彼之所以戴此共主者，其精神一也。"③

二是取材以史料为根据，不虚饰，不妄增。梁启超的通俗人物传记，都是在博取各种史料、辨析异同的基础上编撰而成，例如《明季第一人物袁崇焕传》记袁崇焕之冤狱一节，梁启超以"明史本传于袁督师冤狱记载甚略"，因此叙袁崇焕下诏狱事，则"据钱家修程本直之辩冤疏，及本直所著漩声记，余大成所著剖肝录，及皇朝开国方略等书，大率当时目击征实之谈也"。④ 在撰写过程中则严

①梁启超：《波兰灭亡记》，见《饮冰室合集·专集》第十四，中华书局1989年，第3页。
②梁启超：《雅典小史》，见《饮冰室合集·专集》第十六，中华书局1989年，第8页。
③梁启超：《斯巴达小志》，见《饮冰室合集·专集》第十五，中华书局1989年，第6-7页。
④梁启超：《明季第一人物袁崇焕传》，见《饮冰室合集·专集》第七，中华书局1989年，第20页。

格以史料为根据,叙事论述不超越史料的范围,例如《中国殖民八大伟人传》,八人事迹史书中记载绝少,八人合传仅寥寥两千余字,“吾不敢于所有资料之外,铺张焉以诬先民,而前史之成文与故老之口碑,乃于此区区者之外而莫余畀”。[①] 梁启超因史料所限,“文献不足故”,而无法对八人的事迹做进一步的详细介绍。

三是文字激扬,富有感染力。梁启超特别指出,旧体史书讲究微言大义,“一字之褒,荣于华衮;一字之贬,严于斧钺”,已经完全不适应时代的需要了。史书编撰应抛弃传统的“书法”“褒贬”“正统”“传注”等观念,“吾以为书法者,当如布尔特奇之《英雄传》,以悲壮淋漓之笔,写古人之性行事业,使百世之下,闻其风者,赞叹舞蹈,顽廉懦立,刺激其精神血泪,以养成活气之人物……吾以为书法者,当如吉朋之《罗马史》,以伟大高尚之理想,褒贬一民族全体之性质”。[②] 此种史书的写法,才是活生生的富有生命力的。

梁启超的通俗史著,写作方式不是寻常的平铺直叙,而是“火辣辣的文字,有光有热,有声有色”。在时人看来,梁启超文风凡四变:(1)旧式文字(戊戌以前在上海办报时);(2)自创一格之文字(在日本办报时);(3)简练而近于古文之文字(《庸言报》);(4)语体文(最近讲学及著作之文字)。梁启超早年虽然使用文言文,但是其文言文“是写得最通俗的,而且气势磅礴,好像滚滚洪流的长江大河,不怕你看不懂,也不怕你看得没兴,这是青年们的最好的补充读物”。[③] “语体”是与“文言”相对应的,出于自然,浅显而有条理。梁启超的语体文,“流畅圆熟,其文曲折详尽。长于说理,叙事次之,抒情又次之”。[④] 通俗易懂,充满激情的语言,使得其史著具有非同一般的感染力和影响力。梁启超在客观叙述人物的生平功业的同时,又极富感情色彩,强烈的渗透着作者个人的主观意识,产生了广泛的影响。《罗兰夫人传》中开篇“自由自由,天下古今几多之罪恶,假汝之名以行”,便成为传颂一时的名言警句。徐志摩读《意大利建国三杰传》,觉“志摩血气之勇始见”,谓“三杰之行状固极快之致,而先生之文章亦夭矫若神龙之盘空,力可拔山,气可盖世,淋漓沉痛,固不独志摩为之低昂慷慨,举凡天下有血性人,尤不腾攘激怒,有不能自已者矣”。[⑤]

从今天的眼光来看,囿于时代条件的限制,梁启超的上述通俗史著还存在

---

①梁启超:《中国殖民八大伟人传》,见《饮冰室合集·专集》第八,中华书局 1989 年,第 4 页。

②梁启超:《新史学·论书法》,见《饮冰室合集·文集》第九,中华书局 1989 年,第 26 – 29 页。

③顾颉刚:《宝树园文存·中学生读的中国史》,见《顾颉刚全集》第 35 册,中华书局 2010 年,第 306 页。

④徐彬:《梁启超》,见《追忆梁启超》,夏晓虹编,中国广播电视出版社 1997 年,第 18 页。

⑤赖光临:《梁启超与近代报业研究》,见《中国近代报人与报业》,台湾商务印书馆 1980 年,第 260 页。

着一些问题。例如《南海康先生传》对康有为多有溢美,称赞康有为"其理想之宏远照千载,其热诚之深厚贯七札,其胆气之雄伟横一世,则并时之人,未见其比也……若夫他日有著二十世纪新中国史者,吾知其开卷第一页,必称述先生之精神事业,以为社会原动力之所自始"①,显系过誉之词。又如其称赞张骞、班超、郑和等人在中西交通上的贡献,称其为"中国之光",中国数千年来从事中西交通事业的仅两三人,亦为"中国之辱"。梁启超同时也受到了社会达尔文主义消极面的影响,以"古今人物与世界文明最有关系者何乎?曰辟新地之豪杰而已",把西方殖民者的对外殖民活动看成是"以文明国而统治野蛮之土地,此天演上应享有之权利也。以文明国而开通野蛮国之人民,又伦理上应尽之责任也"。梁启超借历史通俗读物的编撰以宣传其政治主张,但有的时候又将历史与现实进行盲目的比附,称王安石的免役法是"世界上最名誉的革命",条例司是"社会主义"。在《管子传》中,说管仲听政于民,"与近代立宪政治合",管仲重法治和官吏职责是"虚君政治",与"责任内阁合",这种做法显然是以古铸今,为我所用,离开了实事求是的原则。②

第二节 吕思勉通俗史学略论

吕思勉(1884—1957),字诚之,江苏常州人,中国现代著名历史学家。吕思勉一生勤奋治学,曾著两部通史(《白话本国史》《吕著中国通史》),四部断代史(《先秦史》《秦汉史》《两晋南北朝史》《隋唐五代史》),五部专史(《中国社会史》《中国政治思想史》《中国文化史》《中国阶级制度史》《中国民族史》)以及其他史学专著多种,为后人留下了一笔宝贵的史学财富。除了史学专著外,吕思勉还编撰了许多历史教科书、教学参考书、学习辅导书、学生课外读物,并写过许多史学小品文,对于历史知识普及也做出了突出的贡献,本节即拟对此加以论述。

(一)中小学历史教科书与学生课外读物的编撰

中国有着悠久的历史教育传统,但现代意义上的历史学科教育则开始于清末。1903年清政府颁布《奏定学堂章程》,历史课被正式纳入了学校教育体制。辛亥革命后,教育体制逐步步入正轨,历史课程设置比较稳定,在历史教材、教学法诸方面也取得了初步的发展。

①梁启超:《南海康先生传》,见《饮冰室合集·文集》第六,中华书局1989年,第59页。

②盛邦和主编:《现代化进程中的中国人文学科:史学卷》,上海人民出版社2005年,第245页。

吕思勉虽然长期在高校任教，但对中小学历史教学亦非常关注。吕思勉认为，历史“非如项羽所谓书足以记名姓，徒能多识往事而已”，知道历史中的单个事件和人物并无意义，“读《三国演义》《说唐》《岳传》，能举曹操、诸葛亮、唐太宗、武则天、岳飞、兀术之名氏者”，这种学习不过为“多记陈死人之行事”，毫无意义可言。真正的历史在于“深观往事而知今日情势之所由成。知今日情势之所由成，则可以臆测将来，略定步趋之准则”。在历史教学的实践中，吕思勉主张“以社会学为经，而历史转若为其纬，引社会学以解释历史，同时即以历史证明社会学之公例”。[①] 按照历史与社会相经纬的指导思想，吕思勉先后编撰了《白话本国史》《吕著中国通史》等历史教材。《白话本国史》被认为是通俗史学的代表作，以其书“深入浅出，简明扼要，尤便于初学者”。[②] 对于初学者来说，可以起到“门径之门径，阶梯之阶梯”的作用。严耕望回忆其求学时阅读《白话本国史》，这本书“是当时极有销路的一部通史，三十年代中期我读中学时，阅读的人仍很多，也是我读的第一部通史，相信这部书对于当时历史教学必有相当大的影响”。[③]

吕思勉所编撰的中小学历史教科书甚多，除了《白话本国史》《吕著中国通史》之外尚有《新学制高级中学教科书本国史》(1924)、《本国史》(1924)、《复兴高级中学教科书本国史》(1934)、《初中标准教本本国史》(1935)、《更新初级中学教科书本国史》(1937)、《中国近百年史补编》(1946)。教师教学参考用书有《高等小学用新式历史教授书》(1916)，学生课外学习辅导书有《高等小学用新法历史参考书》(1920)、《高中复习丛书本国史》(1935)等等。上述中小学教科书、教授书以及参考书均可作为历史通俗读物使用。除了中小学历史教材和教学参考书外，吕思勉还编撰了一批学生课外读物，有《苏秦张仪》《关岳合传》《国耻小史》《中国地理大势》《新唐书选注》《中华民族演进史》等等。

《苏秦张仪》，中华书局“学生丛书”之一，1915 年初版。全书共 10 章，首章为发端，其余诸章分为外交与战国时代、合纵连横、合纵前的苏秦、合纵时代之苏秦、纵约解散后之苏秦、连横前之张仪、连横时代及横约解散后之张仪、合纵连横政策之评论、古代外交学之真相及苏秦张仪之人物。[④]

《关岳合传》，中华书局“学生丛书”之一，1916 年初版。全书 18 章，第 1 章

---

①吕思勉：《中学历史教学实际问题》，见《吕思勉遗文集》上册，华东师范大学出版社 1997 年，第 482 页。

②胡逢祥、张文建：《中国近代史学思潮与流派》，华东师范大学 1991 年，第 352 页。

③严耕望：《治史三书》，辽宁教育出版社 1998 年，第 181 页。

④《史记》对苏秦活动的年代及其有关史实的记载有不少错乱。1973 年马王堆汉墓出土《战国纵横家书》，对于苏秦的活动以及相关史实，可重加订正。

为英雄与社会之关系,第2至10章为关羽传记,介绍关羽所生活的时代背景、生平和主要功业。第11至18章为岳飞传记,介绍岳飞的生活年代和生平事迹。值得一提的是该书对岳飞的评价极高,认为其军事才能与个人品德均足称道,“不徒公德足为模范也,即私德亦足为百世之师”。[①] 这一评价与《白话本国史》差别很大。

《国耻小史》,中华书局“通俗教育丛书”之一,1917年初版。分上下册,共15章。上册8章,计有鸦片战争、英法联军之役、伊犁交涉等。下册7章,计有中日之战、八国联军、二十一条、五卅惨案、九一八事变、一·二八事变等。

《中国地理大势》,中华书局“通俗教育丛书”之一,1917年初版。分上下册,共10章,介绍中国本部十八省黄河、长江、粤江和沿海的地理情况,对东三省、蒙古、新疆、西藏、青海等边疆地区尤为重视,以内容地理为主,但亦稍涉历史。

《新唐书选注》,商务印书馆“学生国学丛书”之一,1928年初版。其书编撰是节选《新唐书》中之《兵志》《食货志》《后妃列传》《尉迟敬德列传》《李靖李勣列传》《房玄龄杜如晦列传》《魏征列传》《姚崇宋璟列传》《郭子仪列传》《李泌列传》《刘晏列传》《段秀实颜真卿列传》《李晟列传》《陆贽列传》《裴度列传》《韩愈列传》《李德裕列传》《忠义列传》《单行列传》共22篇,标点句读,并对若干词句加以注释。其注释主要是为解释名物制度、古今地名,或补充史实。注释简捷明了,有别于与传统的“注”“疏”。

《中国民族演进史》(1935),上海亚细亚书局“基本知识丛书”之一,对中国民族的起源、形成、发展、演进以及近代以来的民族危机与民族复兴做了比较全面的论述。其书设定的阅读对象主要为中学生,故文字叙述力求符合其阅读习惯。

其中《苏秦张仪》和《关岳合传》是吕思勉任中华书局编辑时所做,根据中华书局为“学生丛书”所做的图书广告,“苏秦张仪,为我国古代外交家,本编记其事实,评其政策,委曲详尽”,《关岳合传》“论述关岳二公忠义事迹,读之得明瞭英雄所以炳耀万古之原由”。此外吕思勉还著有《近代史表解》(未刊稿),系吕思勉结合其学习和教学的实践,并参考其多年搜集的近代史资料编撰而成,或做近代史自学以及辅助教学之用。

学生课外读物对于中小学历史教学来说意义重大,周谷城认为:“学习历史,单靠一两本薄薄的教科书,我不必加以批评,你们也知道这是不会有什么成

①吕思勉:《吕著史地通俗读物四种》,上海古籍出版社2010年,第143页。

绩的。所以教科书以外，参考书的利用同样是非常重要的。"①中国近代众多史学名家中，对历史学科的教科书、教师教授书参考书、学生学习辅导书以及历史课外读物的编撰都全程参与的，吕思勉大概是绝无仅有的一个。

（二）吕思勉的史学小品文

史学小品文，是对历史上的事件、人物、制度、文化、风俗等，进行简要介绍并加以必要的解释评论，文章短小，议论精练，其形式通常为刊载于报纸或杂志上的豆腐干文章，亦可称为闲话历史、漫话历史。

吕思勉除了编著学术专著、历史教材、课外读物外，还在报纸杂志上发表过许多史学小品文，有漫谈各地风俗的，如《苏常》(1919)、《论南北民气之强弱》(1938)、《上海风气》(1940)，有介绍史学学习方法与研究感想体会的，如《研究历史的感想》(1937)、《史学杂论》(1939)、《从我学习历史的经过说到现在的学习方法》(1941)，其他还有《学风变迁之原因》(1918)、《士之阶级》(1920)、《民族英雄盖吴的故事》(1938)、《年节与岁首》(1939)、《何谓封建势力》(1940)、《眼前的奇迹》(1940)、《武士的悲哀》(1940)、《塞翁与管仲》(1940)、《论历代兵制》(1941)、《历史上的原子炸弹》(1945)、《治水的三阶段》(1945)、《发现新世界者为谁》(1945)、《新生活鉴古》(1946)、《历史上的抗战夫人》(1947)、《中国人为什么崇古》(1947)、《猫乘》(未刊稿，写于20世纪50年代前)等等。从上述列举可以看出，吕思勉的史学小品文，涉及面非常之广泛。有些选题冷僻但却富有情趣。例如《猫乘》一文，乘是史的别称，《猫乘》中古猫、猫相、猫寿、猫眼，介绍了猫的一般特征，猫行之速、猫可教、猫哺鼠、猫打门、猫救子、猫托孤、猫窃、猫生翼、风猫、好猫者、猫食、染猫、猫赛、猫作官、杀猫肇祸、剥卖猫皮、人造猫、猫眼人，吕思勉素来爱猫，于此将平日所搜集的种种猫之趣闻，加以排比罗列，既使人增广见闻，又兴趣盎然。

史学小品文，侧重点在于议论，多以历史作为话题的起点，从历史中品读出人生的智慧和哲理，总结出经验教训，例如《塞翁和管仲》一文，"塞翁失马，焉知非福"，讲的是"祸兮福之所倚，福兮祸之所伏"的人生哲理。我们都知道，矛盾的转化不是任意的而是有条件的，吕思勉认为塞翁的人生哲学不过为消极的、听天由命式的"委心任运"，不如管仲"因祸而为福，转败而为功"的积极进取的态度，"遇见了困难，便想法子，方能因祸而为福，所想的法子不中用，失败了，随即重想，方能转败而为功"。② 小到个人，大到社会、国家都是如此。又例如《治

①周谷城：《历史学习的途径与工具》，载《中学生》第16号，1931年6月。周谷城所举的一些历史课外读物，以中学生的知识结构、阅读水平来看，颇有些深度。

②吕思勉：《塞翁和管仲》，见《吕思勉诗文丛稿》下册，上海古籍出版社2011年，第647页。

水的三阶段》,把历代治水的过程从最初的与自然相抗争的堤防,到顺从自然的疏浚,再到明代潘季驯束水攻沙之法,这种方法"不和自然力争斗,亦不见他退缩,而即利用他的力量,来达到我们的目的,这确是治水最高的方法了","治水的三阶段,恰代表了人类对付自然的三种态度"①,表达的也是这层含义。

以古鉴今,以今说古,这是许多史学小品文的共同特征。吕思勉的史学小品文,大多都是从当下的热点问题出发,寻求其在历史上的渊源和根据。例如《历史上的原子弹》,便是因二次大战中美国在广岛、长崎投掷两枚原子弹,而说到历史上的原子弹。吕思勉把原子弹看成是一种足以改变战争进程的威力巨大的新兵器,此类新兵器在历史上有很多,例如弓箭。文中介绍了传说中弓箭的发明、弓箭的制造以及弓箭在战争中的使用。吕思勉显然是反对唯兵器论,认为"原子炸弹,总只是原子炸弹"。而在当今科学条件下,各国的军事技术水平可约略相当,"这一国会发明的,并不能禁他国之亦从事于发明。原子炸弹的秘密,不能终保",因此,"立国自有其正当的途径,只要循着正当的途径走,战祸并非不可避免"。②《历史上的抗战夫人》也是如此写法,主要讨论夫妻因战乱隔绝,男子另娶之社会问题,而多举历史上此类情况之实证。

从今天的眼光来看,吕思勉的史学小品文还有些可议之处,例如《发现新世界者为谁》,认为"扶桑必貉族之流播而东者无疑也。首先发见西半球者,当属朝鲜人,必不虚矣"。③ 朝鲜人与印第安人差别很大,吕思勉仅依据史籍文献进行推测,又无考古、民俗材料作为实证,其观点只能作为一家之言。

(三)《三国史话》——通俗史学的典范之作

通俗史学是史学而非历史小说、历史演义。但历史知识的传播,却在很大程度上是借助于小说、演义、戏曲等形式,最典型的例子便是《三国演义》。民国时期《三国演义》的重印和改编,使得有关三国的历史知识得到了进一步的传播,在社会上产生了广泛的影响。

但是小说毕竟与史实有着一定的差距。章学诚对《三国演义》"七分实事,三分虚构"的估计还偏高,"就大略言之,《三国演义》的主干或有六七成真,但就其总体内容而言,最多当在五成真以下"。④ 因而,《三国演义》在其传播过程中不可避免地会产生文学虚构与历史真实相混淆的现象。对于历史学家来说,应该通过各种形式的历史知识普及工作以纠正小说演义中的谬误。民国时曾

---

①吕思勉:《治水的三阶段》,见《吕思勉诗文丛稿》下册,上海古籍出版社 2011 年,第 484 页。

②吕思勉:《历史上的原子弹》,载《新纪元》1945 年创刊号。

③吕思勉:《发见新世界者为谁》,见《吕思勉诗文丛稿》下册,上海古籍出版社 2011 年,第 482 页。

④朱大渭:《三国历史与〈三国演义〉》,见《六朝史论集续编》,学苑出版社 2008 年,第 73 – 74 页。

出版过不少以三国历史为题材的通俗读物，如王钟麒《三国之鼎峙》（重版时改名《三国史略》），郑逸梅《三国闲话》，黎东方在讲史的同时亦写过一本《新三国》，吕思勉的《三国史话》便是其中的代表作。

《三国史话》为开明书店“文化社丛书”之一种，从东汉末年外戚、宦官述起，至西晋史事。《三国史话》最初先于《知识与趣味》中连载《三国史话·楔子》《外戚》（一续）、《黄巾》（二续）、《历史和文学》（三续）、《董卓的扰乱》（四续）、《董卓是怎样强大起来的》（五续）、《曹孟德移驾幸许都》（六续）等篇目。1943年初版时收入了史话16篇，后又增入《孙吴为什么要建都南京》《三国史话之余——司马懿如何人》《三国史话之余——司马氏之兴亡》和《晋代豪门斗富》四篇。

根据吕思勉在《三国史话·楔子》中所述，其书之作，是“就这一段史事，略加说述，或者纠正从前的误谬，或者陈述前人所忽略的事情”。[①] 可见，纠正前人谬见和陈述前人所忽略，是吕思勉撰述《三国史话》的两个基本旨趣。

对三国历史的谬见，最主要的是体现在历史人物评价中。在1929年出版的《关岳合传》中，吕思勉就极力为关羽洗冤。历来史家多以关羽不识大体、导致孙刘联盟决裂，以至身死，诸葛亮荆、益两路的进取计划亦宣告破灭。吕思勉则认为孙刘联盟决裂曲在东吴。东吴罔顾信义，背盟拓地，完全是一派军阀作风。吕思勉引赵翼论“借荆州”事件之真相，认为“吴人外交手段之狡诈之卑劣，概可见矣。抑吴人不仅造为借荆州之说，指所不当取为当取也，又重为谰言，以诬衅壮缪（关羽）”。[②] 在《三国史话》中，曹操和魏延是吕思勉所要进行辩诬的两个重点人物。根据吕思勉的考证，曹操并无篡汉意图，史书中的许多记载多为诬枉不实之词，曹操可称得上是“公忠体国”之“绝代的英雄”。[③] 魏延富于谋略，颇具战功，而其被杀则完全是蜀汉内讧的结果，所以“《三国志》里有这样的几句话，说‘魏延不北降而南还，乃是要除杀杨仪等，本意如此，不便背叛’，就是替魏延剖辨的”。[④]

吕思勉认为《三国演义》式的故事，固然有其文学上的趣味，而三国历史同样也有着历史学上的趣味。但是文学上的趣味毕竟浅薄，历史却“多少见得一点事实的真相。其意义，要比演义等假设之以满足人的感情要深长得多。满足

①吕思勉：《吕著史地通俗读物四种》，上海古籍出版社2010年，第190页。
②吕思勉：《吕著史地通俗读物四种》，上海古籍出版社2010年，第83页。
③吕思勉：《吕著史地通俗读物四种》，上海古籍出版社2010年，第286页。
④吕思勉：《吕著史地通俗读物四种》，上海古籍出版社2010年，第277页。

感情固然是一种快乐，了解事实的真相，以满足求知的欲望，何尝不是一种快乐？"[①]因此，《三国史话》中注重对历史真相，尤其是对被前人所忽略的历史真相的揭示。例如吴蜀夷陵之战，吕思勉注意到刘备伐吴距关羽败亡已经时隔一年半了，刘备有足够的时间冷静清醒，何况刘备是干大事的，"意志必较坚定，理智必较细密，断不会轻易动于感情"。吕思勉认为刘备伐吴，"大约自揣兵力，取中原不足，而取荆州则自以为有余……自以为厚其兵力，可一举而夺取荆州"。[②]又例如孙吴定都南京的问题。南京是六朝都城，吕思勉认为东晋和宋、齐、梁、陈五朝都南京不过因袭而已，而孙吴定都南京则有研究的必要。长江下游都会，本为苏州，后迁扬州。孙权建都南京，以示向上游进取之势。但若再图上游，则将首都暴露于敌人之前。从军事地理的角度来看，南京又和孙吴的重要军事据点"声势相接，便于指挥"。[③]

吕思勉以"三国时代，既然是人们所最熟悉的，就此加以讲论，自然最为相宜"。[④] 三国时代，政治军事事件曲折离奇，引人入胜，历史人物又大都个性鲜明，富有传奇色彩。三国历史本身的特征再加上小说演义的渲染，使得三国历史得到了广泛的普及。广大民众多多少少都有一些关于三国的知识——此种知识不论是来自于演义小说还是来自于正规历史——成为民众自身所具有的知识结构和知识储备。而在通俗读物的撰述过程中，以民众原有的知识结构、知识储备为切入点，使通俗读物的选题与民众原有的知识结构、知识储备相契合，而后在此基础上进行进一步的叙述、品读以及引申发挥，更能引发民众对于此话题的认同和兴趣，因而更能使之充分发挥普及之效能。

（四）吕思勉通俗史学的主要特征

中国古代史学，只承认、推崇专著，对于历史教材包括普及读物在内都不屑一顾，认为其始终难登大雅之堂。20 世纪上半期的历史学家，则开始有目的、有计划地从事历史知识普及工作。吕思勉在通俗史学方面的成就和影响尤为突出，主要体现在以下几个方面：

第一，通俗易懂，自新文化运动开始提倡白话文以来，吕思勉是中国最早使用白话文著史的史学名家之一。白话文自晚清就开始提倡，到五四新文化运动时方才收其功效。在历史教材和通俗读物中，白话文基本上取代了文言文。1922 年出版的吕思勉《白话本国史》，以"白话"为其书之名，根据该书"序例"：

---

①吕思勉：《吕著史地通俗读物四种》，上海古籍出版社 2010 年，第 210 页。

②吕思勉：《吕著史地通俗读物四种》，上海古籍出版社 2010 年，第 260－261 页。

③吕思勉：《吕著史地通俗读物四种》，上海古籍出版社 2010 年，第 286 页。

④吕思勉：《吕著史地通俗读物四种》，上海古籍出版社 2010 年，第 190 页。

"本书全用白话,取其与现在人的思想较为接近。"《三国史话》"就人所熟悉的事情,加以讲论,要容易明白些,有兴趣些"。[①] 吕著教材及通俗读物基本上都使用白话文写作,在写作中并不是简单地将文言直译为白话,而是在全面掌握史料的基础上将其融化为作者个人的见解,再用通俗易懂的文笔加以叙述。

当然,语言是随着时代的发展而不断发生变化的。吕思勉在通俗读物中所使用的白话文,和当下通行的语言还是有一定的差别,早年的通俗读物《苏秦张仪》和《关岳合传》,行文的文言色彩还是比较浓厚。

第二,传播广泛,吕思勉所撰述的历史通俗读物不但为数众多,而且在民国时期曾多次重版,传播广泛[②](见表3-1)。

表3-1

书名	版本
《苏秦张仪》	上海中华书局1915年8月初版,1928年10月第9版
《关岳合传》	上海中华书局1916年10月初版,1920年第4版,1923年第6版,1929年4月第10版
《国耻小史》	上海中华书局1917年2月初版,1925年6月第12版,1936年12月第24版,1941年续印
《中国地理大势》	上海中华书局1917年2月初版,1928年2月第7版
《新唐书选注》	上海商务印书馆1928年初版,1933年国难后第1版
《高中复习丛书本国史》(《本国史答问》)	上海商务印书馆1935年5月初版,1937年改订本第5版,1943年6月订正1版
《三国史话》	上海开明书店1943年1月初版,1946年12月第2版,1948年4月第3版,重庆开明书店1944年4月版,1945年6月东1版

上海古籍出版社整理出版《吕思勉文集》,其中《吕著史地通俗读物四种》(2010)收入《苏秦张仪》《关岳合传》《中国地理大势》和《三国史话》四种。《国耻小史》被收入《中国近代史八种》(2008),《新唐书选注》被收入了《史学与史籍七种》(2009)。

---

①吕思勉:《吕著史地通俗读物四种》,上海古籍出版社2010年,第190页。

②李永圻、张耕华:《吕思勉先生简谱》,见《现当代学人年谱与著述编年》,张强主编,三联书店2007年,第38-39页。本书引用时略做增补。

《三国史话》是吕思勉众多历史通俗读物中最有代表性的作品，此书近年来又由多家出版社重版[①]：上海教育出版社1987年《论学集林》版，辽宁教育出版社2001年"新世纪万有文库"版，中华书局2006年版（改名为《吕著三国史话》），九州出版社2008年"吕思勉讲史系列"（改名为《吕思勉讲三国》），载《三国史话》，天津人民出版社2008年版，中国青年出版社2008年版（亦名《吕著三国史话》，"一部大师写给大众的三国通俗读物"），中华书局2009年版（"跟大师学国学"系列），上海古籍出版社2010年"吕思勉文集"本。

天津人民出版社2008年版《三国史话》叙言中介绍其书经由"数家出版社再版，仍畅销不衰，可见社会需要这种雅俗共赏、通俗易懂的历史读物。当今，人们工作紧张，生活节奏加快，像《三国史话》这样的好书，我们只恨其少而不嫌其多"。[②] 显然，相对于各种"文化麦当劳"式的快餐读物，吕思勉的历史通俗读物一直到今天，还是有着很高的价值。

第三，具有一定的学术深度与特色。吕思勉的通俗史学，虽然阅读对象主要是普通民众，目的在于普及历史知识，但对于历史学者来说亦有着一定的参考价值。以《三国史话》为例，叶圣陶在为《三国史话》所写的广告词中特别强调了其书在学术上的价值："内中尤其是对三国中的人物，像诸葛亮、曹操、魏延、钟会，都有崭新的见解，那是作者读史的心得，即使在正史里也找不到。所以一般《三国演义》的读者，应该用这部书来矫正谬误的历史知识。专门研究历史的学者，也可以从这本书里获得作者对于历史的独特见解。"（1947年4月10日刊出）[③]吕思勉在《三国史话》中为曹操的辩诬，比郭沫若替曹操翻案早了20年，足见其丰厚的史识。[④] 吕思勉的通俗史著中有很多地方都可以进行引申发挥，成为进一步深入研究的学术生长点，如唐长孺回忆其"初知读书，实受《白话本国史》的启发，特别是辽金元史部分"。[⑤]

但是需要指出的是，近年来重版之吕思勉的通俗史学著作，自然以上海古籍出版社之《吕思勉文集》为最佳，其他则质量参差。以《三国史话》为例，上海

---

①图书版权页中的版次、印数、定价等信息与该图书在社会中流通传播以及影响程度并不完全对等。图书重版次数多、印数大、价格低廉并不意味着其影响大、接受面广与接受程度深，上述信息只能作为一般性的参考。

②孙立群：《三国史话·致读者》，见《三国史话》，天津人民出版社2008年，第2页。

③《叶圣陶书写的广告文字》，见《中国出版史料·现代部分》第2卷，宋原放主编，山东教育出版社2000年，第686页。

④章义和：《吕思勉〈三国史话〉的意义》，载《淮阴师范学院学报》2002年第6期。20世纪60年代曾将有关曹操翻案与辩论的代表性文章都收入《曹操论集》（三联书店1960年），诸文都没有注意到吕思勉在20世纪40年代就已替曹操"辩诬"。

⑤李永圻：《吕思勉先生编年事辑》，上海书店1992年，第357页。

教育出版社 1987 年《论学集林》收入《三国史话》,删改、错误颇多。辽宁教育出版社 2001 年"新世纪万有文库"版《三国史话》,完全沿袭《论学集林》版。中华书局 2006 年重版时,于《三国史话》外又收入了吕思勉读史札记中有关三国的条目若干,读史札记中的三国部分,显然是学术的而非通俗的。此后诸版,又都沿袭了这个版本(中华书局 2009 年版除外)。此外,有些版本还加上不少恶俗的广告语——"易中天品三国中引用最多"之类——对其进行商品化之包装。[①]从版本学的角度来看,读书治学讲究善本,通俗读物也应如此。

第三节　顾颉刚的通俗读物出版活动

顾颉刚(1893—1980),江苏苏州人,中国现代著名历史学家,古史辨运动的开创者,在中国上古史、历史文献学、古籍整理、历史地理学、民俗学等许多领域都做出卓越的贡献。对于顾颉刚学术成就的研究,大多集中于疑古思想和古史辨运动、边疆史地研究、民俗学等领域,而顾颉刚在主持通俗读物编辑出版方面的贡献则一直以来被研究者所忽视。[②] 本节即拟对顾颉刚在通俗读物出版、推动历史知识普及中的贡献做一简单介绍。

(一)顾颉刚的通俗读物出版活动概述

顾颉刚在对其个人学术生涯的回顾中,自认为在古籍整理、民众教育和边疆史地这三大领域里的贡献比较突出。早在 1921 年 7 月 10 日—11 日的日记

①除了通俗读物外,吕思勉其他著作的重版也有类似情况,如《吕著中国通史》华东师范大学出版社曾于 1982 年和 2005 年重版,新世界出版社改名为《吕思勉中国文化史》2008 年重版,标明"史学大师写给大家的中国文化史入门书"。海潮出版社 2008 年版,收入"国学大讲堂"。上海科学技术出版社 2008 年版,收入"馆藏拂尘"丛书。2008 年 7 月收入九州出版社 2008 年版,改名为《吕思勉讲中国文化》,收入"吕思勉讲史系列"。人民日报出版社 2008 年改名《袖珍中国史》出版,书末介绍其书为"著名史学大师写给读者的最优秀的历史文化普及读物,全景展示了中国的朝代更迭、兴亡交替及发展规律"。其他如中央编译出版社的《每天学点中国史:近代以来最权威的国史读本》(2008),吉林出版集团《图释中国史:一口气轻松读懂我们的过去和现在》(2009),内蒙古人民出版社《双色版中国简史》(2009)等等,笔者没有仔细考察这些书,估计都是根据《白话本国史》《吕著中国通史》以及其他历史教科书重版或改编而成。《白话本国史》《吕著中国通史》今天许多历史专业研究者都未必能"一口气轻松读懂",更遑论普通大众了。

②顾颉刚的通俗读物出版工作,较多的是回忆录和介绍性的文章,如郭敬《为悼念顾颉刚先生——记北平通俗读物编刊社和绥远分社》,王真《记顾颉刚先生领导下的通俗读物编刊社》,甘兰经《顾颉刚与通俗读物》(均载王煦华编《顾颉刚先生学行录》,中华书局 2006 年),周霞《顾颉刚与编辑出版》(载《出版史料》2004 年第 2 期)等等。

中,记其读章太炎白话文,曾“记笔记六页”[①],可能已产生了在群众中普及历史知识的思想。1929年3月13日,顾颉刚曾在浙江大学做“怎样唤起第二次新文化运动”的演讲,显是对五四新文化运动的成果不甚满意。在顾颉刚看来,五四新文化运动存在着严重的缺陷,“中国的新文化运动,还停止在都市上……和乡村民众是完全绝缘的”。[②] 因此希望继续推进文化知识的普及工作,把文化知识推广到全社会,发挥启蒙运动之功效。

“九一八”事变后,顾颉刚在燕京大学师生的支持下创办了三户书社,从事编辑出版抗日读物,“以最低价格,销售民众”。三户书社之得名,“意谓‘楚虽三户,亡秦必楚’也”。[③] 用这一典故来表达抵抗外来侵略到底的决心。1932年3月1日,三户书社改名为“通俗读物编刊社”,顾颉刚、徐炳昶分任正副社长,王日蔚为总编辑,李一非为总务主任。根据顾颉刚拟定的“通俗读物编刊社章程”,编刊社的工作目标有四:唤起民族意识;鼓励抵抗精神;激发向上意志;灌输现代常识。[④] 编刊社的经费,最初由燕京大学师生分别承担,后来驻北平的二十九军宋哲元也拨给经费予以资助。1934年通俗读物编刊社在教育部立案并得到了教育部的补助,中央研究院、中山文化教育馆[⑤]等学术机构也定期给予其经济资助。“七七事变”后,通俗读物编刊社相继迁至绥远、西安。1937年由西安迁至武汉。在武汉时期,社长为顾颉刚,副社长为徐炳昶、段绳武,均为兼职,具体主持工作的是王日蔚,研究部主任是赵纪彬。通俗读物编刊社迁离北平后,人员不整,经费不足,编刊社只有编辑力量,却无经营出版发行的业务。因此编刊社只负责图书的编辑工作,而出版发行则还需依靠其他出版社。后与生活书店达成协议,由编刊社每月先交书稿10种,由生活书店负责出版发行。

在北平时期,通俗读物编刊社主要编辑出版各种杂志期刊、通俗丛书、画刊等,内容也并非仅仅局限于抗日,而是兼及了民众文化水平提高的各个方面。

①顾颉刚:《顾颉刚日记》,见《顾颉刚全集》第44册,中华书局2010年,第140页。《章太炎的白话文》是章太炎在1909至1910年间的一系列白话讲演录的汇编。此书素不为世所重,亦未被收入章氏文集,但在章太炎艰深繁复的学术论著中,此书确实别具一格。其中《中国文字略说》一文,作者为钱玄同,编者吴仁齐(张静庐)误收。

②顾颉刚:《通俗读物的历史使命与创作方法》,见《通俗读物论文集》,生活书店1938年,第1页。

③1938年,冯玉祥也组织成立了名为三户书社的出版机构。后在武汉创办印刷厂和书店,定名为“三户图书印刷社”。

④顾颉刚:《宝树园文存·通俗读物编刊社章程》,见《顾颉刚全集》第35册,中华书局2010年,第94页。

⑤中山文化教育馆于1933年3月12日在上海成立,其章程规定是“阐明中山先生之主义与学说,树立三民主义文化与教育基础,培养民族之生命,为中山先生留文化上永远之纪念为宗旨”,孙科任中山文化教育馆委员长。

编刊社每星期编出报纸副刊六七种，小册子八本，图画数张。杂志期刊主要为《民众周报》《大众知识》。丛书分甲乙两种，甲种为文天祥、岳飞等人的传记以及傅作义、马占山的抗战记，乙种是以大鼓词、歌曲的形式，介绍科学常识、名人传记、抗战纪闻等等。画刊有年画、连环图画两种。此外，编刊社还编辑战时国民读本。

通俗读物编刊社宣传的重点在普通民众，因而需要使用民众能接受的语言。顾颉刚曾刊登了一则征集广告："征求关于抗日之民众读物，不论鼓词、剧本、小说图画均所欢迎，所写之故事，如明代倭寇，中日甲午之战，二十一条及台湾、朝鲜、琉球，亡国后之惨状均可……文笔力求通俗，少用新名词，是为至要"。[①] 当时开列的命题有《傀儡皇帝坐龙庭》《胡阿毛开车入黄浦》《二十九军大战喜峰口》等等，广告刊登后收到六七十本稿子，定评后予以付印。通俗读物编刊社出版的鼓词、歌曲等读物，大都用于曲艺表演，在编写时曾请了一位鼓书艺人翟少屏来教授弹唱，"每个作品在正式刊行之前都请他试唱，哪些句子不通俗，什么字眼不顺口，我们都遵照他的意思修改。改定之后就请他教一批干宣传工作的青年人学着唱"。[②]

通俗读物编刊社在图书编辑、销售、发行诸环节都颇具特色。编刊社编辑的图书，在内容、版式、印刷、装帧等方面都采用了广大民众所熟知的体制形式。全社十几位工作人员，在编辑主任王日蔚的领导下从事编写、绘画和出版设计。书中的文字和封面，多由工作人员自己编绘，封面用套色印刷。[③] 图书的定价亦相当低廉，每册定价二分，批发价千册十元，后改为每千册六元，"这是社会上最便宜的书了"。多用广大民众所喜爱的图画，而又廉价销售，"每一下层民众的家里都跑得进去，不管他们识字不识字"。[④] 在发行渠道上，根据通俗读物编刊社的调查，北京比较大的批发书店有 5 家，平均每月售出 15 万部图书：学古堂 5 万部；宝文堂 3 万部；泰山堂 2.5 万部；老二酉堂 2.5 万部；治文堂 2 万部。全年售出 180 万部。除了书店外，"行贩"和"地摊"亦是图书流通的重要渠道，"仅从西单到西四，这一段短短的路程中，两旁便有二十几个'地摊'，北平全市，大约有二百多处。至于'行贩'的足迹，更是普遍到每条小胡同里"。[⑤] 因此，通俗

①顾颉刚：《顾颉刚日记》，见《顾颉刚全集》第 46 册，中华书局 2010 年，第 52 页。

②顾颉刚：《宝树园文存·我的事业苦闷》，见《顾颉刚全集》第 38 册，中华书局 2010 年，第 352 页。

③郭敬：《为悼念顾颉刚先生——记北平通俗读物编刊社和绥远分社》，见《顾颉刚先生学行录》，王煦华编，中华书局 2006 年，第 115 页。

④顾颉刚：《书信集·致胡适》，见《顾颉刚全集》第 39 册，中华书局 2010 年，第 490 页。

⑤王守真：《为什么要把新酒装在旧瓶里》，见《通俗读物论文集》，生活书店 1938 年，第 14－15 页。王守真即王日蔚。

读物编刊社的图书发行，充分利用了原来的旧书店以及“行贩”“地摊”的网络渠道，一方面把新读物送到民众手中，同时也减少了有害读物在市面上的流通。

顾颉刚的通俗读物出版工作，取得了很好的社会效益。编刊社印成小册子几千，发给书摊，几天销完。有一些小书铺看到销路好，纷纷翻印。这些小册子被宋哲元二十九军的官兵看到，以他们的战迹获得宣扬而深受感动，也纷纷来买。例如《宋哲元大战喜峰口》，一年之内销了7万多册，反映绥远抗战的《百灵庙》，半年内印了5版，每版2万册，《卢沟桥》一星期内即销出了5000册，大大鼓舞了军民的抗战士气。通俗读物编刊社编辑出版的通俗读物，“遍达各个角落，文化程度或浅或深无不愿览”。抗战八年间中，总计出版600种，销行华北各省至5000万册。然而，由于战乱迁徙，通俗读物编刊社出版物的大部分均已散失。据估计，现在所能找到的，大约只有原出版物的十分之一二。①

1937年12月1日《秦风日报》上刊载《介绍通俗读物编刊社》（刘克让）一文，对通俗读物编刊社有着极高的评价：“全面抗战以来，动员民众成为各界的一致呼声。然而由于智识阶层，民运分子过去的趣味，语言文字，与大众格格不入，隔离太远，所以宣传组织民众，必须借重于通俗化工具的运用。通俗读物编刊社，不但在创造通俗理论技巧方面，有特殊成功，而且随着国难的深重，更担负起前方宣传组织民众，后方推广民教的两重任务，所以他们的一套具体精密的做法，极有注意的价值。”②通俗读物编刊社在普及知识、宣传抗日方面取得了相当的成就，主要原因有四：一是能够很快地反映现实，大多数的主题都是围绕着抗战这个中心的；二是能够传达民众的情感；三是能够采取民间文学的形式，使民众一见之下便不觉得陌生，引发民众的兴趣；四是能够注意民间读物的发行网络，特别是注意通过民间行贩的渠道来发行。③ 根据通俗读物编刊社的内部总结，其发行的通俗读物，除了直接影响了民众之外，还培养了一批专业作者，民众读物的写作技巧和创作方法也日益成熟，并开始注意民众读物与民间文学的关系，进而探求国民文学的建设之路。当然，通俗读物编刊社在工作上也存在着若干缺点：“（内容上）第一是缺乏敌人国内危机的分析，与敌军政治工作的提倡……第二是缺乏民权主义与民生主义的宣传……（形式上）第一对于运用多样性、地方性旧形式的准备不足……第二对于旧形式的运用，缺乏法则性的把握……在技术方面所表现的最大缺陷，就是千篇一律，这和一般文化抗

①王真：《记顾颉刚先生领导下的通俗读物编刊社》，见《顾颉刚先生学行录》，王煦华编，中华书局2006年，第105页。

②顾颉刚：《顾颉刚日记》，见《顾颉刚全集》第46册，中华书局2010年，第737页。

③王泽民：《民众读物研究》，中华书局1948年，第40－41页。

战初期作品中的‘救亡八股’，有共同的根据。”①

抗日战争胜利后，顾颉刚于1946年入上海大中国图书公司工作，后出任总经理，主编“中国历史故事小丛书”，丛书计划先出第一集，“最重要的故事差不多齐备了，顺了次序看去，也可权当一部中国通史”。② “中国历史故事小丛书”第一辑有纪庸编《邓艾偷渡阴平》《田单复齐》《关羽单刀赴会》《苏秦合纵》《李冰凿都江堰》《吴起和孙膑》《张仪连横》《周瑜赤壁之战》《荆轲刺秦王》《姜维九伐中原》《秦始皇并吞六国》《诸葛亮六出祁山》《曹操统一北方》《商鞅立法》《墨子止楚攻宋》，顾德辉编《赵武灵王胡服骑射》《蔺相如完璧归赵》，吴蕙兰编《信陵君窃符救赵》。丛书内容包括了战国秦汉时期的重要历史故事，但离通史的宏伟目标还有很大的距离。计划中的第二辑、第三辑未能编成。此外，大中国图书公司还出版有“民众文库”四辑，历史类有《大禹》《罗斯福》《施全刺秦》《田横》《子产》《詹天佑》《齐国车夫》《释迦牟尼》。

在编辑出版“中国历史故事小丛书”的同时，顾颉刚又在苏州社会教育学院任兼职教授，开设“民众文艺”的课程，训练学生写通俗作品。1946年组织“民众读物社”，在发起缘由中说：“颉刚等因感于目前大众知识低落，民间读物缺乏，精神既无寄托，生活亦难改进，而对于国家之政令措施更乏了解，为图谋补救之道，爰集若干友好，同心发起组织本社。”③但是和抗日战争时期相比，顾颉刚在抗战胜利后的通俗读物出版工作反响平平。

顾颉刚主持的历史通俗读物出版，是积极的、严肃的历史知识普及工作，远非一些粗制滥造、荒诞不经、庸俗鄙陋的读物可比。顾颉刚在《景西杂记》中“上海古史编辑局”条曾记上海的一些“滑头书铺”，“从各种小说笔记中辑录，加以妄造，成《中国五千年秘史大观》六册，民国九年十月出版，十年四月已三版矣。中有‘盘古氏之友与妻食盘桃’，‘地皇十足乌龟’，‘人皇始分男女’，‘海中有女国’，‘东王（杨秀清）用催眠术’，‘光绪帝做贼’各条。观此数题，内容可见矣，我真不知道上海滑头书铺要把中国书弄成怎么一个样子”。顾颉刚毫不客气地将其斥为“上海出版界之捣乱时代”。④

---

①向林冰（赵纪彬）：《通俗读物编刊社的自我批评》，见《通俗读物论文集》，生活书店1938年，第76－84页。

②顾颉刚：《宝树园文存·中国历史故事小丛书编辑旨趣》，见《顾颉刚全集》第35册，中华书局2010年，第347页。

③甘兰经：《顾颉刚与通俗读物》，见《顾颉刚先生学行录》，王煦华编，中华书局2006年，第320－321页。

④顾颉刚：《景西杂记·上海古史编辑局》，见《顾颉刚全集》第16册，中华书局2010年，第260页。

(二)顾颉刚的历史知识普及思想

顾颉刚主持的通俗读物出版工作,是与其历史知识普及的思想密切关联的。顾颉刚有关历史知识普及的论述,散见于其日记、笔记以及其他各种短文议论之中,概括起来有以下几个方面:

第一,在功能上,历史知识普及具有提高民众知识水平和激扬民族精神的双重意义。顾颉刚认为,历史是广大人民群众的历史,必须在人民群众中去普及历史知识。1928年,在中山大学《民俗》杂志发刊词中,顾颉刚等明确提出:"我们要站在民众的立场上来认识民众!我们自己就是民众,应该各各体验自己的生活!我们要把几千年埋没着的民众艺术,民众信仰,民众习惯,一层一层地发掘出来!我们要打破以圣贤为中心的历史,建设全民众的历史!"[①]人民群众是历史的主体,而历史知识同时又是广大民众生活知识的一个组成部分,从历史中学习知识、陶冶情操,是历史知识普及的基本目标。

就更深层次来讲,普及历史知识更是培植立国精神、加强全民族认同感的有效手段。顾颉刚认为,"认识了历史就可以加强自信心和正义感,所以要抟合全国人民的心志为一,历史教育可说是最重要的。在历史教育里,我们可使全国人民明瞭先民的劳动成果,激发其饮水思源的追踪的热情,也可以指以我们的努力目标和在我们共同努力之下所创造的将来,使得大家愉快地勇敢地担当时代任务"。因此,必须通过各种通俗化的普及形式,来对广大民众进行爱国主义教育,"先搜集劳动人民的成绩(像《大公报》登的《中国的世界第一》)和我们民族光荣和耻辱的史迹(像近日开放的太平天国史迹展览会),用生动的笔墨写出画出,或刊为模型,或播为歌曲,或摄为影片,使得人民乐于接受,认识它和自身的关系,而且获得正确的印象"。[②] 因此,通俗读物在中国学术史上和中国近代革命史上便具有了双重意义,正如顾颉刚在《通俗读物的历史使命与创作方法》中所说:"通俗读物,在中国文化运动史上,算是一种独创的作风,它在内容上是十数年来新文化运动的继承与发展,在方法上是过去文化运动失败中的教训所产生的新形态,在效力上是直接教育民众唤醒民众的进步的新工具,在价值上可为中国文学史上留下'别树一帜'的新派别,在意义上可成为中国民族解放运动中的一个新动力。"[③]

第二,在语言上,历史知识的普及,最重要之处在于编撰通俗读物时采用广

①《民俗·发刊词》,载《民俗》第1卷第1期,1928年3月。

②顾颉刚:《海光楼丛载·爱国主义与历史教育》,见《顾颉刚全集》第19册,中华书局2010年,第387页。

③顾颉刚:《通俗读物的历史使命与创作方法》,见《通俗读物论文集》,生活书店1938年,第6页。

大民众容易接受的语言。顾颉刚批评了中国历代史书在“书法”上的一些不足之处：“(1)前代文字，必词气高古，然后可著于史。否则即为前代之要事，亦必以其不雅而不载；(2)作史必立褒贬义例；(3)以文之繁省，定史书的美恶；(4)作史当隐恶扬善，不得直书恶事，贻讥后世，否则为信史之累，且成谤书。”①“词气高古”、纷繁冗长、褒贬义例等书写方式，都可看作是历史通俗读物编撰的反面教材，在历史通俗读物的编撰过程中要力求避免中国历代史书的种种不足。在历史知识的普及过程中，特别需要考虑到读者的阅读水平和接受能力，使用白话文是最佳形式。顾颉刚认为文言和白话两者都属语言器具，两相比较，“觉得用了白话的器具，所述出来的意思，比文言的器具来得畅快些，真实些，又清楚些。一样的‘达意思’，自然是用那比较精良的了”。② 正基于此，顾颉刚特别称赞胡适在文学革命中的贡献：“当时人对章太炎之魏、晋文，林琴南等之八家文，同有信仰。适之先生在《新青年》上痛辟之，其命运正长也。此风不熄，则白话仍为局部之应用，适之先生之功用正在此。”③

除了使用白话文以外，各种民间土话、方言俚语等，也能起到迅速传播的作用。“采用了通俗的工具，将新的内容完全用通俗的文字、语言，表现出来。把合乎时代的需要的材料，用民歌俚曲、旧小说的体裁写出，既使大众易懂，易领会；又能说能唱，自然传播广远，影响一定巨大了。”④方言、土语、民歌、俚曲等等，在形式上都是传统的，而其包含内容却是崭新的，这种做法被称作“旧瓶装新酒”。“旧瓶装新酒”的创作方法，“其用意在于适应民众的低级鉴赏力，以改变他们的低级趣味。如果作家们能把握着这个前提，则克服过去文化脱离民众的危机，自有可能”。⑤ 可举采用讲唱的形式来传播历史知识为例，由顾颉刚主编之《民众周刊》中之新唱本《巴力门》中之一段：“二十世纪重平民，庶黎百姓是主人。各位先生请稍坐，兄弟来唱‘巴力门’……英国人民有议会，名字就叫‘巴力门’。‘巴力门’组织分两院，分做贵族和平民。贵族议员是世袭，平民议员要选举。又称上院和下院，凡事多数来决定。”⑥这一段既对英国议会的名称、组织、机构、运作、功能等进行简要说明，读来又朗朗上口，便于记忆。

第三，在形式上，历史通俗读物应该根据读者阅读水平和接受能力的差异分成不同的层次，以对象的不同而分别创作体例格式、行文语言各异的通俗读

①顾颉刚：《琼东杂记·作文与作史》，见《顾颉刚全集》第16册，中华书局2010年，第87页。

②顾颉刚：《书信集·致殷履安》，见《顾颉刚全集》第42册，中华书局2010年，第34页。

③顾颉刚：《景西杂记·文言改为白话》，见《顾颉刚全集》第16册，中华书局2010年，第200页。

④顾颉刚：《顾颉刚日记》，见《顾颉刚全集》第46册，中华书局2010年，第738页。

⑤顾颉刚：《旧瓶装新酒的创作方法论》，见《通俗读物论文集》，生活书店1938年，第8页。

⑥尹承管：《巴力门》，载《民众周刊》第2卷第12期，1948年6月。巴力门，即parliament(议院)。

物。以中国通史而论，顾颉刚始终倡导中国通史的编撰，其所说的中国通史，特指中国各民族——包括汉族在内——的历史。在 1932 年 3 月 12 日致洪业的信中，顾颉刚提到，“改造中国历史，即可以改造一般民众的历史观念。第一部史应该为民族史……编成一部通俗的民族史，使得一般民众容易看，且高兴看，如《三国演义》一样，必能成为我民族立一坚确的自信心，永远不受外族的摧毁”。[①] 顾颉刚设计的中国通史有六种：(1)专供大学生或专家参考的；(2)中学生读的；(3)小学生课本；(4)章回体演义；(5)历代名人故事；(6)连环画。重庆中国史学会成立时，顾颉刚曾有关于中国通史的宏大计划(见表 3－2)。[②]

表 3－2

<table>
<tr><td rowspan="4">通俗的中国通史(普及历史常识)</td><td>玩具(史地类)、连环图画、画片、儿童博物馆</td><td>幼稚园、小学</td></tr>
<tr><td>名人传、地理丛书</td><td>中学、大学</td></tr>
<tr><td>历史图表</td><td>中学、大学</td></tr>
<tr><td>中国文化小丛书</td><td>中学、大学</td></tr>
<tr><td rowspan="5">准备作正式的中国通史(提高学术水准)</td><td>整理二十四史</td><td>大学、研究所</td></tr>
<tr><td>史学辞典、史籍索引、分类史料集</td><td>大学、研究所</td></tr>
<tr><td>研究论文</td><td>大学、研究所</td></tr>
<tr><td>古籍整理</td><td></td></tr>
<tr><td>古史辨</td><td></td></tr>
</table>

1947 年在致白寿彝的信中，又将上述普及历史常识的“通俗的中国通史”部分加以细化(见表 3－3)[③]。

①顾颉刚：《郊居杂记・编中国历史之中心问题》，见《顾颉刚全集》第 18 册，中华书局 2010 年，第 329－330 页。

②顾颉刚：《顾颉刚日记》，见《顾颉刚全集》第 48 册，中华书局 2010 年，第 65 页。本文转引时对原有的格式稍加调整并略做删节。

③顾颉刚：《书信集・致白寿彝》，见《顾颉刚全集》第 41 册，中华书局 2010 年，第 164 页。

表 3-3

普及阅读对象	通俗中国通史的编撰方式
小学生及其同程度者	连环图画
初中学生及其同程度者	故事体
高中学生及其同程度者	演义体
专家及高级的大学生	讨论问题并考证材料的通史
边疆	边族与汉族分量差不很远而足以鼓起其向心力的通史
世界人士	偏重文化而足以使其认识中国在世界地位中之通史

除了通史以外,编撰中国历史名人传记亦是发扬立国精神的有效途径,"一个国家独立在天地之间,必然有它的立国精神。这立国精神的简称就是'国魂'",中华民族数千年始终不灭亡,"其最重要原因之一,就为这些年中无数的圣贤豪杰把我们的国魂陶铸熔冶,已炼成了金刚不坏之身了","我们要就自己的行业,把确实而有系统的历史知识介绍给全体国民,历史知识里最容易发生兴趣的是名人传记,最能给人以做榜样的也是名人传记,所以我们就从'中国名人传'作起",并希望"就自己的环境里创造出新历史来"。[①] 中国名人传人物为"陶铸国族者""创造文化者""砥柱中流者""济人利物者",散见是一篇篇的人物传记,合起来则又是一部《中国通史》,"一般人虽未克读本国全史,而即此已握全史之灵珠"。[②]

第四,通过出版历史通俗读物来普及历史知识,而历史通俗读物与民间文学、历史演义小说还是有着显著的区别。顾颉刚在民俗学领域里的研究成就卓著,对各种形式的民间文学如民间故事、传说、歌谣等都有过深入的研究。顾颉刚"层累地造成的中国古史"的观点已为治史者所熟知:"时代愈后,传说的古史期愈长","时代愈后,传说中的中心人物愈放愈大","不能知道某一件事的真确的状况,但可以知道某一件事在传说中的最早的状况"。孟姜女故事的研究是其古史辨方法在民俗学研究领域里的具体运用。顾颉刚关于孟姜女故事的

①顾颉刚:《宝树园文存·我们为什么要编中国名人传》,见《顾颉刚全集》第 34 册,中华书局 2010 年,第 296-297 页。

②顾颉刚:《宝树园文存·编辑中国名人传说明书》,见《顾颉刚全集》第 33 册,中华书局 2010 年,第 23 页。

研究表明，民间故事、传说等，都有着一个不断被加工、改编、塑造的过程，“一件故事虽是微小，但一样随顺了文化中心而迁流，承受了各时各地的时势和风俗而改变，凭借了民众的感情和想象而发展。我又可以知道，它变成的各种不同的面目，有的是单纯地随着说者的意念的，有的是随着说者的解释的要求的”。[①]而在这一过程中便与历史真相愈行愈远。汉代有御用讲史者，专讲周代历史，“汉离周近，而文籍流传则甚罕。小说家者则恃其口辩，任意敷衍，遂至大大脱离事实。使此九百四十三篇（指虞初《周说》）流传至于今，则周事将益难整理，盖沙愈多而金愈少也”。[②] 汉代以后，讲史者地位每况愈下，但对历史故事、历史演义的传播却起了重要作用。在讲说的过程中加入了很多虚构和想象的成分，其内容便有了许多非历史的成分，例如说书艺人“于正角色不敢胡乱编造，而扫边之角极随便”。[③] 顾颉刚在“中国历史故事小丛书”的编辑旨趣中也言道：“唐代的变文，宋元的话本，明清的演义，以及各种剧本和曲词，莫不是在历史里抉出几种动人的故事，加上作者的想象，把它们描写得更有刺激性……不过那些作者加入想象的成分太多了，往往歪曲了真相。”

在顾颉刚看来，“《三国演义》、《说岳传》、《宣讲拾遗》、《封神榜》、《西游记》、《今古奇观》、《济公传》、《包公案》、《施公案》、《彭公案》、《七侠五义》、《水浒》、《儒林外史》、《说唐》、《隋唐演义》、《金瓶梅》、《红楼梦》等等都是与时代相脱节的书籍。这些书籍，有的在文学上虽有可取，但其思想内容则不外是因果报应，神仙鬼怪，封建意识，诲淫诲盗等毫无价值，阻碍社会进化，违反科学精神的东西。此等读物的存在，就是障碍新文化运动深入大众中的劲敌，同时也是民族解放运动中的绊脚石。我们非除去它们不可”。而要将其剔除，一方面是对这些旧有的与时代格格不入的读物必须加以必要的批判。另一方面，则是创作在思想上、形式上、内容上完全适合时代发展的新读物，“例如根据民族主义，作一部《太平天国演义》，以对抗现在流行的《洪秀全演义》；搜集革命故事，编一部《新水浒传》、《新儿女英雄传》……罗列科学发明家的故事与革命家的传记，作一部《新儒林外史》、《新今古奇观》、《新宣和拾遗》；根据反对军阀内战的和平思想，作一部《民国史演义》；站在民族的立场，改作《新精忠说岳》、《新杨家将》；其他如《宋朝亡国史演义》、《明朝亡国史演义》、《历代忠烈言行录》”，提倡革命精神，批判封建迷信思想，“凡足以激发民众向上意志而提高民族知识

①顾颉刚：《孟姜女故事研究——古史辨自序中删去之一部分》，见《顾颉刚全集》第 15 册，中华书局 2010 年，第 68 页。

②顾颉刚：《古史杂记 · 讲史》，见《顾颉刚全集》第 29 册，中华书局 2010 年，第 47 页。

③顾颉刚：《淞上读书记 · 说书人编造配角》，见《顾颉刚全集》第 17 册，中华书局 2010 年，第 121 页。

能力的一切事实和理论，都是通俗读物创作的积极对象”。[1]

从今天的眼光来看，顾颉刚的上述观点并无高深玄奥之处。但是顾颉刚的历史知识普及思想，是来自于其通俗读物出版的实践活动，而又对实践具有指导意义，这是很值得重视的。

（三）《大众知识》——历史知识普及的个案（附《民众周刊》）

顾颉刚主持的通俗读物编刊社还编辑出版《民众周报》《大众知识》等通俗性的期刊。《民众周报》由徐炳昶任主编，通俗读物编刊社编辑，开明书店代为印刷发行，内容有中外时事分析、人物传记、自然科学和社会科学讲话、民众生活通讯等等，每周发行。

《大众知识》创办于 1936 年，《大众知识》的阅读对象，是“真正的大众”，“所谓真正的大众，按事实说，读者至少在全国人口百分之五十以上，二万万人。所以办期刊这回事，在此刻的中国根本只能在知识青年中存在……这刊物是青年的，为青年所爱好，他便无愧于《大众知识》这个名称”。《大众知识》的创办目的，就是“把知识传给大众，为的是使他们有力量，为的是要增加这民族的力量，可以从各种的压迫之下求解放与生存”。[2] 通过提高大众的知识水平，以达到救国救民的目的，陶希圣在《由五四运动谈通俗文化》中，认为直到民国二十五年（1936），“即大众作为国家主子已是二十五年了，然而在思想上，他们依然受着充满封建观念的读物的支配……我们要把文化通俗化，要共同作通俗文化运动，这是唤醒大众最好的方法，这是救国家救民族的一条新的康庄大道”。[3] 根据《大众知识》的投稿章程，刊物是为“灌输大众知识，唤起民族精神为宗旨”，“来稿请写通俗白话文，并加新式标点，理论不妨高深，但文字务必清楚易懂”。顾颉刚本人在《大众知识》上发表了《亟应划清的两种旧思想》《信仰》《命运》《坚忍》等文章，其后大多被编入了《顾颉刚通俗论著集》，这些文章都是“针对大众心理的弱点立论；他用最真挚的态度，最平正的理论，表达他内在的热诚”。[4]

《大众知识》自 1936 年 11 月至 1937 年 5 月为止，共出版 12 期。栏目有论文、传记、文艺、漫谈、书评、通信等等。《大众知识》销量不错，影响广泛，据说第 1 期的销路比起上海最时髦的幽默杂志多出“一倍以上”。[5]

---

①顾颉刚：《通俗读物的历史使命与创作方法》，见《通俗读物论文集》，生活书店 1938 年，第 3－5 页。

②《本刊的名称、内容和立场》，载《大众知识》第 1 卷第 4 期，1936 年 12 月。

③陶希圣：《由五四运动谈通俗文化》，载《大众知识》第 1 卷第 1 期，1936 年 11 月。

④王伯祥：《顾颉刚通俗论著集·序》，见《顾颉刚通俗论著集》，亚东图书馆 1947 年，第 1 页。

⑤《本刊的名称、内容和立场》，载《大众知识》第 1 卷第 4 期，1935 年 12 月。

《大众知识》中刊载与历史相关的文章大致上可以分为三类，一是抗战报道，如杨缤《论扩大绥远战争之必要》(5 期)，吴世昌《守卫华北的资源防线》(5 期)，莱沙《东北现状与东北人民》(8 期)，白廷喜《百灵庙士兵日记》(10—11 期)，陈雷《论沦亡五年的东北及东北人民》(12 期)，这些情况，是“应当报告给大家的，同时也是中华民国四亿五千万国民所渴望知道的事”①；二是国际政治评论，如武尚仁《西班牙内战的分析和展望》(2 期)，连士升《罗斯福的经济政策与中国》(4 期)，苏建民《日本军部与法西斯主义》(6 期)，王理华《意大利对外扩张论》(6 期)，江世禄《英意地中海绅士协定之分析》(10 期)，程维新《列国的外交》(11 期)、徐作霖《欧洲人民阵线的回顾与展望》(12 期)；三是历史人物传记，有郑侃嬨《寇准》(1 期)，郑侃嬨《范仲淹》(2 期)，王崇武《诃额仑》(3 期)，郑侃嬨《王安石》(3 期)，张秀亚《张謇》(4 期)，郑侃嬨《墨子》(5 期)，顾颉刚《石敬瑭与赵德钧:五代时的两个汉奸》(5 期)，杨莲生《玄奘法师》(6 期)，顾颉刚《赵延寿与杜重威》(6 期)，吴素《崔东壁》(7 期)，刚子《李广》(7 期)，郑侃嬨《诸葛亮》(7—8 期)，张荫麟《孔子》(7—10 期)，郑侃嬨《郭子仪》(9 期)，顾颉刚《成吉思汗》(10—11 期)，郑侃嬨《谢安》(11 期)，李素《苏武》(12 期)。

历史人物传记是《大众知识》中最有代表性的历史通俗读物。上述历史人物传记，对于传播历史知识、激扬民族精神，起着重要的作用。

在传记的作者中，顾颉刚、张荫麟、王崇武、杨联升(杨莲生)都是历史学家，郑侃嬨是顾颉刚在燕京大学历史系任教时的女学生，顾氏对其颇为欣赏，许多署名顾颉刚的通俗读物多由郑侃嬨代笔。其余诸人不详，可能是历史学家之笔名，亦可能为燕大学生。传记的写作，则完全是按照历史学的规范，将史书中之记载转化为通俗易懂的文字，试举郑侃嬨《范仲淹》中之一段(见表 3 - 4)。

按，“今小范老子腹中自有数万甲兵，不比大范老子可欺也”，见于宋孔平仲《孔氏谈苑》“军中有范，西贼破胆”条:“贼闻之曰:‘无以延州为意，今小范老子腹中有数万甲兵，不比大范老子可欺也。’戎人呼知州为老子，大范谓雍也。”《宋史》本传无此记载。陈邦瞻《宋史纪事本末》将其采录。很明显，上引《大众知识》中的一段，就是将《宋史纪事本末》中的记载，译为白话后连缀而成的。这种写作方式，对于范仲淹的学术研究并无价值，并不提供新知识，但对范仲淹生平、功业、事迹的介绍和传播，却是一条行之有效的途径。

①陈雷:《论沦亡五年的东北及东北人民》，载《大众知识》第 1 卷第 12 期，1937 年 5 月。

表 3 - 4

《范仲淹》(郑侃嬨)	(范仲淹)和韩琦一块做陕西经略安抚副使……事前仁宗曾下诏分配边兵:总管领万人,钤辖领五千人,都监领三千人,御敌时,官卑的先出。仲淹道:"不量敌人众寡而出战,以官为先后,这是取败之道。"他于是大阅州兵,得一万八千人,分为六部,设六将,各领三千人。教他们量度敌人多少,轮流着出来抵抗。敌人探知实情,便不敢来犯……夏人彼此相戒道:"不要想延州罢,小范老子(指仲淹)肚里有几万甲兵,不比大范老子(指范雍)可以欺负呢。"
《宋史纪事本末》卷6(陈邦瞻)	诏范仲淹兼知延州。先是,诏分边兵,总管领万人,钤辖领五千人,都监领三千人。寇至,御之,则官卑者先出。仲淹曰:"将不择人,以官为序,取败之道也。"于是大阅州兵,得万八千人,分六将领之。日夜训练,量贼众寡,使更出御。敌人闻之,相戒曰:"无以延州为意,今小范老子腹中自有数万甲兵,不比大范老子可欺也。"大范盖指雍也。

《大众知识》创刊于1936年,正是中国民族危机最为严重的时刻,因此杂志对于民族意识的提倡不遗余力,"要使民族解放,须先唤起民族意识……若能有系统地施行爱国教育,等到十年之后一个伟大的民族觉醒的时候,谁还能压迫我们?"①因此,历史人物传记特别注重对民族精神的发扬,如成吉思汗西征,"至今欧洲人说起这件事,还有些儿惊恐,'黄祸'一名即由此而来。虽则他们的荣耀不过百余年的历史,但他们已给全世界人民一个极深的印象"。② 李广虽然与匈奴作战屡次失败,但是其死后,"百姓痛惜他才而不遇,义而枉死,无论认得他或不认得,老或壮,都流泪追悼。如果从得人心那一点来看,广何尝不是一个成功者呢?"③对于中国历史上的汉奸、卖国贼,则痛加鞭挞,连赵延寿与杜重威这两个不太著名的卖国贼也痛诋一番,而卖国贼多半没有好下场,"路人对着他(指杜重威)的尸首蹴踏诟骂,一阵子便踏得粉碎了"。④ 李陵投敌虽然情有可原,但是相比于苏武持志守节,便高下立现了。

当然,对于民族精神的阐扬,有时难免也会出现某些偏差,例如顾颉刚把石敬瑭称作"汉奸"。石敬瑭人格卑下,行迹无耻,但称其"汉奸"似不妥,因其本非汉族,为沙陀突厥。而对有些历史人物的介绍也不够全面,例如郑侃嬨的《寇准》,重在表彰寇准在檀渊之盟(1005)中的功绩,对其人做了极高的评价:"寇

①齐思和:《民族与民族主义》,载《大众知识》第1卷第5期,1936年12月。

②顾颉刚:《成吉思汗》,载《大众知识》第1卷第10期,1937年3月。

③刚子:《李广》,载《大众知识》第1卷第8期,1937年1月。

④顾颉刚:《赵延寿与杜重威:又是两个五代时的汉奸》,载《大众知识》第1卷第6期,1937年1月。

准是一个民族英雄，一个良将，一个诗人，一个孝子……他的伟大人格和才能，可以使他做各种各式的第一流人物，但我们今日站在民族的立场以历史的眼光来估价他，认为他最要紧是做了一个民族英雄。”[①]但如果站在今天的立场，全面地、实事求是地评价历史人物，则寇准在真宗朝天书封禅闹剧中的表现备受争议。天禧三年(1019)，寇准向真宗奏称在长安乾佑山发现天书，“寇准素来不信天书，这次一改初衷，以个人名誉清节作赌注，为的是博取真宗欢心，重登相位……寇准这次邀宠成功，是月底，真宗召他入京，复相在望”[②]，显然，寇准的这番做作和表演，与“伟大人格”“第一流人物”似不相称。

《民众周刊》是顾颉刚在上海大中国图书公司任职时创办的通俗性刊物，由民众读物社编辑，大中国图书公司出版。1947 年 5 月创刊，第 1 卷为周刊，出 30 期。第 2 卷改为双周刊，出 14 期。栏目有每周讲话、新唱本、历史故事、科学卫生常识、人物志、识字篇等等。以历史故事而论，第 1 卷刊载有曾蔓《陶朱公的儿子》(1 期)，《林则徐烧鸦片》(2 期)，《打差官》(3 期)，《秦始皇》(7 期)，《郭解进京》(15 期)，《赵匡胤做皇帝》(25、26 期)，何茜《陈胜的故事》(4 期)，《崇祯皇帝》(8 期)，《慈禧太后》(13 期)，《和尚皇帝》(23、24 期)，《光绪皇帝》(27、28 期)，甘林《重耳走国》(16 期)。第 2 卷刊载有苏子涵《一钱诛吏》(1 期)，《三个鲁班的故事》(2 期)，《祭旗》(9 期)，《唐琦之死》(11 期)，郑鸣《义人吴凤》(3 期)，曾蔓《朱红灯与义和拳》(4 期)，何提《阿基米德》(5 期)，顾德辉《商鞅变法》(6—8 期)，尹承管《西门豹》(8 期)等等。其中有部分是顾颉刚于苏州社会教育学院任教时，指导学生所做的习作。就总体而言，《民众周报》中的历史故事，水准一般，与《大众知识》相比还是有一定的差距。

顾颉刚是一个史学家又是一个社会活动家，在学术研究的同时，还主办专业史学刊物，组织领导学术团体，指导学生学习研究，参与行政工作等等，此外还有许许多多的应酬活动，而主持的通俗读物出版工作也占据了相当的时间和精力。故此，有人认为顾颉刚如果不在通俗读物出版以及其他杂务上花费太多精力，潜心问学的话，会取得更大的成就。王奇在《谈通俗读物》一文中曾经提到：“自来中国的知识分子，是读书愈多，离俗愈远，通人学者，是绝对不肯措意于通俗二字的，好像他们的目的，在未达之时，是通古今之部，代圣贤立言，到了学优则仕，便要志在廊庙，非高文大册典谟训诰不屑一顾了。”[③]从这个角度来

①郑侃嬨：《寇准》，载《大众知识》第 1 卷第 1 期，1936 年 11 月。

②何冠環：《北宋武将研究》，香港中华书局 2003 年，第 239 页。

③顾颉刚：《顾颉刚日记》，见《顾颉刚全集》第 49 册，中华书局 2010 年，第 258 页。《谈通俗读物》原刊 1947 年 1 月 8 日《大公报》。根据顾颉刚推测，王奇可能是王泽民或纪(赵)伯庸。

看，顾颉刚的通俗读物出版工作，正是一个历史学家社会责任的体现。

第四节　黎东方的"细说体"历史通俗读物

黎东方是中国现代著名历史学家，在历史学方面最广为人知的成就便是从事历史知识的普及工作。从20世纪40年代的"讲史"活动，到此后的"细说体"历史通俗读物的出版，其所从事的历史知识普及工作很值得学习和借鉴。本节即拟以黎东方的"细说体"历史通俗读物为个案，主要从考证、叙事、评论诸层面探讨其在编撰通俗读物中的规范、技巧、特征。

（一）黎东方的个人生平与学术经历

黎东方（1907—1998），原名智廉，河南正阳人，1907年出生于江苏东台。1929年考入清华大学，在史学方法论上得到了梁启超、孔繁霱的指点，又深受伯伦汉、朗格诺瓦、瑟诺博司诸人有关史学方法论专著的影响。曾从刘崇鋐习西洋史，朱希祖习蒙元史，陆懋德习考古学，并得美籍外教马隆的指导，具备了相当的史学功底。在清华学习一年半，而后赴法国留学，师从法国大革命史的权威学者马第埃（Albert Mathiez）教授，研究法国大革命史。博士论文题为《1791年至共和三年比利时与列日革命家的委员会与俱乐部》，中译为《比列志士记》，主要记述了法国大革命期间比利时与列日（今在比利时境内）两国的革命党人在法国的革命活动。黎东方撰写此文时，阅读了大量的文献资料以及巴黎和其他各地档案馆中相关的原始档案文献，并亲赴比利时搜集资料。1937年通过了博士论文答辩，获法国巴黎大学文科博士学位，并附以"最荣誉记名"。黎东方是20世纪以来第一位获得此项荣誉者（"最荣誉记名"），19世纪获此荣誉的历史学家为古朗治。黎东方在法国期间，翻译了法国历史学家施亨利（See Henry）的两部名著《历史之科学与哲学》和《历史唯物论述评》，前书在中国学术界有相当的影响。另外还翻译了胡汉民的《三民主义的连环性》、索莱尔（Albert Sorel）的巨著《法国革命与欧洲》的第一部分"革命前之欧洲形势"以及瑟诺博司的《十九世纪欧洲政治史》。

黎东方于1937年回国后，任教于北大、清华、中山、东北、中央、复旦等高校，翻译了《人类进化史》，此书是由亨利·拜尔（Henri Berr）主编的巨著，各分册都由该领域中之权威历史学家撰写。黎东方翻译了前两部：《从氏族到帝国》（Moret et Davy 著，*Des Clans aux empires*）和《希腊城邦》（G. Glotz 著，*La Cité grècque*）。

抗战爆发后，为了推动历史教育，教育部于1940年4月专门设立了史地教育委员会，黎东方任委员兼秘书，发表了《关于大学中国通史课程的几个问题》，认为中学生虽然“读了六年历史，是每三年为一圆周，只读了两周”，但大学与中小学的历史教育在深度、内容、方法均有差异，因此“更需要在大学里面再学历史”。[①] 在史地教育委员会任职期间，黎东方假座于山东省立通俗剧院的剧场，做三国历史的演讲，被誉为是现代讲史之第一人。此后，胜利出版公司的“中国历代名贤故事集”，由黎东方负责撰写《孔子》，又应王云五之约写了通俗读物《先秦史》。黎东方另著有《中国历史通论》，列入了教育部“部定大学用书”，由商务印书馆出版，前两册分别为“远古篇”和“春秋战国篇”。

抗战胜利后，黎东方应邀赴美，先后在福尔蒙、堪萨斯、威士康星三州的州立大学，以及加州州立佛雷诺斯学院、密苏里州堪萨斯市市立大学任客座教授，伊利诺伊州私立布莱德雷大学、加州私立美国国际大学专任教授。1955 年在新加坡与林语堂共同创办南洋大学，赴台后又协助张其昀创办台湾中国文化大学并担任该校教授。黎东方在布莱德雷大学任教时，在报纸上撰写《东方分析》(*The Orient Analyze*)的专栏，后结成单行本发行。黎东方赴台后，开始系统撰写“细说体”中国历史的通俗读物。

黎东方晚年又翻译了张其昀的《孔学今义》和《战国学术》，并著《1975 年以后之中国》(*China Since* 1975)，后将其扩写成《中华民国简史》。其他著作尚有《孔子传略》(*Confucius*, *A Short Biographic Sketch*)、《黎东方诗文自选集》《中国上古史八论》《西洋通史序论》《法兰西的小城》《西周青铜器铭文之年代学资料》《第二次中日战争》(英文)、细说体《史前中国》《我对历史的看法》《蒋公介石序传》《细说抗战》《我们的根》等等。记述黎东方生平的自传《平凡的我》，初由台湾传记文学社发行，第 1 册写至法国结束留学生涯，后续写第 2 册并由国史馆出版，是了解黎东方生平的基本材料。

(二)“细说体”历史通俗读物的编撰

黎东方一生著述宏富，大致上可以将之分为三类：学术专著、译著和历史通俗读物。总的说来，黎东方的学术专著不多，以至晚年曾有人建议其写一些“有分量”的著作。其译著数量众多，涉及了哲学、政治、史学等多种学科。黎东方作为一个历史学家，在编撰历史通俗读物上的成就以及影响，远远大于其所著的各类专著和译著。

黎东方于 40 年代举办的三国历史演讲，曾轰动一时。黎东方的演讲假座于山东省立通俗剧院的剧场，可容五百听众，一连十天，天天满座。第一天讲题

①黎东方：《关于大学中国通史课程的几个问题》，载《教育杂志》第 31 卷第 11 号，1941 年 11 月。

是合久必分,最后一天是分久必合。其间八天主题分别为董卓、吕布、袁绍、曹操、刘备、孙权、诸葛亮、司马懿。此后,黎东方又相继于成都、泸州、昆明等地,进行为数不等的演讲。① 报纸上刊载的黎东方讲史的广告,以其"铺陈古事,如数家珍;解析枯朽,顿成神奇。有循循善诱之心,擅深入浅出之技"。② 其时各地人士乃至外国学者,都曾争相聆听。讲座的票价每日每人法币四十元,除了纳娱乐捐及种种开销以外,十天净余美金四五千元。黎东方在重庆和其他地方的讲座,总计净收入在十万元美金以上。黎东方的演讲使得三国历史一时之间成为人们街头巷尾谈论的热点话题,"受了黎东方教授讲说三国的影响,近来舆论界好谈三国,尤其好谈论偏安四川的刘家天下"。③ 许倬云曾旁听黎东方讲三国,"听课的学生人山人海,主要是因为满足一般社会群众的需要"。④ 除了满足历史知识普及的需要外,西南地区是抗战的大后方,被看作是民族复兴的"堪察加",讲述六出祁山、九伐中原,表现出积极的现实意义。

黎东方三国历史演讲在前,而以文字著录于后,曾写出一部《新三国》在重庆、成都等地销售。受到三国历史讲演成功的鼓舞,黎东方此后开始有计划系统地编撰历史通俗读物。

黎东方编撰的历史通俗读物号称为"细说体"。"细说体"的系列史书共五部:《细说三国》《细说元朝》《细说明朝》《细说清朝》《细说民国创立》。此外《细说秦汉》一书由台湾学者陈文豪订补,大陆学者沈起炜、赵剑敏、虞云国又分撰《细说两晋南北朝》《细说隋唐》《细说宋朝》,各部细说的断代史连缀起来便是一整套细说体的中国通史。黎东方的著作在大陆出版时,邓广铭和唐振常两位历史学家为"细说中国历史丛书"作序,都对黎东方的历史通俗读物进行了很高的评价:

> 邓广铭:"(黎东方)既不虚构任何一个人物,也不虚构任何一桩事件,以增其传奇性质,藉以吸引听众;他只是广泛地从各种体裁的史册当中,取精用宏地加以搜集,加以贯穿……他既已把所要说的史事熟蕴于胸中,按需而取,左右逢源,而通过他的逸趣横生的词锋加以表述,既显示出踏踏实实,决不浮泛;所表述的史事,又都生动活泼,引人入胜。"
>
> 唐振常:"黎东方先生本讲史之体而成讲史之书,其体无固定的形式,

①黎东方:《平凡的我》第2册,国史馆1998年,第121-122页。

②黎东方:《平凡的我》第2册,国史馆1999年,第251页。

③常乃德:《蛮人之出现·谈谈刘备》,见《常燕生先生遗集》第7册,文海出版社1967年,第360页。

④许倬云:《家事·国事·天下事——许倬云院士一生回顾》,近史所2010年,第120页。

作者可以自如运用；其文通俗易懂，凡识字者皆能读，则此书之出版，当有益于世道人心，非只历史之普及也。”

黎东方的“细说体”系列历史，实质上就是历朝断代史的通俗写法，并非是史学编撰体例上的创新。

《史通·二体》曾分析史书编年、纪传二体优劣，编年长处在于“系日月而为次，列时岁以相续，中国外夷，同年共事，莫不备载其事，形于目前”，短处在“论其细也，则纤芥无遗；语其粗也，则丘山是弃”。而纪传体长处是“纪以包举大端，传以委曲细事，表以谱列年爵，志以总括遗漏”，但编次不伦，语相重出，是其短处。黎东方的“细说体”，在叙述方式上是兼综了编年、纪传的长处，全书以断代的时间为顺序，分成若干个小题目，通常先描写一个大致轮廓，而后依次叙述历朝所发生的重大历史事件，以及与事件相关涉之历史人物。例如《细说三国》，全书 38 个题目，除首末分论合久必分、分久必合外，叙事件有 15 个，话人物为 21 个。每一个题目单独来看便是一则独立的历史小故事或人物小传记，综合起来便是一部断代通俗历史。“细说体”以历史事件和历史人物为经，又辅以介绍历代制度文化方面的内容，如《细说元朝》中专设有相关篇目介绍元代在经学、史学、文学诸方面的成就，《细说明朝》中用了 14 目来介绍明代中央到地方的各级行政、军事、监察制度。此种处理方式使人物、事件与制度、文化得以互相交错并融会在一起。当然，“细说体”的这种写作方式，缺乏现代章节体史书结构严谨、层次分明、重点突出的特点，给人感觉是比较零落和散漫，这是由其历史通俗读物的性质所决定的。

从“细说体”系列历史写作次序上来看，黎东方并非按照中国历代王朝的次序依次撰写，而是注重选题与民众的阅读兴趣相契合。黎东方在重庆讲史以三国为题，并写有一部《新三国》，是因为三国的历史风云变幻，最能吸引人们的兴趣和关注，“今天任何一个中国人，都知道些三国史”，其主要原因就在于“三国时代人物多，而且真算得人物”，“有一诸葛，已可使三国照耀后世”。[①] 三国历史本身的特征再加上小说演义的渲染，使得三国历史得到了广泛的普及，普通民众多多少少都有一些关于三国的知识——此种知识不论是来自于演义小说还是来自于正规历史——成为民众自身所具有的知识结构和知识储备。这种知识结构和知识储备影响了民众对于历史知识接受的期待视野，而根据民众的期待视野出发来进行有针对性的知识普及，则更容易引起民众对此的认同和兴

①钱穆：《国史新论》，三联书店 2007 年，第 270、168 页。

趣。黎东方在《细说明朝》中也提到:"说了清朝,才说明朝,是把中国的历史倒过来叙。这一种叙法也有道理。因为我们对于近的比较亲切,对于远的比较陌生。先把比较亲切的加以分析、了解,然后再去分析、了解那些比较陌生的,于是陌生的也就渐渐变成亲切的了。"①

黎东方早期的"讲史"活动,是历史知识普及活动,与"说话人"的"讲史"式的娱乐历史截然不同。同样,其"细说体"历史通俗读物,形式是通俗的,内容是历史的,与哗众取宠、低级趣味、庸俗无聊以取悦读者的作品判然有别。其书中既有严肃的史实考证,又有自己对历史独到的评论和见解,在学术和普及上,都很有价值。

黎东方的"细说体"历史通俗读物,自出版以来颇受学术界的好评,几乎一致都认为其书为雅俗共赏之佳作。例如《细说清朝》一书,钱穆认为"此书外貌虽似通俗,而内容立论不苟,深合史法"。唐君毅评论其书"史笔清丽,为当今所罕见"。《中国一周》读者俱乐部介绍此书,"用极流利的口语,写出复杂的史事,一气呵成,你仿佛在念一部很成功的小说,而它又是一部正确、公允、平直的史书,对写史书者说,是种新的尝试,也是成功的"。② 当然,也不排除黎东方在讲说历史的时候敷衍其事,穿插各种噱头。③ 但至少在其"细说体"历史通俗读物中看不出此种痕迹。

(三)"细说体"的史学特征

黎东方是一个历史学家,在通俗读物的写作过程中广泛吸取了学术界的研究成果,对于材料的选择应用谨守历史学家的规范,"坚持史学的基本游戏规则,严格遵守时空常识,不随意发挥,不断章取义,不望文生义,不把戏剧平话充史事"。"细说体"通俗读物的史学特征,主要体现在以下几个方面:

一是辨证。我们知道,历史学的基础是史料和考证。考证学是一种历史学的研究方法,考证的对象是史料,考证的方法包括了辨伪、校勘、考异等等,通过归纳比较以解决在占有史料过程中面对的各种矛盾。④ 黎东方所作虽然是通俗读物,但在其书中还是有不少篇幅对史料进行辩证:

《三国志》魏的部分,把刘备杀了车胄的事,载在董承为曹操所杀之前。

---

①黎东方:《细说明朝》,上海人民出版社 2007 年,第 1 页。

②黎东方:《平凡的我》第 2 册,国史馆 1999 年,第 251 - 252 页。

③老铁:《文化剧院讲三国故事,黎东方博士"卖野人头"》,载《海风周报》1946 年第 30 号。"卖野人头"系地方土话,指虚张声势、夸大其词以糊弄对方。

④祁龙威:《考证学为近代史研究服务的几点经验》,见《考证学集林》,广陵书社 2003 年,第 123 页。

《三国志》蜀的部分，与此相反，说董承被曹操杀了以后，刘备才杀了车胄。司马光在《资治通鉴·考异》之中采取了《魏志》的说法，明言“蜀志误也”……我个人的看法，《三国志·蜀志》的部分是对的：董承先在许县被捕，刘备才着了慌，提前对曹操翻脸，占领下邳杀掉徐州刺史车胄。

《典略》这一本书上说，袁尚有意于公孙康接待他的时候，出其不意，凭自己的膂力把公孙康抓住，杀掉，代替公孙康作辽东的大军阀……我认为，二袁虽蠢，还不至于蠢到这个程度……用空手道之类的功夫，也许能打死公孙康一人，却无法抵挡卫士们的成千的乱箭。再退一步说，袁尚有本事将公孙康的若干卫士一一打死，也没有足够的兵力去接收整个辽东的地盘。

《出师表》中有这么几句话：“臣本布衣，躬耕于南阳，苟全性命于乱世，不求闻达于诸侯。先帝不以臣卑鄙（地位卑微，学识鄙陋），猥自枉屈，三顾臣于草庐之中，咨臣以当世之事。由是感激，遂许先帝以驱驰。”有了这《出师表》里的几句话作为证据，鱼豢在《魏略》之中所说，就不攻自破。《魏略》说，不是刘备去拜访诸葛亮，而是诸葛亮到了刘备那里去“求见”。[①]

上述辨证，都是列举各种相互矛盾的记载，或根据常理推断，而后进行判断，辨析异同，择善而从，得出正确的结论并指出某些史书记载的不足据。

二是纠谬。“细说体”诸书，对史书上没有记载而由小说演义所虚构出来的情节则力辟其非。严复、夏曾佑在《国闻报附印说部缘起》中认为《三国演义》一书甚至取代了史书的功能：“曹、刘、诸葛传于罗贯中之演义，而不传于陈寿之志。”《三国演义》中虚构的部分有时甚至被当作了真实的历史，其书“七分实事，三分虚构，以致观者，往往为所惑乱……故演义之属，虽无当于著述之伦，然流俗耳目渐染，实有益于劝惩。但须实则概从其实，虚则明著寓言，不可虚实错杂如《三国》之淆人耳”。[②] 演义小说在古代常常被误为信史，主要原因还是“在于通俗性的历史读物人员之的缘故”。[③] 黎东方的《细说三国》，主要取材于陈寿《三国志》、裴松之《三国志注》、卢弼《三国志集解》、司马光《资治通鉴》以及其他正史、碑刻、方志、文集等，并参考了当代学者的研究成果。对《三国演义》中与史实不符合之处，黎东方竭力予以纠正：

---

①黎东方：《细说三国》，上海人民出版社2007年，第61、93、132页。

②朱一玄、刘毓忱编：《三国演义资料汇编》，南开大学出版社2003年，第429、600页。

③朱维铮：《在中世纪晚期的〈三国演义〉》，见《走出中世纪》，复旦大学出版社2007年，第248页。

张昭被《三国演义》的作者描写成一个腐儒。这便是演义体的书的误人之处。

诸葛亮会呼风唤雨(借东风),会制造自动的木牛流马,也会把周瑜气死,把王朗骂死。这些,都是上了《三国演义》作者的当。

传奇性的"单刀赴会",便是在鲁肃、关羽两军相遇以后所发生的,但是其经过与《三国演义》所说,颇有出入。

(魏延)一生忠心耿耿,而《三国演义》的作者把他糟蹋得不像一个人,说他头上有一块反骨。

《三国演义》的作者把木牛流马描写成自动的、不用人力或兽力的运输工具……其实,木牛流马诸葛亮的的确确是发明了的,虽则并非自动的运输工具,而只不过是略省人力的运输工具。诸葛亮也设计了"八阵图",这"八阵图"又被《三国演义》的作者形容成妖气弥漫,以石头代替兵马的迷魂阵。①

三是转述。充分利用了学术界的相关研究成果。通俗读物的性质决定了其对于学术研究中关于疑问的梳理和繁复的论证没有必要详细介绍,仅需直接述其研究成果即可。例如元朝的历史,黎东方认为是"最难读,也最难写,最难细说",黎东方在写作中广泛参考了清末屠寄、柯绍忞、沈增植,特别是王国维、姚从吾、札奇斯钦和法、德学者伯希和(Pelliot)、海尼士(Haenisch)等人的研究成果。特别对于蒙古兴起史的部分,参考尤多:

"蒙古"这一个名词,蒙文的字义……是"永恒的河"。首先作如此解释的,是札齐(原文作"齐")斯钦教授。

想昆·必勒格,据《蒙兀儿史记》的著者屠寄说,是"详稳·贝勒":上半段是辽朝政府给他的官,下半段是他在部落内自称的头衔……看起来,屠寄的解释是对的。

主因,根据王静安先生研究,不是塔塔儿人之中的一个部落,而是塔塔儿人之中的"乣军"(乣字读糺),是辽朝"属国军"的后身,金朝政府加以正规化,在东北设了八个单位,其中的一个叫做"萌骨部族乣军"。

"成吉思"这个名词可能为"腾吉思"之讹传,意思是"海"。可汗,是大汗,皇帝。合起来,便是"海内的皇帝"。法国伯希和如此说,我国姚从吾与

①黎东方:《细说三国》,上海人民出版社 2007 年,第 113、128、166、196、244 页。

札齐斯钦二氏,均认为很对。①

四是存疑。对于一些在学术界尚未弄清或是存在争议的地方,黎东方则是采取了存疑的方式,例如马可·波罗是否到过中国的问题,现除了少数西方学者外,大多数学者都肯定马可·波罗曾经来过中国。但《马可·波罗游记》中所记载其在中国的事迹,则有很多夸大失实、记载错误、遗失疏漏的地方。黎东方对此的处理方式相当的审慎:

> 忽必烈可汗对日本的战争,《游记》也有所记载……这一件掌故,不见于中国的史籍,值得今后的学者加以考订。
>
> 《游记》又记载了蒙古兵用石炮攻襄阳城,说是全由尼科罗·波罗及马泰莪·波罗与马可·波罗三人献计,石炮也是这三人会同一位景教徒与一位日耳曼人所制造的……这件三位"波罗"助攻襄阳的事,也是值得学者加以进一步研究的问题。
>
> 更值得研究的是,马可·波罗曾否如他自己所说,在扬州"治理亘三整年"。传说,在扬州的天宁寺中,有一位罗汉,相貌很像意大利人。雕塑这位罗汉的人,可能是请求当时当扬州"达鲁花赤"的马可·波罗。
>
> 至于马可·波罗,由于来中国之时年纪很轻,便学会了蒙古话与蒙古文字,因此而似乎替忽必烈可汗作了比父亲与叔父更多的事情……到过很多地方,包括杭州。任务如何,我们不知其详。很可能是作密探,或公开的查案之官。他可能也在扬州"治理"了三年。除此以外,我们便不晓得他如何消磨那十七年的悠悠岁月了。②

叙述中措辞谨慎,不轻下断语,显然是历史学家的态度,正如黎东方在《细说清朝·序》中所说:"写历史,不比写小说。写小说,可以创造情节,把故事叙述得天衣无缝;写历史,就只能抱残守缺,屈从材料本身的种种限制。"至于马可·波罗离开中国,中国学者已经从《永乐大典》中找出相关史料,足以与《马可·波罗游记》相印证,这一问题已经得到了解决:"直至 1292 年奉忽必烈可汗

---

①黎东方:《细说元朝》,上海人民出版社 2007 年,第 1、9、10、35 页。上述有些观点在学术界还存在着不同看法,例如"成吉思汗"之名,有学者认为波斯学者拉施都丁《史集》中"最强壮可汗之说,最为允当"(哈勘楚伦:《"成吉思汗"非"大海汗"之论证》,载《政治大学边政研究所年报》第 11 期,1980 年)。通常说来,在历史通俗读物中,对于学术界的争议以及不同观点一般没有必要进行详细介绍。

②黎东方:《细说元朝》,上海人民出版社 2007 年,第 187-188、190 页。

派遣,带了马可·波罗偕同蒙古使臣护送阔阔真公主去伊尔汗国,嫁给阿鲁浑。他们到达伊尔汗国之时,阿鲁浑已死,便把阔阔真公主交给了新任的汗乞合都(盖喀图),继续向西走,于1295年回到了威尼斯国。”①

黎东方在其著作中,一再申明细说的是严肃历史,而非是小说演义影视戏剧,“一般的各朝演义的作者,与今日很多的历史小说的作家,以及电视连续剧的编导,十有九人喜欢添补历史、歪曲历史、糟蹋历史……古人已死,无法抗议;今人被骗,后患无穷”,“历史是历史,戏是戏”,②明确把历史和艺术划清界限。

(四)“细说体”的语言特色

在史料运用上严格遵守历史学的规范表明了黎东方所从事的是严肃的历史知识普及工作而并非是娱乐化的历史。而黎东方的细说体历史通俗读物之所以能得到广泛的传播和普及,主要原因是在于“细说体”系列史书的语言生动流畅,内容深入浅出,通俗易懂。概括起来,其书在语言运用方面主要有以下几个特色:

一是准确科学,概括精练。在叙述中用词准确,表达无误,这是对历史通俗读物最基本的要求。而历史事实通常千头万绪,纷繁复杂,需要用高度概括的语言将其归纳和提炼,这样才能起到广为传播、深入普及的效果。历史通俗读物中的科学语言,就是以历史知识为基本内容,用规范化的语言来表述,而使得民众得以接受:

“假节”的“假”字,不是伪造的假,而是暂借的假。意思是:把皇帝自己的“节”(权杖)暂借给他,于必要时代天子发号施令,节制军队,任免大官。

尚书,在汉朝初年地位不高,只不过是宫内的书记之流而已,却也经过大小衙门向皇帝上奏文书。霍光当了“录尚书事”,在名义上不过是有权抄录全部尚书们所经手的文书,却成了综览大权的“真宰相”。③

在准确科学的同时,又高度概括、简明扼要,以明代的军民分籍制度为例:

军民分籍,是把老百姓分为两种。一种是“军”:每家世世代代要有一个人当兵或军官。另一种是“民”:世世代代均免除兵役(除非是志愿投军

①黎东方:《细说元朝》,上海人民出版社2007年,第190页。

②黎东方:《细说三国》,上海人民出版社2007年,第60、129页。

③黎东方:《细说三国》,上海人民出版社2007年,第249、301页。

的)。政府的户籍,因此,也有两套,一套是军户,一套是民户。这是朱元璋手(首?)创的奇特制度:综合了汉的屯田,唐的府兵,与宋的尺籍……军民分籍的办法,不仅安顿了兵士,酬庸了军官,而且替他的子孙保存了庞大的军事力量,也就是替大明帝国维持了长治久安的国防军。①

黎东方通过这样的说明,把明代军民分籍制度的来龙去脉、内容、特征以及功能叙述得一清二楚。使用高度概括的语言,把头绪纷繁的历史事件、典章制度等,加以浓缩,用最精练的语言表现最丰富的内容。

二是形象生动,引人入胜。历史事实是有血有肉、丰富多彩的,因此必须用直观形象的语言来进行描述,"还原""再现"历史的本来面目,这对于历史的通俗读物编撰,是比较高的要求。黎东方的"细说体"是面向大众的历史通俗读物,书中有很多段落都是用最形象、最贴切的语言来描述历史事件和历史人物,例如"白门楼"一段(见表3-5)。

表3-5

《细说三国》	吕布在走下城楼,束手就缚以后,向曹操说:"从此以后,天下太平了。"曹操说:"这话从何说起?"吕布说:"明公所顾虑的,只有我吕布一人。以后,您自己统率步兵,派我统率骑兵。平定天下,不成问题。"吕布转过脸来,向刘备说:"你现在是座上客,我作了阶下囚,绳子捆得我太紧。你不能替我说一句求情的话吗?"曹操听到,笑出声来,说:"捆老虎,怎能不紧一些?"说罢,就吩咐左右,叫把吕布的绳子放松。刘备这时候新仇旧恨,涌上心头,向曹操说:"绳子不可放松。明公,你忘记了,他杀了他的长官丁原,又杀了他的义父董卓么?"吕布立刻对刘备破口大骂:"你这个大耳朵的小子,最叵信!"
《后汉书·吕布传》	布见操曰:"今日已往,天下定矣。"操曰:"何以言之?"布曰:"明公之所患不过于布,今已服矣。令布将骑,明公将步,天下不足定也。"顾谓刘备曰:"玄德,卿为座上客,我为降虏,绳缚我急,独不可一言邪?"操笑曰:"缚虎不得不急。"乃令缓布缚。刘备曰:"不可。明公不见吕布事丁建阳、董太师乎?"操颔之。布目备曰:"大耳儿最叵信!"

"白门楼"的场景,正史的记载已经十分精彩,黎东方将其改用白话叙述,同样非常生动。在叙述中以正史记载为基础,使用形象生动的语言,如"束手就缚""新仇旧恨,涌上心头""破口大骂"等,都是史书所无而是作者自己添加的,

①黎东方:《细说明朝》,上海人民出版社2007年,第56页。

其直接效果便是活生生地再现历史,使得读者能够感受、体会到当时的历史场景,产生一种真切的历史感。

要达到形象生动、引人入胜的目的,就很有必要多使用比喻。因为有些比较抽象的、深奥的、疏远的历史概念,需要用具体的、浅显的、熟悉的事物来比拟,化繁为简,使历史概念更容易为人们所接受。例如"刘备攻取汉中"条:

> 曹操决定下令撤军。走前,他说了一句"阿Q式"的聊以解嘲的话:"我本来就不相信刘备有如此的能力。他身边现在有了人才(所指的,是法证)。"以前,他在赤壁乌林被孙刘两军烧去他的兵船,杀得他的军队狼狈而逃之时,他也说两句"阿Q式"的话,一句是:"船是我自己烧的。"另一句是:"孤不羞走(我并不认为退走是难为情的事)。"①

"阿Q精神"指的是一种自欺欺人式的精神胜利法,把曹操的几句话比作"阿Q式"的语言,很是贴切。

黎东方还喜欢使用类比,就是把古代的典章制度与当下人们所熟悉的事物相比较,比下定义更为直接明了:

> 提刑按察史在司法范围内是一省的最高负责人(差不多等于今天的高级法院院长)。
>
> 国子监很像国家办的大学,有祭酒(校长)一人,司业(教务长)一人,监丞(训导长)一人,博士(教授)五人,助教(副教授)十五人,学正(讲师)十人,学录(助教)七人,典簿(注册组主任)一人,典籍(图书馆主任)一人,典馔(伙食管理员)二人。②

当然,古今事物的相通之处只是大致上的,并不是完全绝对的相同。通过以上所举的例子,可以看出,黎东方对于一些较为复杂的概念的处理方式,都是以通俗易懂、容易理解为目标,充分考虑到了民众的接受能力和接受水平,力求将一些复杂的概念知识通过简明扼要的方式表达出来,以达到通俗的效果。

三是幽默风趣,富有趣味。在通俗读物中对幽默风趣语言的巧妙运用,是展示历史艺术魅力的重要手段,也能体现出作者在通俗读物编撰上的高下优劣之分。黎东方的"细说体"通俗读物,在将学术语言转化为与广大民众的日常生

①黎东方:《细说三国》,上海人民出版社2007年,第192－193页。
②黎东方:《细说明朝》,上海人民出版社2007年,第50、51、76页。

活语言,真实贴切而又平易近人的同时,在日常生活语言中又不时穿插轻松幽默以及各种戏剧化的因素,在深入浅出、通俗易懂的同时又让人觉得趣味盎然、引人入胜,这是黎东方"细说体"语言的又一特征,可以"空城计"为例:

> 诸葛亮的这一项撤走西县人民与粮食的措施,拿现代的术语来说,是"坚壁清野"。用古代的话来说,是"空城计"。空城计,不能像演义与京剧所描写的那个以统帅本人的生命为赌注的儿戏行为:来了城门,坐在城楼之上弹琴,邀请对方的大将司马懿进城来共享羊羔美酒。事实是:对方不曾来追击,对方的大将也并不是司马懿,而是张郃。诸葛亮一生谨慎,做不出这种只有扑克牌老手才敢于施演的bluffing。①

"空城计"是《三国演义》中的著名桥段,又经各种戏剧演出,广为传播。黎东方的这一段话,解释了"空城计"的本义就是军事上的"坚壁清野"战术,同时又通过幽默风趣的语言,纠正了小说戏剧造成的误解,妙趣横生。当然,幽默只是表述的手段,而内容才是根本,幽默只有实现内容和表现形式的统一,才能达到传播历史知识的效果。

一般来说,五四以后,历史通俗读物基本上都使用了白话文。而黎东方的"细说体"读物,在语言运用上,却很喜欢将白话与文言夹杂运用,这是其与众不同的地方,以关羽襄樊战役至吴蜀同盟期间孙权的表现为例:

> 孙权下了决心,给关羽颜色看,对刘备翻脸,不惜在暗中向曹操递降书,"以讨羽自效",以讨伐关羽来证明他向曹操投降的诚意,对曹操报答受降之恩。
>
> 孙权向曹丕上书悔过,把话说得十分客气:倘若所犯的罪太大,情愿把土地人民一起"交还"给皇帝,自己"寄命交州,以终余年"。
>
> (吴、蜀)盟书中最精彩的一段……"诸葛丞相,德威远著。翼戴本国,典戎在外。信感阴阳,诚动天地。"盟书的作者,或孙权本人。②

我们知道,许多古代的历史著作写得很生动,有时反而比翻译成现代汉语更具有可读性。在白话文中穿插使用个别浅显生动的文言语句,作为必要的点

①黎东方:《细说三国》,上海人民出版社2007年,第221页。bluffing,本义为诈唬,是扑克牌中的术语。意为手握一把小牌,却诈唬握有大牌的对手不敢跟庄。

②黎东方:《细说三国》,上海人民出版社2007年,第199、208、214-215页。

缀，并不妨碍全文的行文语调，反而更具情趣。三国之中魏、蜀截然对立，而吴则依违两者之间，或者可以认为孙权在三国鼎立之际采取灵活的外交手段，保证其最大的利益。但从上引三段来看，从"以讨羽自效"到"诸葛丞相，德威远著"，足见孙权其人无耻，两面三刀，毫无信义可言。一两句比较浅显的文言夹在白话中，效果更佳。

黎东方认为："凡是宇宙间一切曾经有过的现象，都可以称作历史"，然而历史却是已经过去了的并且是不可捉摸的，"史料仅是它的残骸……我们凭藉一点点史料，来写历史，或讲历史"，[①]因此，要在史实的基础上用文学艺术的手法来撰述历史。既肯定了历史的科学性，又承认在历史学中也含有文学艺术的因素在内，"历史这一门学问，固然是朝着科学的方向走，却少不了哲学作为理解的基础，最后还是以文学为形式。简单言之，历史仍是一种文学，所不同于纯文艺者，其材料须先经科学方法加以考证，再用哲学方法加以贯穿。"[②]

（五）黎东方的历史评论

历史评论是对历史上的人物和事件加以批评论述，在中国史学史上有着悠久的传统。《史通·论赞》："《春秋左氏传》每有发论，假君子以称之。二传云公羊子、谷梁子，《史记》云太史公。既而班固曰赞，荀悦曰论，《东观》曰序，谢承曰诠，陈寿曰评，王隐曰议，何法盛曰述，扬雄曰撰，刘昺曰奏，袁宏、裴子野自显姓名，皇甫谧、葛洪列其所号。史官所撰，通称史臣。其名万殊，其义一揆。"黎东方的"细说体"历史，在生动叙事的同时，还有着大量的历史评论。其历史评论，决非人云亦云，而是持一家之说，在很多方面都显示了作者的史识。

首先，黎东方的史学评论，简明扼要，往往三言两语就能点出历史事件的关键，例如南宋末年宋蒙议和灭金以及随后的端平入洛之役，黎东方明确认为："错误在于宋的一方。宋倘能知己知彼，早该在助灭金国以前对窝阔台可汗讲清楚以黄河为界的条件，写成白纸黑字，免得后来有所谓以陈蔡为界的约定。既然是有了两种前后不符的划界办法，就应该派使臣去把事情澄清一下，却贸然以突袭的姿态占领汴梁洛阳，惹起几十年不熄的战火。"[③]此类简捷明了的见解和长篇大论的考证同样具有说服力。

其次，不囿于传统观点，在史实的基础上结合自己的研究，很多评论都带有其独到的见解。例如1881年中俄签订的《圣彼得堡条约》，传统的观点都认为曾纪泽使俄，"强迫了俄国做它从来没有做过的事，交还已经吞并的土地"，是中

---

①黎东方：《我对历史的看法》，学林出版社1997年，第2页。

②黎东方：《平凡的我》第1册，国史馆1999年，第184－185页。

③黎东方：《细说元朝》，上海人民出版社2007年，第108页。

国近代以来外交上的一次重大胜利。黎东方却认为："曾纪泽的这一次交涉，可谓差强人意。很多人都说，它是中国外交史上的一大胜利，其实这更是俄国外交史上的一大胜利。曾纪泽……在无可如何之中略为挣回了一点颜面，确也不能不算是难得的了。"①

再次，黎东方的史学评论中，还有一个值得注意的地方是很喜欢采用"假设史学"的写法：

> 他们倘若肯把这二十三万兵分一半给史可法，则不仅扬州可保，南京可保，中原也一定可以光复。
>
> 倘若不是康熙为了谋求大清帝国的彻底统一而决心下他的手，这已活到六十二岁的吴三桂，是颇想安于现状，不会冒险反清的。
>
> 倘若咸丰于临死以前，让恭亲王的名字也列在赞襄政务的名单以内，也许辛酉政变不致发生，而慈禧掌不了权，中国近百年史便又是一个样子了。②

我们都知道，历史是已经发生了的过去，是无法假设的。历史的假设，实际上一种是隐藏很深的解释评价，例如通常相传海军经费被移作颐和园工程，是甲午海战失败的主要原因。此种解释的隐含意义便是如果经费不被移用，甲午海战中国将获得胜利。黎东方的"假设史学"，虽然很多地方都可以有值得商榷和进一步探讨之处，但作为一家之言，还是很值得参考的。

从黎东方求学经历以及专精术业来看，通俗读物的写作完全是在其治学领域之外开拓的一个崭新领域，特别是元、明、清的历史，史料浩繁，黎东方本人也认为，"每一种断代史，都是终生也研究不完的"。因而在其书中也不可避免地会在谋篇布局、史实判断等方面出现一些疏漏、错误的地方。例如《细说民国创立》共 67 个题目，叙述从孙中山的革命活动一直到武汉地区的光复占了绝大部分，仅在最后 2 目简单提及全国其他省份的光复和民国成立，给人感觉匆匆结尾，草草了事。《细说元朝》也是如此，全书共 55 个题目，从蒙古的兴起至忽必烈时代占了 48 个，余下都是简单叙述忽必烈以后诸帝，蒙元统治中国的一百多年历史占了极小的比重。此外，还有一些叙述不够准确的地方，以《细说三国》为例。例如西域戊己校尉，黎东方认为其意为"带兵巡回各地，没有固定辖

①黎东方：《细说清朝》，上海人民出版社 2007 年，第 397 页。

②黎东方：《细说清朝》，上海人民出版社 2007 年，第 65、95、424 页。

区”。[①] 按《汉书·百官公卿表》“戊己校尉”条颜师古注:“甲乙丙丁庚辛壬癸皆有正位,唯戊己寄治耳。今所置校尉亦无常居,故取戊己为名也。有戊校尉,有己校尉。一说戊己居中,镇覆四方,今所置校尉亦处西域之中,抚诸国也。”戊己校尉两说互相矛盾,近代以来学者根据出土汉简亦做了不少研究工作,但终究材料有限,难得确证。黎东方取颜师古注之前说,但前说“有戊校尉,有己校尉”,戊己校尉究竟是戊校尉和己校尉合称,还是既有戊己校尉,又有戊校尉、己校尉,黎东方还是没说清楚。实际上,在历史通俗读物中,就算把戊己校尉的解释忽略过去,也不会对读者阅读造成妨碍。又例如,黎东方认为乌桓、鲜卑的血统与语言均与匈奴不同,“被人类学家称为‘东胡种’或‘通古斯种’”。将东胡与通古斯等同,仅仅是根据两者对音立论,证据极为薄弱,大多数学者都不取此说。234年诸葛亮出武功,屯五丈原,“数挑战,宣王亦表固请战,使卫尉辛毗持节以制之”。黎东方以为这个传说没有根据,“诸葛亮不是一位肯用无聊手段的人。魏明帝既然授权司马懿作统帅,也绝不会特别派一个人来,不许这位统帅作战”。[②] 辛毗止战事见于裴松之《三国志注》引习凿齿《汉晋春秋》,《世说新语》亦有记载,司马光《资治通鉴》将其作为信史采录。梁启超曾提出“理证”,“有不能得‘事证’而可以‘物证’或‘理证’明其伪者,吾乃明之曰推度的推论法”。理证是在无文献记载的前提下方可运用,“但此法之应用,亦有限制”。[③] 校勘中的理校,“最高妙者此法,最危险者亦此法”,对理证来说也是一样的。黎东方的上述观点绝无任何史籍文献上的证据,既无法证明文献记载之误,而又仅依靠推测立论,显然不能成立。此类推断在书中还有很多,黎东方熟读朗格诺瓦、瑟诺博司《史学原论》,似不应出现此种失误。

总的来说,黎东方的“细说”历史,在形式、内容、语言等各个方面,都对当下的历史知识普及工作有着重要的启示和借鉴。[④]

---

①黎东方:《细说三国》,上海人民出版社2007年,第9页。

②黎东方:《细说三国》,上海人民出版社2007年,第230页。

③梁启超:《中国历史研究法》,见《饮冰室合集·专集》第七十三,中华书局1989年,第98-99页。

④上海人民出版社在出版黎东方“细说”历史的同时,又出版细说中国历史人物丛书,已出的有《细说秦始皇》(王子今),《细说汉高祖》(完颜绍元),《细说光武帝》(颜晨华),《细说曹操》(章义和),《细说隋炀帝》(刘善龄),《细说唐太宗》(黄纯艳),《细说宋太祖》(顾宏义),《细说明太祖》(冯绍霆),《细说明成祖》(王日根),《细说吕后》(臧知非),《细说杨贵妃》(刘建英),《细说萧太后》(顾宏义),《细说马皇后》(张海英),《细说孝庄》(张建安),《细说慈禧》(沈渭滨),上述“细说”,实际上都是通俗性的历史人物传记。

第四章　新中国成立前马克思主义史学家与通俗史学

中国的马克思主义史学家,对于历史知识的普及化、大众化工作相当重视。在革命战争年代,马克思主义史学家编撰的历史通俗读物,拥有大量的进步读者,因而在揭露反动派的黑暗统治、鼓舞人民革命精神、取得革命胜利方面发挥了非同一般的作用。

第一节　新中国成立前马克思主义史学家的历史知识普及工作

李大钊是在中国传播马克思主义的先驱者,同时也对中国史学的大众化普及做出了重要的贡献。[①] 自抗日战争时起,在毛泽东所提出的“大众化”“通俗化”原则的指导下,马克思主义的历史通俗读物的编撰工作取得了很大的成就。

(一)延安时期的历史知识普及工作

中国马克思主义史学发展与毛泽东的提倡和指导是分不开的。毛泽东一贯重视历史知识的学习和运用,多次强调学习历史知识的重要性,号召史学为革命斗争服务,倡导学习和研究历史。[②]

毛泽东在《新民主主义论中》阐述了新民主主义革命文化即是大众文化,而革命文化又是革命推动力的重要思想,“新民主主义的文化是大众的,因而即是民主的。它应为全民族中百分之九十以上的工农劳苦民众服务,并逐渐成为他们的文化。要把教育革命干部和教育革命大众的知识在程度上互相区别又互

①李小树:《李大钊与中国史学的大众化》,载《学术研究》1999 年第 6 期。

②洪认清:《抗战时期的延安史学》,安徽大学出版社 2006 年,第 57－58 页。

相联结起来。革命文化，对于人民大众，是革命的有力武器。革命文化，在革命前，是革命的思想准备；在革命中，是革命总战线中的一条必要和重要的战线。而革命的文化工作者，就是这个文化战线上的各级指挥员”。[①] 毛泽东并且辩证地论证了文化普及和提高的关系：“我们的提高，是在普及基础上的提高；我们的普及，是在提高指导下的普及。正因为这样，我们所说的普及工作不但不是妨碍提高，而且是给目前的范围有限的提高工作以基础，也是给将来的范围大为广阔的提高工作准备必要的条件。”[②]毛泽东特别反对生吞活剥地谈外国历史，“言必称希腊”，对中国的历史知之甚少，“不以为耻，反以为荣”的作风，“特别重要的是中国共产党的历史和鸦片战争以来的中国近百年史”，“近百年的经济史，近百年的政治史，近百年的军事史，近百年的文化史”，都需要认真研究和对待。[③] 而毛泽东在他的一系列著作中又给通俗化树立了典范，20 世纪 50 年代的学习运动中，读“毛主席的论文……思想是那样深刻，内容是那样丰富，态度是那样严正，而语言却是那样生动活泼有力，这是我们应当好好学习的”。[④]

1943 年延安整风之后，迫切需要出版各种通俗读物。中宣部编审委员会曾在《解放日报》刊发征稿启事，新华书店也邀请名家座谈关于社会科学、自然科学、文艺、史地等各种通俗读物的编辑出版问题，先后出版了“大众文艺小丛书”“通俗大众历史读物”“中国常识小丛书”等等，可以说，“通俗化、大众化读物，是抗战后期延安出版物的一大特点”。[⑤]

延安时期马克思主义通俗史学代表性的著作有辛安亭《中国历史讲话》，敬之《中国历史》，钱亦石《中国怎样降到半殖民地》，许立群《中国史话》，尹启民《中国历史讲座》，韩启农《中国近代史讲话》，曹伯韩《中国近百年史十讲》《中国现代史读本》等等。[⑥]

辛安亭 1941 年在陕甘宁边区教育厅工作时编写《中国历史讲话》，“供小学教师、中学学生和文化程度不高的农民干部阅读”。作者对通俗化的处理手法有四：一是“集零散为系统”，将适应集中讲的历史知识安排在适当时期集中去写；二是“化高深为浅易”，尽量避免专业用语，用普通的语言来书写；三是“联系

①《新民主主义革命论》，见《毛泽东选集》第 2 卷，人民出版社 1991 年，第 708 页。

②《在延安文艺座谈会上的讲话》，见《毛泽东选集》第 3 卷，人民出版社 1991 年，第 862 - 863 页。

③《改造我们的学习》，见《毛泽东选集》第 3 卷，人民出版社 1991 年，第 798 页。

④许邦仪：《生动些，活泼些，通俗些——我对于学习写文章的体会》，载《学习》第 3 卷第 10 期，1951 年 2 月。

⑤曹国辉：《延安时期的出版工作概述》，见《中国出版史料·现代部分》第 2 卷，宋原放主编，山东教育出版社 2000 年，第 304 页。

⑥田亮：《抗战时期史学研究》，人民出版社 2005 年，第 52 页。

历史故事”,以历史故事为切入点发挥延伸;四是“结合民间传说”,正确的加以肯定,错误的加以批驳。“这样,读者既感兴趣,又对他们的历史知识有实际的裨益”。① 敬之《中国历史》,共32课,从远古时代的传说一直叙至华北事变,作者以为“我们读中国历史,只想把中国民族发展的经过了解一下,并且造出将来的动向”。② 书中对历史知识只是做一般性的介绍。钱亦石的《中国怎样降到半殖民地》,作者认为要“使中国跳出半殖民地,就得明白中国怎样降到半殖民地”。③全书十章,从“不堪回首话当年”写至抗战。在作者看来,抗战是中国“从半殖民地的火坑”中跳出来的唯一途径。许立群的《中国史话》,从远古写至鸦片战争,将历史上的重要历史事件以及时代特征都叙述得清清楚楚。曹伯韩的《中国近百年史十讲》,十讲内容分别为鸦片战争与英法联军之役、太平天国革命运动、中日甲午之战、戊戌维新运动、八国联军之役、辛亥革命、五四运动、(民国)十五年北伐、“九一八”事变及其发展、“七七事变”及中日大战。中国近代史包括了政治、军事、经济、文化各方面,内容繁杂,作者仅选取了十件重大事件进行讲述。在作者看来,“中国近百年史的书籍,早就有了许多,不过那些书都是为程度较高的读者写的,篇幅大,文字深,内容复杂,不是初学者所能消化的”,而其书的编撰,“内容力求简单,解释则不免繁琐……倘使少年们拿来作为自学的读物,也许比较适宜”。④ 曹伯韩另有《中国现代史读本》,从鸦片战争叙至抗战结束和平建国之展望,共20课,此书“把现代史常识编成一册简明的教材,我们认定,无论如何要使每一个青年够得上做现代的中国人,不能不使他具备这一段历史的常识”,在编写时侧重于事实的叙述,“没有着重在分析,而着重于事实的叙述”。⑤ 原因在于作者认为历史事实比抽象的史论更易于普及。韩启农的《中国近代史讲话》(新知书店1946),是陕甘宁边区政府教育厅所编的“文化教育丛书”之一,其对象主要是边区小学教师和略有初步历史知识的读者,目的在于普及基础的历史知识。共20讲,从鸦片战争至“七七事变”。叙述近代以来中国屡次遭受列强侵略的史实,很好地发挥了爱国主义历史教育的功能。

除了中国古代与近现代历史外,中国共产党以及进步学者还编撰了一些普及世界历史知识的书籍。1934年创刊的《世界知识》在提供丰富的世界知识的

①辛安亭:《中国古代史讲话》,甘肃人民出版社1981年,第1-2页。《中国历史讲话》叙至鸦片战争前,故重版时改为《中国古代史讲话》。

②敬之:《中国历史》,读书生活出版社1939年,第2-3页。

③钱亦石:《中国怎样降为半殖民地》,生活书店1947年,第1页。

④曹伯韩:《中国近百年史十讲》,华华书店1942年,第1页。

⑤曹伯韩:《中国现代史读本》,文化供应社1947年,第3页。

同时又宣传了马克思主义。世界知识出版社1935年开始出版的“世界知识丛书”,有《太平洋问题十讲》、《现代十国论》(金仲华)、《世界知识读本》(张弼)、《中日问题讲话》(章乃器)、《紧急时期的世界与中国》(钱亦石)等等,当时普及世界历史知识的主要目的是抗日救亡。① 张仲实编译《苏联历史讲话》(生活书店1939),全书15章,末附大事年表,介绍苏联的历史以及政治、经济、外交、民族等各方面的情形。

在国统区也编辑出版了许多马克思主义的通俗读物。生活书店出版的“青年自学丛书”,历史类的有《先秦诸子思想》(杜守素),《辛亥革命与袁世凯》(黎乃涵),《中国怎样降到半殖民地》(钱亦石),《近六十年的中日关系》(张健甫),《近三十年国际关系小史》(徐弦),《社会发展史纲》(华岗)等。② 桂林文化供应社1938年建社,胡愈之任主任,曾编辑了一套通俗读物,总名《文化室图书》,其中有精神读物八册,国民必读一百册,通俗文学五十六册,连环图画十六册,日用必备书七册,又出版《青年新知识丛刊》,包括了《怎样研究历史》(林楚),《被压迫民族问题》(戈明),《帝国主义侵略中国的经过》(李声玄),《帝国主义是什么》(千家驹),《封建社会是什么》(杨荣国),《世界战争中的印度》(金仲华)等等。③ 内容既密切配合抗日宣传,又推进广大民众的文化教育。胡愈之并且设计了既能保全全部读物,又便于山区运输的书箱。④ 林默涵曾为海燕出版社拟出两套丛书:“新青年学习丛书”和“百科问答小丛书”。“新青年学习丛书”每册字数约五万到六万字,读者为“寻求新知识的青年”,内容包括各种基础知识,“观点必须正确,写法力求通俗、生动”。历史类有《唯物史观讲话》、《中国近代思想史》(华岗)、《中国职工运动简史》、《中国学生运动简史》、《中国妇女运动简史》、《中国唯物论史》(杜守素)、《苏联怎样进入共产主义》(许涤新)等。⑤

(二)解放战争时期的历史知识普及工作

解放战争时期,根据革命斗争的需要,马克思主义历史学通俗读物的大量出版,使广大民众受到了教育,提高了其认识水平,继续发挥其战斗性的作用。这一时期通俗史学的创作和繁荣,是提高革命干部和群众文化知识水平、推进中国革命的有效手段。

---

①宋应离、袁喜生、刘小敏主编:《中国当代出版史料》,大象出版社1999年,第365页。

②朱联保:《近现代上海出版业印象记》,学林出版社1993年,第181页。

③莫志恒:《入桂访书记》,载《出版史料》第2辑,1983年。

④吉少甫:《书林初探》,上海三联书店1995年,第334页。

⑤俞鸿模:《海燕十三年》,载《出版史料》第4辑,1985年。

在东北战场，东北解放区于1948年8月召开第一次教育会议，提出东北解放运动今后的工作重点是争取和培养大批革命知识分子来为战争服务，使用的通俗读物主要是李石涵的《从“九一八”到“七七”》和《从“七七”到“八一五”》。

《从“九一八”到“七七”》将“九一八”事变至“七七事变”分成4个阶段：(1)“九一八”“一·二八”事变，国民党实行不抵抗主义，依赖国联，步步退让，集中力量屠杀人民(1931—1932)；(2)日寇进屠华北，蒋介石与日本直接妥协，卖国者赏，“言抗日者杀无赦”(1933—1934)；(3)华北危机，蒋介石大唱“中日亲善”“经济提携”，对于高涨的救亡运动则实行残酷的镇压(1935—1936)；(4)西安事变后，在全国人民的压力下，蒋介石被迫停止内战，但仍未放弃反共、反人民，消灭异己的政策(1937)，《从“七七”到“八一五”》是前书之续编，全书采编年体，以年月为序，列举从“七七事变”到到1945年8月5日日本宣布无条件投降、东北光复这一段历史时期的重大战役和重要事件，揭露国民党的黑暗腐败和反人民的本质，末附各种图表。《从“七七”到“八一五”》1947年初版后2月已经销售一空，作者又用2个月时间增订，这期间第二版1万余册亦已售完，作者的增订本只能作为第三版发行。自“九一八”事变后，东北与祖国隔绝了14年之久，通过上述两种通俗读物，“给东北青年尽一点普通读物性的作用”①，使得东北群众对历史的真相有进一步的深刻认识。

在解放战争后期，国民党企图划江而治，“南北朝”的论调一度十分流行。翦伯赞、吴晗等历史学家纷纷著文加以批判，号召将革命进行到底，例如翦伯赞的《孙皓的末日》《评南北朝的幻想》《末代皇帝的下场——逃跑、投降、自杀、被俘》，吴晗的《论南北朝》等等，采用“借古说今”的方法，用历史事件和历史人物来影射当前的时事和当代的人物，以达到揭露反动统治者的目的。

此外，在解放战争时期，马克思主义的历史通俗读物还有沈长洪的《世界史话》(1947)、华岗的《社会发展史纲》(1947)、叶蠖生的《中国历史读本》(1949)等等。沈长洪的《世界史话》，从世界上古历史述至第二次世界大战，其书主旨，在于“研究资本主义必然崩溃与世界人民解放斗争必然胜利的现代情况，坚定我们人民斗争的胜利的信念，认清苏联与各国革命人民才是我们真正的朋友，一切帝国主义分子都是我们的敌人”。② 华岗的《社会发展史纲》，为生活书店“青年自学丛书”之一，全书共7章，按照通行的社会发展史的框架来进行叙述，而将“社会主义社会”作为末章是作者的创见。叶蠖生的《中国历史读本》，全书共4编47节，从远古叙至明清，概述了中国历史的一个十分简要的轮廓。根

①李石涵：《从“七七”到“八一五”》，东北书店安东分店1949年，第1页。

②沈长洪：《世界史话》，华中新华书店1949年，第2页。

据此书“编辑大意”,此书是为“适应一般的中学程度”,因此“取用史料,尽可能选择某一阶段政治经济发展的主要突出事件,普通史料尽量从略,希望画出一个历史发展的概括轮廓,给予学者易于接受的印象”,“为求简明,一般的引证分析尽量从略”。并于书末附“世界大事年表”和“中外王朝兴衰表”,以便读者对比参照。

(三)马克思主义史学普及工作的主要特征

自抗日战争起至中国革命最终取得胜利,马克思主义史学在毛泽东所提出的“大众化”“通俗化”原则的指导下,历史知识普及工作取得了很大的成就,其特征主要体现在以下几个方面:

第一,马克思主义的历史知识普及工作,都是以唯物史观为指导,通过科学的历史知识普及来纠正广大民众对历史的种种误解,恢复历史的本来面目,最突出的就是体现在以人民群众的历史来替代以往帝王将相的历史。“中国广大的劳动人民是历史的推动者”①,这是历史读物所遵循的基本指导思想。例如叶蠖生的《中国历史读本》,将中国历史分成四个阶段,从原始公社到集权封建的民族国家(自夏至秦的统一);秦末农民起义所造成的封建帝国及其崩溃后的大分裂(自汉至隋的800年);隋末农民起义后封建经济的复兴及其在民族侵略下的衰退(自唐至元的750年);明清专制主义与民族压迫下封建经济的停滞。作者在人民群众是社会变革的决定性力量的思想指导下,来对中国历史进行分期。

马克思主义的历史知识普及工作,不仅仅是停留在纠正历代统治阶级所篡改的历史、恢复历史本来面目的层面上,更重要的是要对历史的演变做出规律性的解释。华岗在《社会发展史纲》中认为:“历史是人类实践活动的记述及其指导,是概括过去全人类生活斗争与其创造之实践的成果;尤其是阶层任务的实践,构成历史本身运动的动力。因此历史科学的任务,就是要求对于整个世界史,从其联系上、运动上、错综上、生灭过程上去理解,也就是要从历史上各社会集团之相互斗争的具体历史事实中,发现出历史发展的规律,并从这规律去说明人类在其过去所经历之历史的生活实践的总体,并指出人类向前发展之历史的前程。”②该书首章叙论,次章人类的起源和进化,后五章分述原始共产社会、奴隶社会、封建社会、资本主义社会和社会主义社会。需要指出的是社会形态理论必须与人类历史的具体进程相结合,绝大多数的马克思主义的通俗史学

①许立群:《中国史话》,中华书局2005年,第213页。

②华岗:《社会发展史纲》,生活书店1947年,第4页。

著作,正如同吕振羽所倡导的力求“避免原理式的叙述和抽象的论断”[①],通过具体的历史实证来阐明马克思主义的社会发展原理。

第二,马克思主义的历史知识普及工作,是响应毛泽东《在延安文艺座谈会上的讲话》提出了革命文艺通俗化、大众化的号召,以此为历史知识普及工作的重要指导思想。艾思奇即认为马克思主义的文艺是“面向大众,用自己的特殊形式来发挥宣传动员的作用”,“文艺要成为知识分子与工农劳动群众互相了解的桥梁,因为他们的相互结合和团结,是革命成功的保证。我们需要打击敌人,揭露敌人的罪恶,需要联合友人,需要推动群众作英勇的斗争”,都离不开大众化、通俗化的宣传。[②]

在历史知识普及领域中尤其需要强调通俗化、大众化,吴玉章认为史书的编辑体裁,主要有三种形式:“一种是简单明了的,只说出研究的结论而不把一切研究的辩论放在里面。目的是为初学的人大概知道中国历史的发展概略。应扼要而不繁杂,篇幅不宜多。一种是比较详细的,能更深刻地表现时代更具体的内容,引证的史实更多。这是为中学以上学校用的教本而作。还有一种是为历史研究而作,内容可以丰富一些……至于叙述,用通俗的白话体写出来是好的。”[③]钱亦石的《中国怎样降到半殖民地》在写法上颇具特色。按照作者的设想,“为节省读者的脑力起见,所以这本小册子用‘故事体’来写。在内容上注重趣味化;在形式上又尽量避免单调,有对话,有读书札记,有少数人的‘集体研究’,有广大群众的‘公开讨论’,甚至有工作报告,有会议记录,而以‘集体写作’的论文结束本书,使读本不仅明白‘史实’,并且在实际活用上也多得一种参考”。[④] 作者因“说故事”的需要,而对“对话”“集体研究”“公开讨论”等情形进行了绘声绘色的描述,故事的主人公以及“对话”“集体研究”“公开讨论”的场景都是作者的虚构,但是“对话”“集体研究”“公开讨论”的具体内容,即历次侵华战争和不平等条约等等,却完全是严格依照历史,绝无任何虚构。钱亦石的国文造诣很深,其文笔流畅而锐利,“任何复杂问题或艰深的学理,他都由浅入

①吕振羽:《简明中国通史》上册,人民出版社 1955 年,第 3 页。“避免原理式的叙述和抽象的论断”,源自于 1934 年《关于苏联各学校中教授本国史》的决议:“在本国史的教学中,不是采取生动活泼的方式和依照年代次序叙述最重要的事件和事实以及历史人物的特点,而是向学生讲授一些社会经济形态的抽象定义,这样就以抽象的社会学公式代替了本国历史的系统叙述。”

②艾思奇:《谈延安文艺工作的立场、态度和任务》,见《艾思奇全书》第 3 卷,人民出版社 2006 年,第 330 页。

③吴玉章:《关于〈中国通史稿〉第一编的一封信》,见《吴玉章文集》下册,重庆出版社 1987 年,第 843 页。

④钱亦石:《中国怎样降到半殖民地》,生活书店 1947 年,第 2 页。

深,说得有趣味”。①

第三,建立了以新华书店为主,其他进步的发行机构为辅的图书发行渠道,传播广泛,影响巨大。抗日战争时期的延安是根据地的出版中心,1937 年,新华书店总店在延安成立,延安的各种出版物统一由新华书店发行。1940 年,根据中共中央“建立印刷厂,出版书报,组织发行和输送机关”的指示,在各根据地相继建立新华书店,抗战胜利以后,各根据地的新华书店都有了较大规模的发展。②

根据中国人民大学图书馆编《解放区根据地图书目录》(中国人民大学出版社 1989),列举一些重版较多,影响较为广泛的读物的出版情况(见表 4－1)。

表 4－1

书名	版本
中国史话(许立群)	华北书店 1942,江淮出版社 1944,太岳新华书店 1946,冀中新华书店 1946,华北新华书店 1946,华北书店 1948,冀东新华书店 1949,上海华夏书店 1949 五版
二千年间(胡绳)	中原新华书店 1949,大连新华书店 1949,上海开明书店 1949,新华书店 1949,北平新华书店 1949
中国近代史(韩启农)	新华书店 1945,东北书店 1947,新华书店晋绥分店 1947,太岳新华书店 1947(1948 再版),新华书店晋察冀分店 1947,东北新中国出版社 1949,华北新华书店 1949
窃国大盗袁世凯(陈伯达)	东北书店 1946(1948 三版),华北新华书店 1945,新华书店 1945(1949 再版),新华书店晋西分店 1945,华北军政大学政治部 1946,华东新华书店 1948,冀鲁豫书店 1945,山东新华书店 1945,胶东新华书店 1945,华东新华书店 1948 再版,上海新华书店 1949
中华民族解放斗争史(华善学,“救中国通俗小丛书”)	新知书店 1938(1939 再版),胶东联合社 1942 三版,胶东新华书店 1946 四版,大连大众书店 1947,苏北新华书店 1949,新华书店 1949
中国怎样降到半殖民地(钱亦石)	生活书店 1937(1938 再版),上海生活书店 1939(1947 再版),光华书店 1948

①张仲实:《忆钱亦石先生》,见《张仲实文集》下册,中国文联出版公司 1993 年,第 1115 页。

②郑士德:《中国图书发行史》,高等教育出版社 2000 年,第 695 页。

续表 4-1

书名	版本
从"九一八"到"七七"	辽东建国书社 1943,晋察冀边区学习委员会第七分会 1944,渤海出版社 1944,晋绥日报 1945(1946 再版),民众书店 1946 四版,解放社 1948,东北书店 1948 三版,民众书店 1948,东北新华书店辽宁分店 1949,华东新华书店 1949,冀东新华书店 1949,佳木斯新华书店 1949,东北书店 1949 再版,新华书店 1949
从"七七"到"八一五"	安东东北书店 1947,苏北新华书店 1947,东北书店 1948,东北书局 1949 三版,东北书店安东分店 1949,冀东新华书店 1949,东北书店 1949,山东新华书店 1949,苏北新华书店 1949(1949 再版)
社会发展简史(华岗)	华北新华书店 1948,晋绥新华书店 1948,陕甘宁边区新华书店 1948,哈尔滨兆麟书店 1948,太岳新华书店 1949,北平科学社 1949,新华书店 1949,皖北新华书店 1949,冀南新华书店 1949
近代世界革命史话(陈光祖)	山东新华书店 1946,大连大众书店 1946,冀鲁豫书店 1947,佳木斯东北书店 1948
苏联历史讲话(张仲实译)	生活书店 1939,华北书店 1941,读者书店 1945,太岳新华书店 1947
世界史话(沈长洪)	皖北新华书店 1947,华东新华书店 1948,新华书店 1949,华中新华书店 1949

各地的新华书店,既是出版机构又是发行机构。从上述表格中,很明显地反映出了各个解放区的新华书店在历史通俗读物的发行过程中起到了无可替代的重要作用。

在国统区以生活书店、读书出版社和新知书店为代表的进步机构,出版与发行并重,使得马克思主义历史通俗读物在国统区也拥有了相当的读者。值得一提的是,部分通俗读物如《中国新民主主义革命史话》《近百年史话》《社会发展简史》《红军长征故事》等等,也被国统区的一些私营书店所翻印①,从一个侧面反映出马克思主义历史通俗读物在国统区的影响。

①中国出版科学研究所、中央档案馆编:《中华人民共和国出版史料》第 1 卷,中国书籍出版社 1995 年,第 214-215 页。

第二节　范文澜与翦伯赞的通俗史学成就

（一）范文澜与《大丈夫》

范文澜（1893—1969），浙江绍兴人，中国马克思主义史学的奠基者之一。与郭沫若、吕振羽、翦伯赞等从社会史大论战开始走上马克思主义史学道路的历史学家不同，范文澜治学由经入史。1913年入北大文科国学门，从刘师培学经学，从黄侃学小学，从陈汉章学史学，打下了深厚的国学功底，著有《群经概论》《正史考略》《文心雕龙注》等书。1936年范文澜写成《大丈夫》一书，以激扬爱国主义精神。范文澜于1940年1月赴延安，任马列学院历史研究室主任，撰成了《中国通史简编》，是在马克思主义唯物史观指导下的中国通史编撰的里程碑式的作品。

众所周知，中华民族有着悠久的历史和灿烂的文化，阐发优秀的民族传统文化，有助于增强民族自尊心、自信心和自豪感。"九一八"事变后中国面临着日益空前的民族危机，尤其需要通过历史通俗读物来发扬民族精神，培养民族意识。范文澜的《大丈夫》便是代表作之一。

《大丈夫》一书1936年最初由上海开明书店出版，至1949年已重版6次。《大丈夫》一书记述25人的事迹：张骞、卫青、霍去病、李广、苏武、赵充国、马援、班超、刘琨、玄奘、颜杲卿、张巡、许远、狄青、宗泽、岳飞、张世杰、陆秀夫、文天祥、方孝孺、戚继光、熊廷弼、袁崇焕、史可法、黄道周，是为上述诸人通俗传记的汇编。在记述时，先简要介绍传主所处的时代背景，再详细叙述传主的个人生平和主要功业，并对其人其事进行评论，对文中出现的专有名词和专业术语加以简要注释并附于篇末。

《大丈夫》虽然是一本历史通俗读物，"文辞浅显，取材真实，如果家庭间采取做儿童教材，民众教育家采取做宣讲资料，中学校采取做课外阅读书，对于民族精神的提倡，或者多少有些贡献"。[①] 但是范文澜却并未因此书是通俗读物而草率敷衍。在写作过程中深入钻研，精心写作。[②] 根据范文澜在书前凡例中所述："本书取材，正史以外参考许多种野史笔记，审慎稽核，组织成篇。无一语无来历，无一事无根据，可以当一部信史读，绝对避免演义家凭臆虚造、混乱事实的弊病。"

①范文澜：《大丈夫》，见《范文澜全集》第6卷，河北教育出版社2002年，第169页。

②田居俭：《史学著述要深入浅出》，见《春泥集：田居俭论史文存》，当代中国出版社2004年，第89页。

《大丈夫》所选录历史人物的标准都是侧重于足以发扬民族精神、道德气节堪为表率者。范文澜认为:“每当外力侵入中国的时候,总有许多忠臣义士,用各种方式参加民族间悲壮的斗争。有的事迹流传下来,有的连姓名都湮没了。他们拼出血和生命,去保证民族的生存,是永远应该崇敬的。”范文澜所选取的25人的事迹,只是众多堪为楷模的志士仁人中的代表人物。此书名为《大丈夫》,取孟子所云“富贵不能淫,贫贱不能移,威武不能屈,此之谓大丈夫”之意。

《大丈夫》于每篇之末仿《史记》论赞之体都有一简短的结语。《大丈夫》的论赞,主要是为作者对其人其事进行评论,如首篇记张骞凿空东西交通之事迹,“张骞冒万死为朝廷效力,西到波斯,南通印度,从此中国与西方西南方大小民族开始接触,我们试想,他一个人劳力的结果,发生怎样巨大的影响呢……看他被匈奴拘留十多年,好容易逃脱虎口,却依然向西奔去,绝不畏难退缩,勇敢不屈的精神,谁及得他,谁就也能做他的事业”。[①] 赵充国篇末在赞扬赵充国出色军事才干的同时,还推许其政治眼光。军人除了专长军事外,还应受政治的训练,有远大的政治目光。论赞之中,抑或补充逸事以彰显传主品格,如狄青篇末以其逊谢以狄仁杰为祖之事,虽然是一件小事,但“也可以看出他自尊自立的精神”。[②] 史可法篇末记左光斗与史可法之交往,称赞其二人的“道义相推许”。

《大丈夫》注重个人事功与道德气节并重,“因为事业的成败,大部分是受环境支配的;道德的责任,任何人却都可以负担起来。孔子说:‘三军可夺帅也,匹夫不可夺志也。’正义所在,舍命去做,愈是知其不可为而为之,愈是显出人格的伟大”。[③] 所以许多历史人物如刘琨、颜杲卿、张巡、许远、宗泽、岳飞、张世杰、陆秀夫、文天祥、戚继光、熊廷弼、袁崇焕、史可法、黄道周等人的抗敌虽然最终失败,但却丝毫无损于他们的伟大。范文澜特倡气节,像颜杲卿“拼出一死,号召忠义,虽说只支持了十几天,他们那种刚烈奇伟的精神,却给一般凡庸怯懦人以最深刻的教训。使他们知道从贼偷活的污辱,杀身成仁的光荣”。[④]

范文澜在赞颂中国历史上抗击外敌战争中的英雄人物,叙述其功业,提倡其气节的同时,又极力揭露历代昏君奸臣统治下的种种黑暗和罪恶,例如在两宋之际,“徽宗、钦宗、高宗是三位一体的大昏君,当时满朝奸臣庸臣,藉拥着昏君,尽量做昏天黑地的丑事,多少忠臣义士,因此被牺牲”。金封徽宗为昏德公,钦宗为重昏侯,“确是最公正的评价”,宋高宗“天生是一个透顶昏鄙无耻的

①范文澜:《大丈夫》,见《范文澜全集》第6卷,河北教育出版社2002年,第173页。
②范文澜:《大丈夫》,见《范文澜全集》第6卷,河北教育出版社2002年,第228页。
③范文澜:《大丈夫》,见《范文澜全集》第6卷,河北教育出版社2002年,第168页。
④范文澜:《大丈夫》,见《范文澜全集》第6卷,河北教育出版社2002年,第220页。

人”。从黄潜善、汪彦伯一直到秦桧的无耻卖国和破坏抵抗的勾当,使恢复的大好形势毁于一旦,“表扬宗泽、岳飞两人事迹,显示宋朝不是没有恢复的机会,可惜都给昏君奸臣庸臣打销了”。[①] 范文澜在《文天祥》一篇末,还附周密《癸辛杂识》中所记之士大夫方回行状。根据传中所述,方回其人行迹卑劣,善钻营,性反复,最后腆颜降敌,“略不知人间羞耻事”。范文澜以方回为例,反衬“文天祥、陆秀夫、张世杰诸公忠义慷慨”。相比之下,“方回一流,南宋以前,以至南宋,滔滔者天下皆是也,人民如何能免亡国浩劫呢”。[②]

此外,《大丈夫》一书还注意从历史中归纳成功经验,总结失败教训。例如汉代卫青、霍去病等反击匈奴,建功绝域。范文澜认为卫霍的功业固然值得歌颂,但与汉代的政治形势亦有绝大的关系,因为“一个民族被别一个民族压迫侵略,不成问题是要抵抗的,是要报仇的,不过先得估量实力是否胜算可操,万不可轻举妄动”,经历了文景二帝“忍耻自强”,到武帝方才得以“发扬国威”,“确是民族生存最好的模范”。[③] 相反,“一个国家要是政治腐败,民穷财尽,本身既非崩溃不可,外患自然乘虚而入”。而面对外患不知振作,一位妥协退让,失败的命运便不可避免了,如宋朝立国,对外始终采取了“最和平最谦恭”的政策,结果“礼让大义”成就了对方的得寸进尺。“看了宋朝的亡国史,知道一个国家自己不努力,对外退让的结果,痴人也会明白他的命运的”。[④] 范文澜的上述议论,显然是在“九一八”事变后,日本侵略者步步进逼,而当局却接连退让的背景下有感而发的。

范文澜的《大丈夫》一书,其内容体例与行文语言的风格与范文澜其他作品相比体现出了截然不同的特色。《大丈夫》以历史通俗读物的形式来表达抗击外来侵略,激扬民族精神的思想倾向,受到了广大人民群众的欢迎。此后的《中国通史简编》,“就其稽核各种史料、熔铸成篇,和将文言文改写成恰当、传神的现代汉语而论,则是《大丈夫》的手法和风格的继承和进一步发展”。[⑤]

(二)翦伯赞的通俗史学成就

翦伯赞(1898—1968),湖南桃源人,著名的马克思主义史学家。1924 年赴美国加利福尼亚大学留学。1926 年回国参加革命。大革命失败后,在吕振羽等人影响下,开始用马克思主义观点潜心研究中国社会和历史问题。

①范文澜:《大丈夫》,见《范文澜全集》第 6 卷,河北教育出版社 2002 年,第 230 页。
②范文澜:《大丈夫》,见《范文澜全集》第 6 卷,河北教育出版社 2002 年,第 256 页。
③范文澜:《大丈夫》,见《范文澜全集》第 6 卷,河北教育出版社 2002 年,第 177 页。
④范文澜:《大丈夫》,见《范文澜全集》第 6 卷,河北教育出版社 2002 年,第 249 页。
⑤陈其泰:《范文澜学术思想评传》,北京图书馆出版社 2000 年,第 50 页。

1937年抗日战争爆发后，翦伯赞即主张实现“文化大众化”，从而提高民众的文化水平，唤醒激励广大民众投到抗日战争中去。翦伯赞所说的文化大众化，“在质的方面放低文化的水准，加深文化的内容，把抗战的意义，广播于一般人民大众，使他们之中的每一个，都能彻底地了解这一次战争的神圣的内容，和伟大的意义，这一次战争与他们自身的密切关系，以及在这一次战争中，他们每一个人所应负的任务，而自发地自愿地负起世界史所给与他们的一个伟大的历史使命。在量的方面，便是要扩大文化的对象——从学生普及到农民与工人——和文化的领域——从都市延展到田野和工厂。我们必须要使民族中的每一个人都有接受文化的机会，要使全国的每个地域都有文化机关的设置”。[①]翦伯赞认为，在革命战争年代，通俗史学除了一般的普及性的作用外，还应带有战斗性，“本国史的研究正是在思想战线上必要和重要的方面之一。本国史知识之所以有普及的必要，就是因为我们可以通过科学的历史知识来肃清各种封建的、买办的、个人主义和英雄主义的旧思想，并且我们可以由历史发展规律的正确把握而加强对于中国民族进步方向的信心和认识。统治阶级向来总是利用历史知识来麻痹和欺骗人民，他们片面地和歪曲地揭示历史，企图散播正统观念和媚外观念，引起对人民力量的怀疑，宣传反对革命的改良思想以及达到诸如此类的其他目的。因此我们就必须努力把科学的历史知识和人民大众相结合，来代替那些统治阶级所传播的‘历史知识’”。[②]

在抗战时期，翦伯赞曾发表了《论明代倭寇及御倭战争》《南宋初年黄河南北的义军考》《桃花扇底看南朝》等文章，谴责了日本帝国主义的侵略，颂扬了敌后军民的抗日斗争，揭露了国民党政权的黑暗腐朽。翦伯赞的通俗性史论与上述学术论文同样具有战斗性。《从历史上看中共的土地改革》中对比了历代王朝的限田、王田、占田、均田等措施，都属封建官僚所提出的缓和土地兼并的方案，而1947年9月13日颁布的《中国土地法大纲》则是“农民的手笔”，是为“鼓舞农民为了收回自己的土地而斗争”。[③] 在解放战争时期，翦伯赞在香港主编《文汇报·史地周刊》，在刊物上发表了《孙皓的末日》《评南北朝的幻想》《末代皇帝的下场——逃跑、投降、自杀、被俘》等文章，吴晗在《敬贺〈文汇报〉复刊》中说：“我们希望《文汇报》一定会做到通俗化、人民化……报纸是为最大多数人

①翦伯赞：《怎样动员我们战时的文化》，见《翦伯赞全集》第7卷，河北教育出版社2008年，第65－66页。

②翦伯赞：《中国史论集（第三辑）·关于历史知识的通俗化问题——兼答吴兰先生》，见《翦伯赞全集》第4卷，河北教育出版社2008年，第275页。

③翦伯赞：《中国史论集·从历史上看中共的土地改革》，见《翦伯赞全集》第7卷，河北教育出版社2008年，第65－66页。

服务的,要办到人人能读,人人喜读。通俗化不只是文字的通俗而已,内容又何尝不应该如此。”翦伯赞的上述诸文,便是形式与内容的很好结合,《评南北朝的幻想》指出了国民党的划江而治是根本不为时势所容许,“以今观昔,时异势迁。在今天,蒋介石再想来一个南朝,已经不可能了。今天中国历史发展的方向不是南北朝对立,而是一个统一的中华人民民主共和国”,其根本原因在于人民民主的力量已经远远超越了反动派,“如果说南北对立的局面之稳定,是由于敌对双方力量发展到均衡之结果,今天南北的力量已经不均衡,所以不可能”。[①] 反动派通常没什么好下场,“在中国历史上,我们看到无数的末代帝王,他们的下场虽然各有不同,但除了由于内部发动的政变而被迫禅位(逼宫)以外,大抵不外逃跑、自杀、投降、被俘”。[②]

应该说,《孙皓的末日》《评南北朝的幻想》《末代皇帝的下场——逃跑、投降、自杀、被俘》等,名为评说历史,实为“时事评论”。当然,翦伯赞本人其后也注意到了其中的非历史主义倾向,并力图加以纠正。

新中国成立后,翦伯赞对历史教育和历史知识普及也很关注,曾多次和学生座谈学习历史的必要性和学习的方法。1951 年为中央人民广播电台少年儿童广播题为《我们为什么要学习中国历史》,指出青少年学习历史最主要的目的就是为了培养爱国精神,具体而言,学些历史知识,可以知道祖国是一个有着悠久历史的文明古国,继承祖国的丰富遗产,了解中华民族的优秀与勇敢以及新中国的伟大。1961 年,翦伯赞与范文澜、吕振羽应邀访问内蒙古,写成《内蒙访古》一文,以游记的体裁谈古论今,融历史知识于游览见闻之中。此文被选录为中学语文教材,产生广泛的影响。翦伯赞还与邵循正、胡华合编《中国历史概要》(知识出版社 1980)一书,并撰写了其中的原始社会、奴隶社会与封建社会部分。

翦伯赞认为历史是生动活泼、丰富多彩的,在不影响科学性的前提下,历史叙述应当尽量生动,例如《“人与兽争”时代的生活方式》对原始人生活的描述:

> 我们可以想象燧人氏时代的人群,已经不是拘束于内海周围之可怜的采集者,而已一变为英勇的猎人。他们拿着鹿角制成的匕首或是有柄的投枪……到处的森林,都烧起了熊熊的大火,到处的猎人,都发出雄壮的歌

①翦伯赞:《中国史论集(第三辑)·评南北朝的幻想》,见《翦伯赞全集》第 4 卷,河北教育出版社 2008 年,第 19、21 页。

②翦伯赞:《中国史论集(第三辑)·末代帝王的下场——逃跑、投降、自杀、被俘》,见《翦伯赞全集》第 4 卷,河北教育出版社 2008 年,第 22 页。

声。于是在胜利的呼号中，大批的野兽逃进了洞穴。而在内海的周围，在易水流域，在西拉乌苏河，在黄河的沿岸，都布了渔捞的人群。此外在这一带的山坡和原野，也有成群的女人进行采集。现在，在原始人的菜单上已经不仅是球根、果实和螺蚌，而是添上了很多前所未有的山珍海味。[①]

同样，《中国史纲》之一、之二卷《先秦史》与《秦汉史》，古代文献中佶屈聱牙的词句，在《中国史纲》中都化为了生动的形象、易于理解的语言，有很多段落都是用了优美流畅的语言来进行叙述，对历史"加以生动活泼的描写，这是超越一切历史书籍的独到之处，使我们折服翦先生的文艺天才，他不但是一个文艺的描述者同时又是一个科学的批判家"。[②] 翦伯赞的作品"能寓科学性、党性于优美而流畅的诗一般的文字语言中。凡读过《中国史纲》的人，无不有感于他锤炼文字的功力"。[③]

第三节　许立群的《中国史话》与胡绳的《二千年间》

吴晗曾与张荫麟探讨过中学历史教学问题，认为"小学有一套历史，从三皇五帝起到宋元明清，高中再有一套，到大学还是这一套。譬如四枚镜子，大小虽然不同，可是所显出的还是一模一样"。解决的办法是小学、初中、高中分别编撰三套不同的历史读物，"小学国史应该以人物为中心，选出国史上可以代表每一时代精神的人物"，"初中国史应该以大事为中心"，"高中国史，以时代为次，综述人地事，融会而贯通之"。三套历史读物都必须"要求其可读，文字和内容都要通俗生动，能够吸引读者，使之愈读愈有味，才算合于标准"。[④] 在吴晗看来，许立群的《中国史话》、胡绳的《二千年间》和翦伯赞的《中国史纲》（第一册）恰好符合上述三套历史通俗读物的编撰要求。本节即主要论述许立群的《中国史话》和胡绳的《二千年间》这两部马克思主义通俗史学的代表作品。

（一）许立群的《中国史话》

许立群（1917—2000），江苏南京人。许立群在中学时代曾参加"一二·九"运动，1937年加入中国共产党。许立群长期从事党的理论宣传工作，在提高党

---

①翦伯赞：《中国史论集（第一辑）·"人与兽争"时代的生活方式》，见《翦伯赞全集》第2卷，河北教育出版社2008年，第38页。

②蒋钟：《读翦伯赞中国史纲后》，载《大夏大学历史社会季刊》第1卷第1期，1947年。

③侯外庐：《韧的追求》，三联书店1985年，第138页。

④吴晗：《记张荫麟》，见《吴晗全集》第7卷，中国人民大学出版社2009年，第105页。

员干部的理论水平，向广大干部群众宣传马克思列宁主义毛泽东思想和党的方针政策方面，做出了卓著的贡献，是党在理论宣传工作中的杰出领导者。

《中国史话》是许立群所著的一部影响广泛的历史通俗读物。《中国史话》首先发表在延安出版的《中国青年》杂志上，原题为《古中国的故事》，后扩写成《中国史话》，1942 年在延安出版单行本。《中国史话》曾获得 1942 年纪念五四青年节领导机关的奖励，被认为是“以文艺的笔调写史，通俗、生动、趣味性强”。① 除了《中国史话》外，许立群另著《国事痛》（署名杨尔），内容是抗日战争胜利后一年间中国人民和反动派之间的斗争，最初在报上连载，大部分内容由许立群撰写。

《中国史话》从北京猿人开始写起，传说中的尧舜到夏禹是母系氏族转入父系氏族时期，原始公社走向崩溃。到了殷代，奴隶制度正式确立。商周革命是中国封建社会的起点，秦统一后中国便由初期封建社会转入专制主义封建社会阶段。在封建社会晚期，资本主义的因素随着封建社会的没落而开始滋长，但由于鸦片战争而遭到腰斩，1840 年后中国便进入了半殖民地半封建阶段。《中国史话》把中国古代历史分成三个阶段：(1)原始公社到中央集权的封建制度的成立（远古至秦，约前 3000—前 221 年）；(2)中央集权的封建国家成立后向外扩张到外族内侵（秦汉至南北朝，前 221—589 年）；(3)封建经济的发展到西洋资本主义的侵入（隋统一到清鸦片战争，589—1942 年）。先概述每一阶段的特征，再依次论述各阶段的重要历史人物、事件、制度等。各篇史话综合起来，便是简单明了的中国通史。

许立群认为，中国社会依次经历了原始公社、奴隶社会、封建社会的发展历程，说明“我们民族的历史是合法则地发展着的”，但是“我们民族的历史也有它的特点”，简单来说，就是“中国历史一方面是合乎一般的规律的，但是有它独特的道路”。② 和西方国家相比，中国封建社会的发展迟滞缓慢，最主要的原因就是封建地主、商人、高利贷者结成三位一体而造成了对广大民众敲骨吸髓的剥削，阻滞了社会生产力的发展。但是，广大民众的积极斗争又使社会经济得以缓慢发展，“不过直到鸦片战争前夜，它还没有达到突变为资本主义社会的质变的阶段”。③

《中国史话》在写法上也颇有特色。各篇史话都抽绎出最有特色、最有概括

①许立群：《许立群文集》下册，当代中国出版社 2003 年，第 836 页。

②许立群：《中国史话》，中华书局 2005 年，第 210 页。《许立群文集》中收《中国史话》，本文所用《中国史话》的版本为中华书局 2005 年版。

③许立群：《中国史话》，中华书局 2005 年，第 213 页。

性的词句、典故等为标题并加一副标题述其内容,而后详述历史事件的始末和文化制度的流变。例如“佛教的起源与其传入中国”一节以“皇帝做和尚”为标题,叙述古印度佛教的产生、汉代佛教传入中国、魏晋南北朝时期佛教的繁盛以及中外佛教交流等内容。“皇帝做和尚”是指梁武帝萧衍三次“舍身”同泰寺出家的事例,“皇帝做和尚,这也可以反映出当时政治的混乱和统治者的荒唐了。南北朝时期是佛教在中国的黄金时代之一”。① 既叙述了流变,又突出了重点,而通过“皇帝做和尚”这一例证来说明佛教在中国的繁盛。

《中国史话》中的每篇史话都短小精悍,许多篇幅都是用历史故事的形式来进行叙述,例如“‘非攻’与‘兼爱’”节(见表4-2)。

表4-2

《中国史话·“非攻”与“兼爱”》	当时最著名的技术家公输般,帮助楚国造了爬城的“云梯”,要进攻弱小的宋国。墨子是主张“非攻”反对战争的,他听了这个消息便赶到楚国去,脚上都走出许多泡来。他到了楚国劝公输般不要进攻宋国,公输般不听,他便和公输般在楚王面前比赛,他把腰带解下来当作城墙,公输般用木片当作云梯之类攻城的器械来进攻,一来一往,攻了九回,攻城的器械完了,公输般没有攻进去,墨子守城的器械还多得很。公输般很不高兴,说:“我自然有办法打胜你的,可是我不说。”墨子说:“我知道你用什么办法打胜我的,我也不说。”楚王听不懂,问他们说的是什么意思,墨子说:“公输子想要杀我,以为我被杀了便没有人帮助宋国防御了。其实,我的弟子禽滑厘等三百人早已带了我守城的器械在宋国城上等着楚国的进攻。杀了我并不能够把宋国攻下来的。”楚王听了,便停止进攻宋国的打算了。
《墨子·公输》	公输盘为楚造云梯之械,成,将以攻宋。子墨子闻之,起于鲁,行十日十夜而至于郢……于是见公输盘。子墨子解带为城,以牒为械,公输盘九设攻城之机变,子墨子九距之。公输盘之攻械尽,子墨子之守圉有余。公输盘诎,而曰:“吾知所以距子矣,吾不言。”子墨子亦曰:“吾知子之所以距我,吾不言。”楚王问其故。子墨子曰:“公输子之意,不过欲杀臣。杀臣,宋莫能守,乃可攻也。然臣之弟子禽滑厘等三百人,已持臣守圉之器在宋城上而待楚寇矣。虽杀臣,不能绝也。”楚王曰:“善哉。吾请无攻宋矣。”

许立群的上述叙述,并非是仅仅在讲故事,而是以历史故事作为例证,来阐释墨子及其门派的基本思想。全书“文字写得生动流畅,将枯燥的史实,写得饶有兴趣,从而发挥了普及教育的作用”。② 吴玉章在《中国史话》序言中认为此

①许立群:《中国史话》,中华书局2005年,第99页。

②桂遵义:《马克思主义史学在中国》,山东人民出版社1992年,第441页。

书“用最新的、科学的、唯物史观方法来叙述中国历史的过程。这和旧历史的叙述方法有‘天渊之别’，而且通俗化、大众化，使广大的劳苦群众容易了解，能发动其为国家民族而牺牲的精神”。[①]

（二）胡绳的《二千年间》

胡绳（1818—2000），江苏苏州人，马克思主义理论家和史学家。1938年加入中国共产党，长期从事党的文化事业工作，对于宣传和阐释马克思主义理论、推进社会科学研究工作的开展，做出了重大贡献。

胡绳特别致力于马克思主义基本原理的通俗化，并且注意把马克思主义的基本原理与中国革命实践相结合，认为：“从事学习的目的是把理论与实践结合起来，使理论完全能运用到实践上去，使实践受到理论的指导……书本知识与实际工作总是‘两橛’的……要使这二者联系起来，无论对于学习书本知识还是对于从事实际工作都首先必须确立正确的态度和方法。”[②]机械化地照搬马克思主义原理是行不通的，“假如有人把一般的人类社会的发展规律直接用以解释本国历史，不再具体考察中国历史发展规律的特殊表现；假如有人把两千年中的历史用一个概念、一个公式来笼括了，即不再去具体考察在各个时代的历史发展规律的具体表现——那就都是错误的倾向”。[③]

胡绳曾主编有“救中国通俗小丛书”，于1938—1939年由新知书店出版，收有《中华民族解放斗争史》（华善学）、《老百姓穷苦的原因》（陈逸园）、《西北旅行记》《抗日的英雄》（傅平）、《抗战中的世界大势》（史枚）、《法国民族解放斗争史》（曹伯韩）等等，上述著作“都以极通俗的文笔，抗日的题材写成，每册一万至二万字，定价特别低廉，以求普及，凡粗通文墨的人都可以阅读，用作小学和民众学校补充教材，尤为相宜”。胡绳另著有《中国问题讲话》，先在1945—1945年《新华日报》上连载，“讲中国问题的通俗讲话是在解放战争发动以前的形势下写的”，后在解放区结集出版。从中国五千年的文明史一直讲到当前中国问题的根本出路，共36个专题，每个专题800字左右，“意图从基本理论上来说明中国问题，但是当然也具体反映了写作时的历史条件和政治形势”。

《二千年间》是胡绳撰写的一部著名的历史通俗读物，最初连载于开明书店的《中学生》杂志，后结集由开明书店出版，初版时署名蒲韧。在胡绳看来，从秦

①吴玉章：《〈中国史话〉序》，见《中国史话》，中华书局2005年，第2页。

②胡绳：《怎样结合书本知识和实际经验》，见《胡绳全书》第1卷上册，人民出版社1998年，第153页。

③胡绳：《论历史研究和现实问题的关联——从钱穆先生的〈国史大纲引论〉中评历史研究中的复古倾向》，见《胡绳全书》第1卷上册，人民出版社1998年，第269－270页。

统一至鸦片战争这一历史阶段，虽然经历了各个不同王朝的统治，但“在基本的社会经济性质和政治形态上，都属于封建专制主义时代”，因而把“封建专制主义”的两千年作为一个整体来进行考察。中国封建专制主义时代所占的时间有两千一百多年之久，故以之为命名。《两千年间》把中国封建专制主义时代作为一个整体，首先对两千年间的王朝兴替做简略的概述，“速写一个轮廓”。[①] 此后4章分述皇帝、官僚、士兵、农民。胡绳认为，中国历史上的君主专制政体的实质就是皇帝代表地主的个人专制独裁，官僚和士兵则是其两大支柱，官僚阶层的腐化、行政效能的低下、军队数量的膨胀以及战斗力下降等弊病是封建专制主义的必然结果。上述的一切恶果最终都由广大农民来承受，历次农民战争是专制主义各种厉民苛政的必然后果。胡绳把中国封建社会比作一潭死水，边疆少数民族进入中原，好比投入死水中的石头，加剧了社会的动荡和不安。胡绳认为，封建主义最终是“逃不了的灭亡命运”，“封建专制主义的统治，在实质上，也是极不稳定的，它所造成的国家的强盛也是极不可靠的……一旦形式变化，危机爆发，他们(指封建统治者)的主观愿望就被摧毁得干干净净。到了这时，统治者无论怎样挣扎，是都无效的”，“旧时代所残留下来的一切鬼魂必定要肃清，一切遗毒必定要拔尽，一切老问题必定要作最后的清算”。[②]

马克思主义唯物史观的基本立场是既承认历史发展的规律性，又承认人民群众在历史发展过程中的主观能动性，正如翦伯赞所说：“忽略历史客观发展的规律，是史的观念论者的一贯作风；忽略历史主观创造的作用，也不是辩证唯物论者的历史理论。辩证唯物论者与观念论者及机械论者不同之处，就在于他不仅同时注意历史之主观创造作用与其客观发展的规律，并且尤其注意它们在历史运动之辩证的统一”。[③] 胡绳的《二千年间》在承认封建主义“逃不了的灭亡命运”是历史必然性的同时，还高度评价了人民群众对中国历史做出的贡献：“横亘万里的长城，贯穿南北的运河，这种伟大的建设是至今犹博得人们赞叹的。但这一切是谁的功劳呢？不能否认，这是千百万农民拿他们的劳力，血汗以至他们的生命做代价而创造出来的……农民不但在物质文化上有功，就是在精神文化生活上也有其贡献。”[④]人民群众又是引发历史变革的决定性力量，“历史又一度证明了统治者无论用怎样顽强的努力来守旧不变，但客观的形势、

①胡绳：《二千年间》，中华书局2005年，第8页。《二千年间》“民国丛书”和《胡绳全书》都有收入。本文所用为中华书局2005年版，与《中国史话》同为“大家说史系列”本，末附吴晗的《读〈二千年间〉》。

②胡绳：《二千年间》，中华书局2005年，第194－195、217页。

③翦伯赞：《历史哲学论丛》，见《翦伯赞全集》第6卷，河北教育出版社2008年，第11页。

④胡绳：《二千年间》，中华书局2005年，第114页。

人民的力量终究会变掉了他”，“人民的力量要使历史的车头以更高的速率轰轰隆隆地前进。让应该死的和自找死路的赶快去死，让新的生命无阻碍地成长起来”。①

在中国封建社会中，人民群众“其实就是农民”，“要懂得中国，必须懂得中国的农村；要懂得中国的历史，必须懂得中国农村的历史”。② 中国封建社会的基本经济形态是自给自足的小农经济，地主、官僚、贵族，以至于整个上层建筑，都是建立在小农经济的基础之上的。小农经济是脆弱的、极不稳定的，统治者的横征暴敛是小农经济走向崩溃的催化剂，并进而引发了两千年间连绵不断的农民战争。胡绳高度评价了农民战争的历史作用，封建社会中的农民战争虽然都是以失败告终，但“在这一次接一次的斗争中，毕竟是把封建社会推向前去”，农民战争证明了封建社会的基本问题就是农民问题，农民战争“把这问题提出得更加尖锐，也就促使解决这一问题的时机一天天更加接近了”。③

吴晗认为胡绳的《二千年间》是一部与教条式历史教本刚好相反的读物，“是叙述的书，是采取已定的论证而综合叙述的书。正如蜜蜂酿蜜，是经过消化的，融会贯通，所以可读，也所以不可不读”。④ 试举其对于北方边塞的描述：

> “敕勒川，阴山下，天似穹庐，笼盖四野。天苍苍，野茫茫，风吹草低见牛羊。”这首歌是南北朝时的鲜卑人斛律金所作，写得真切极了，使人读过之后，一闭上眼睛，就好像看见了一大片无边无际的塞外莽原，并且想象到生活在这大莽原上的游牧人民的姿态。远在两千多年前，中国人就已经在北方边疆上筑成了“万里长城”，好像是一道人工的栅栏，把布满着农村和城市的中国本部和栅栏外的大莽原分隔了开来。这片大莽原就是历史上所说的“塞外”，包括现在所说的东北、内外蒙古、宁夏、新疆等区域在内。在这中间，虽然也有崇山峻岭和大沙漠，但整个看起来，处处都还是大片的莽原，正如上引那首歌中所说，是游牧人民生存活动的环境。⑤

《二千年间》的“综合叙述”，以《敕勒歌》为切入点，既对边塞进行了细致生动描述，又解释了边塞区域与中原的关系以及边塞少数民族的生活环境，将文

---

①胡绳：《二千年间》，中华书局 2005 年，第 215、217 页。

②胡绳：《二千年间》，中华书局 2005 年，第 91 页。

③胡绳：《二千年间》，中华书局 2005 年，第 137 – 138 页。

④吴晗：《读〈二千年间〉》，见《史事与人物》，生活书店 1948 年，第 106 页。

⑤胡绳：《二千年间》，中华书局 2005 年，第 141 页。

学作品的优美意境与历史解释进行了“蜜蜂酿蜜”式的融会贯通，使得科学性与可读性达成高度的统一。

（三）《中国史话》与《二千年间》之比较

《中国史话》与《二千年间》是马克思主义通俗史学的代表作，两书都是以唯物史观为指导，以社会形态理论来阐释中国历史的发展进程，在行文用语上都是以极通俗的文笔来进行叙述和分析。但《中国史话》与《二千年间》还是存在差别，这种差别主要反映在因阅读对象的不同而在写作上有所侧重。前引吴晗所言，《中国史话》比较适合于初学者，《二千年间》则比较适合具有一定知识水平的读者阅读，因阅读对象层次的不同导致了在通俗读物的写作上有所侧重，主要体现在以下几个方面：

第一，从全书的谋篇布局来看，《中国史话》采取传统的以时间、王朝为顺序的写法，以北京猿人作为中国历史的开端，按朝代分期依次叙述，叙至鸦片战争为止。这种按朝代分期依次叙述的方式比较适合于初学者。《二千年间》则打破了传统的写作方式，选取了两千年封建社会作为一个“剖面”来进行叙述，能够使读者对中国历史有一个更加深入的了解。

胡绳认为以往的编年史“是一年接一年地记载每年发生的大事”，相对来说比较“笨拙”。而以朝代或其他分期为顺序，“一个阶段接一个阶段地写”，则要优于“编年史”。《二千年间》则另辟蹊径，把中国封建社会作为一个整体，从中“找出若干值得注意的问题，一个个问题地来谈”，“假如看惯了横剖面的，再来看看这些纵剖面，或者可以对这二千年来的历史上的许多问题看得更清楚一点”。①

《二千年间》所采用的处理方式能够帮助读者更加清楚地认识中国历史，“能够帮助读者们把过去已有的比较零碎的知识作一次有系统的整理，或者更引起进一步研讨的兴趣”。② 例如中国古代的官僚政治，《中国史话》中“天下英雄入吾彀中矣：隋唐的科举制度”“庞大的官僚群：宋的生产方式与社会矛盾的发展”专篇涉及，余则散见于其他篇章之中。《二千年间》则设专章进行讨论，首先以《儒林外史》范进中举为切入点谈官僚，再从先秦世卿政治、魏晋门阀政治瓦解叙至隋唐官僚政治的形成，再介绍官僚的来源、官僚的膨胀以及官僚政治的危害，将官僚政治做了系统的整理和分析，使读者能更清楚、更深入地了解官僚政治。

第二，从内容选择来看，《中国史话》中有不少内容是以正面宣传和教育为

---

①胡绳：《二千年间》，中华书局 2005 年，第 2 - 3 页。

②胡绳：《二千年间》，中华书局 2005 年，第 3 页。

主,《二千年间》中揭露中国历史黑暗面的内容比较多。

吴玉章在为《中国史话》作序时曾言道,在抗日战争进入关键年头,特别需要发扬爱国热忱,“像岳武穆‘直捣黄龙’,戚继光荡平倭寇,我们一读到他们的史传,则不能不激起无限爱国的忠诚,因此,我们相信,民族的自尊心和自信心,常常是从历史中动人的事实得来”。[①] 许立群认为:“中国是个文明古国,在世界史上,还有什么别的国家比中国更早地开了文明的花卉呢?”[②]造纸、火药、印刷术、指南针等都是中华民族对于人类文明的伟大贡献。《中国史话》中还用了不少篇幅来歌颂中国历史上的杰出人物和爱国志士,例如屈原“对国家的热爱和不屈不挠的精神更增加了他的伟大”,汉武帝“对外族特别是对匈奴的胜利,对推进中国历史发展是有功的”,诸葛亮“是一个政治天才。他也是一个杰出的军事战略家”,文天祥“在外族敌人面前富贵不能淫、威武不能屈的精神,是中国历史上民族气节标本的例子之一”。[③]

相比之下,胡绳的《二千年间》则是一部集中暴露中国历史上的黑暗面的著作。例如对于封建主义君主专制的罪恶,《二千年间》用了很多篇幅予以揭露:“在这二千年中,大小皇帝一共总有二三百人,但在其中,传统的历史家所公认有作为有能力的‘好’皇帝不过寥寥可数的几个,如汉武帝、唐太宗等。其余的皇帝中的大多数不是庸庸碌碌,便是荒淫无度、昏聩失常的家伙”;“我们看历史上有许多皇帝,其对待奴婢臣下的行为之残酷,没有理性,几乎到了极点”;“在南北朝与五代……(皇帝)大半是些最荒淫无耻、昏聩糊涂、暴虐残酷的角色”;“在君主专制政治下,皇族是站在整个统治机构的金字塔的顶点的,所以一切在统治层内部的矛盾斗争常都集中化地表现在皇族里面,这就使得皇族内部的斗争成为不可避免的必然现象”。[④]

对于初学者来说,应该多发掘中国历史中富有教育意义的素材,加以正面的、积极向上的引导。如果尽情暴露中国历史的黑暗面,对初学者来说易引发中国历史一团漆黑之印象。而对于具有一定知识水平的读者来说,因其具备了一定的分析和判断能力,多暴露中国历史的黑暗面则能使之对中国历史有史深入的认识。

第三,在写法上,《中国史话》侧重于叙述,书中很多篇章都是以“说故事”的方式来进行叙述。《二千年间》则比较侧重于对历史现象的解释和分析,具有

①吴玉章:《〈中国史话〉序》,载《中国史话》,中华书局 2005 年,第 1 页。

②许立群:《中国史话》,中华书局 2005 年,第 210 页。

③许立群:《中国史话》,中华书局 2005 年,第 56、75、81、150 页。

④胡绳:《二千年间》,中华书局 2005 年,第 23、25－26、31、35－36 页。

一定的深度。例如对于中国封建社会中的变法运动,《中国史话》中有“复古的改革家:王莽的改良”“变法:宋代王安石的改良与大地主的反动”,主要叙述了王莽、王安石改良的时代背景、主要措施以及最终的失败。《二千年间》除了叙述几次主要的变法运动外,还对其失败原因进行了深入的分析和探讨。按照胡绳的分析,封建社会的危机,是由封建制度本身所造成的,要从根本上解决问题必须从封建制度本身入手,“然而上层社会中的任何革新派却绝对没有这样的企图”。王莽、王安石等人的“新政”,根本出发点是增加国家财政收入而不是改善人民生活,而采取的手段只限于稍稍抑制官僚地主富豪对广大农民的无休止的剥削,把官僚地主对农民剥削转到由专制政府的直接剥削,不触动封建制度本身则根本解决不了问题,最终结果依然“彻头彻尾还是封建专制主义”。[①]

《中国史话》与《二千年间》,这两部通俗读物的编撰在内容取舍、写作方式上各有所侧重,以适应不同层次阅读对象的需要。进一步说,《二千年间》对中国历史只是速写一个轮廓,但对初学者能够深入学习和研究中国历史打好了坚实的基础,“我们要是真的要研究中国史,这部书(《二千年间》)好比一根绳子,我们拿了好去贯穿许多历史上的片断材料使成系统。也可以说是给我们指示一种研究的方法,我们根据了这种方法可以去发掘问题把握核心”。[②]

①胡绳:《二千年间》,中华书局 2005 年,第 201 - 204 页。

②振甫:《可读的书:二千年间》,载《中学生》复刊总第 179 号,1946 年 9 月。

第五章　新中国成立后十七年间的通俗史学

中华人民共和国历史学的发展历程，一般都将1949年新中国成立至1966年"文化大革命"爆发这一阶段的历史学称为"十七年史学"，"十七年史学"在新中国的史学史上占有突出的地位。就通俗史学而言，又可以以1958年为界将其分为前后两个时期，是以吴晗开始主编出版中国历史小丛书为标志，1949—1957年是唯物史观指导下的通俗史学的起步阶段，1958—1966年是吴晗开始大规模有计划有组织地进行历史知识普及工作的阶段。

第一节　新中国成立之初的历史知识普及工作

新中国成立后，《共同纲领》规定了我国文化教育的基本性质和中心任务，明确新民主主义时期中国的文化教育是民族的、科学的、大众的文化教育，"共同纲领中关于文化教育的部分中，首先指出'中华人民共和国的文化教育为新民主主义的，即民族的，科学的，大众的文化教育'。这自然是根据毛主席在《新民主主义论》中的指示。毛主席的《新民主主义论》不仅是分析近百年中国文化思想史的一部最杰出的科学著作，而且是列宁、斯大林关于文化的理论在中国革命实践中光辉的发展，毛主席在这书中给我们解释了所谓民族的，科学的，大众的文化，即是在无产阶级领导下的，反帝反封建的人民大众的文化"。[①] 按照"民族的，科学的，大众的文化"的文化建设要求，通俗读物必须真真正正地为广

①荃麟：《对于新民主主义文化的基本认识》，载《学习》第1卷第4期，1949年12月。

大人民群众服务，为人民群众提供精神食粮。1949 年 10 月 3 日至 19 日，全国新华书店出版工作会议在北京举行，毛泽东题词："认真作好出版工作"。朱德发表讲话，号召出版工作者"发展人民出版事业，并注重出版有益于人民的通俗书报"，以满足人民的文化知识需求。1950 年 10 月 28 日，周恩来签发《中央人民政府政务院关于改进和发展全国出版事业的指示》，提出："出版总署应当充分地动员和组织各方面的著作和编译的力量，使为人民所迫切需要的出版物（尤其是通俗书刊）能有丰富的供应，同时要用各种有效的方法使出版物在质量上逐渐提高。"①1951 年制定的"出版工作计划大纲"规定："为了配合干部教育和工农兵教育的迫切需要，应大力供应初级的和中级的文化政治课本和读物，大量供应人民教育馆用的通俗读物，并广泛开展读书运动。"②计划大量出版宣传爱国主义和反帝反侵略的通俗读物、时事手册、画册连环画等等。1951 年 4 月，宣传部召开"通俗报刊图书出版会议"，部长陆定一指出"通俗报刊出版问题是一个很重要的关系我国数万万人民的问题"，"通俗工作是我们国家的大工作，大家应该努力做这工作"。③

党和国家的领导人对通俗读物的出版工作都十分重视。毛泽东在很多场合都提到写文章要去"八股"，例如在 1955 年的讲话中批评"许多同志，在写文章的时候，十分爱好党八股，不生动，不形象，使人看了头痛。也不讲究文法和修辞，爱好一种半文言半白话的体裁，有时废话连篇，有时又尽量简古，好像他们是立志要读者受苦似的"。在 1957 年同新闻出版界谈话中要求"文章写得通俗、亲切，由小讲到大，由近讲到远，引人入胜"。④ 在三年困难时期，毛泽东还亲自指示编选《不怕鬼的故事》，搜集古人笔记小说中不怕鬼的故事，由何其芳负责编选，"把这些故事当作寓言，当作讽刺性的故事来介绍给读者们"⑤，每个故事加上必要注释译文。

1955 年 3 月 21 日《人民日报》刊发了《加强通俗读物的出版发行工作》一文，把加强通俗读物的出版发行工作定位为一项"重要的政治任务"，"没有一定数量的内容正确的通俗读物，要求普及社会主义教育，提高广大劳动人民的思

---

①中国出版科学研究所、中央档案馆编：《中华人民共和国出版史料》第 2 册，中国书籍出版社 1996 年，第 643 页。

②中国出版科学研究所、中央档案馆编：《中华人民共和国出版史料》第 3 册，中国书籍出版社 1996 年，第 7 页。

③中国出版科学研究所、中央档案馆编：《中华人民共和国出版史料》第 3 册，中国书籍出版社 1996 年，第 133 页。

④宋应离、袁喜生、刘小敏主编：《中国当代出版史料》第 1 卷，大象出版社 1999 年，第 3、10 页。

⑤何其芳：《〈不怕鬼的故事〉序》，载《红旗》1961 年第 3、4 期。

想水平和文化水平,是不可想象的”。从内容选题上来说,主要以“通俗地宣传马克思列宁主义”为目标,围绕社会发展史、阶级和阶级斗争史以及资本主义社会主义等问题,“做到使那些具有初等文化水平的从来没有接触过科学理论书籍的人,也能读得懂,并且发生兴趣”。[①] 除了著作界和出版界外,报纸、期刊、广播电台等也都应该负起通俗读物的宣传和评论工作。

在图书发行上,确立了以新华书店作为统一的发行渠道。1950 至 1951 年之际成立了新华书店总店,在各地分店、支店有 1000 多处,实行集中统一领导,建立了一整套的发行流通网络。在稿酬上,根据 1950 年制定的《书稿报酬暂行办法》,将稿酬分定期和定量两种,后者把图书分 A、B、C、D 四项,C 项为“通俗的普及的和工农兵读物”,按照发行 10~15 万册为标准致酬。[②] 在销售上,通俗读物的阅读对象为购买力较低的工农兵群众,故通过发行廉价书刊,有计划有重点地进行廉价供应。如 1950 年出版总署计划发行通俗读物 300 种,2 万套(600 万册)。[③] 1955 年文化部重新制定价格标准,儿童读物降低 22%,通俗读物降低 9%,在国营和公私合营的出版社中首先实施。[④]

在新中国成立至 1956 年出版业公私合营的社会主义改造之前,上海广益书局、北新书局、大中国图书局、人世间出版社四家出版单位组成四联出版社,93 家私营书店组成“上海通俗读物出版业联合书店”(通联书店),34 家组成“儿童读物联合发行公司”(童联书店),37 家组成“上海连环画出版联合书店”(连联书店),武汉 36 家私营书店组成“武汉通俗读物出版社”,长沙 40 多家书店组成“湖南通俗读物出版社”,广州 40 多家书店组成“南方通俗读物出版社”。私营书店的联营,改变以往分散经营、盲目竞争的状况,是一个进步。[⑤] 这些联营书店都以出版通俗读物为主,包括相当数量的历史通俗读物,例如四联出版社主要出版通俗文艺、史地以及工具书,历史通俗读物有《陈胜和吴广》(陈荔),《黄巾起义》(陈荔),《隋末的农民起义》(端己),《玄奘取经的故事》(陶秋英),《黄巢起义》(顾有光),《方腊起义》(方诗铭),《钟相和杨幺》(张文清),《李纲和宗泽的抗金斗争》(张毓芬),《文天祥抗元的故事》(顾友光),《红巾军》(端己),《李自成起义》(张毓芬),《郑成功的抗清斗争》(张文清),《江阴人民的抗清斗争》(王虹),《洪杨史话》(翁大草),《农民革命英雄李秀成》(张毓

①宋应离、袁喜生、刘小敏主编:《中国当代出版史料》第 4 卷,大象出版社 1999 年,第 262-263 页。

②宋应离、袁喜生、刘小敏主编:《中国当代出版史料》第 4 卷,大象出版社 1999 年,第 81 页。

③中国出版科学研究所、中央档案馆编:《中华人民共和国出版史料》第 2 册,中国书籍出版社 1996 年,第 738 页。

④《文化部决定降低部分书籍定价》,载《光明日报》1955 年 3 月 6 日。

⑤方厚枢、魏玉山:《中国出版通史·中华人民共和国卷》第 9 册,中国书籍出版社 2008 年,第 53 页。

芬),《农民革命英雄陈玉成》(张毓芬),《捻党起义》(张文清),《刘丽川上海起义》(施瑛),《义和团通俗画史》(方诗铭、承名世)等。

1953年10月,中央宣传部决定成立通俗读物出版社,一方面是因为"广大劳动人民对于各种通俗读物的要求日益增长……地方出版社的力量及其地方性的限制,还不能完全解决这方面的出版任务",另一方面在于私营出版机构的粗制滥造,"传播一些不正确的思想和言论"①,还有统一通俗读物领域里的话语权的因素。其出版方针是:"以识字2000以上到初中程度的工农兵及基层干部为主要读者,根据国家建设工作与人民群众的需要组织著作力量,编辑出版通俗图书和期刊"。其具体工作任务为:(1)编辑出版社会科学常识的书籍和期刊,(2)编辑出版通俗地解释时事政治和政策法令的书籍和期刊,(3)编辑出版语文、史地、自然常识的通俗书籍,(4)编辑出版通俗文艺书籍。②

50年代通俗读物出版社编辑出版了大量的通俗读物,历史类的占了很大的比重。根据历年的《全国总书目》,通俗读物出版社所出版的历史类通俗读物见表5-1。

表5-1

1954	《中国历史故事》(1—5辑),《"八一"的故事》,《红军长征的故事》,《淮海战役》
1955	《列宁的故事》,《人类是从哪里来的》,《通俗中国史话》,《鸦片战争》,《太平天国》,《甲午中日战争》,《戊戌变法》,《辛亥革命》,《二七罢工斗争》,《台湾人民的革命故事》,《政治家的故事》,《军事家和战斗的故事》,《沟通中外经济文化的故事》,《春秋战国的故事》,《两宋卫国英雄故事》,《明朝卫国英雄故事》,《中国历史故事集》,《义和团》,《工人运动的故事》
1956	《人怎样和自然斗争》,《中国农民革命史话》,《五卅运动》,《火药的发明》,《陶瓷器的故事》,《发明指南针的故事》,《纸和印刷术的发明》,《司马迁》,《平英团和升平社学》,《中法战争》,《北洋军阀的统治》,《省港大罢工》,《上海工人武装起义》,《皖南事变》,《平津战役》
1957	《中国共产党的成立》,《中国共产党三十五年简史》,《隋唐史通俗讲话》,《第三次国内革命战争》,《袁世凯罪恶的一生》,《中国历史故事丛书》(1—7册),《航海家郑和》,《辛亥革命前的群众斗争》,《平江人民斗争故事》,《井冈山斗争故事》,《一·二八淞沪战争》,《坚持大别山斗争》,《渡黄河》,《太原之战》,《莱芜之战》,《进军大西南》
1958	《中国古代史通俗讲话》,《战国秦汉史通俗讲话》

①《全国性的通俗读物出版社在北京成立》,载《光明日报》1953年12月15日。

②中国出版科学研究所、中央档案馆编:《中华人民共和国出版史料》第5册,中国书籍出版社1999年,第487-488页。

1955 年出版的“中国历史故事集”，包括了《军事家和战斗的故事》（扬歌、扬叶），《政治家的故事》（石夷），《沟通中外经济文化的故事》（章回），《春秋战国的故事》（扬歌），《两宋卫国英雄的故事》（扬叶、青谷），《明朝卫国英雄的故事》（青峰等）六种。根据编辑说明，其书编撰，是为“帮助大家认识祖国的伟大，加深对祖国的热爱”，取材以历史文献为基础，“尽量求其生动活泼，在不损害历史真实性的前提下，有些地方也采用演义方法”。《军事家和战斗的故事》选择了孙武、孙膑、田单、楚汉战争、赤壁之战、关羽、淝水之战等历史上的大军事家以及著名战役。《明朝卫国英雄的故事》选择了于谦、抗日援朝、戚继光、袁崇焕、史可法、江阴人民抗清、嘉定人民抗清、张煌言、李定国等人物和故事。故事题材的选编富有教育意义，如《军事家和战斗的故事》中的“关羽”一篇写的是关羽骄傲自大，结果失败身亡，“淝水之战”一篇写的是东晋以弱胜强，打败苻秦的侵略，戚继光平倭是歌颂人民反抗外来侵略的英勇斗争。《明朝卫国英雄的故事》中的“明代抗日援朝的英雄”记载中朝两国联合抵抗日本入侵，是有其时代背景的。黎明所著的《通俗中国史话》，其书编撰是让广大读者“好好地学习祖国的历史，接受优秀的历史遗产，继承光荣的革命传统”。[①] 从原始人开始一直叙至明清，以故事体例来叙述中国古代的历史，包括了政治、经济以及思想文化的方方面面，其中有相当的篇幅是介绍中国古代伟大的思想家、科学家、发明家、文学家、艺术家以及他们的伟大成就和不朽业绩，书中还插入一些图画和照片，图文并茂，书末均附大事年表。《中学生》杂志曾向学生郑重推荐这本《通俗中国史话》作为假期里的课外读物。[②] 马襄《战国秦汉史通俗讲话》和杨志玖《隋唐史通俗讲话》，都较为系统叙述了断代王朝的历史。

成立于 1952 年的少年儿童出版社和 1956 年的中国少年儿童出版社都是以少年儿童为读者对象的综合出版社，出版的少儿读物中有关历史的亦占有了相当的比重（见表 5－2）。

其他各出版社也编辑出版了为数众多的历史通俗的读物。1948 年生活、读书、新知三家进步书店合并为三联书店，“新中国青年文库”（1949—1951）历史类有《孔墨的思想》《先秦诸子思想》《社会发展史纲》《中国文字的演变》《中国怎样降到半殖民地》《辛亥革命与袁世凯》《美国侵华小史》《产业革命讲话》《近卅年国际关系小史》《苏联经济小史》等，“中国历史小丛书”（1951—1953）有《李白》（李长之），《鲁迅》（王士菁），《屈原》（游国恩），《王安石》（邓广铭），《中国的文字》（丁易）等，其中有些为重印作者民国时的旧作。1951 年成立于上海的华东人民出版社曾出版有《中国古代的四大发明》（1952），《中国农民起

①黎明：《通俗中国史话》上册，通俗读物出版社 1955 年，第 3 页。

②青友：《暑假里看些什么书？》，载《中学生》1956 年 7 期。

义的故事》(1952),《蔺相如和廉颇》(1952),《太平天国》(1953),《宋景诗和他的黑旗军》(1953),《林则徐和平英团》(1953),《戚继光》(1953),《京汉铁路和“二七”大罢工》(1954),《社会发展史通俗画册》(1956)等通俗读物。1955年华东人民出版社改为上海人民出版社,出版的“学文化补充读物”(1956)有《三皇五帝的故事》《印刷的故事》《扁鹊和华佗的故事》《书的故事》《火牛阵》《将相和》《信陵君救赵》《墨子救宋》《班超》《黄巾起义的故事》《瓦岗军的故事》《杨家将的故事》《郑和下西洋的故事》《李时珍的故事》《林则徐的故事》《鸦片战争》《太平天国》《甲午战争》《义和团》《红军长征的故事》《哥伦布发现新大陆》《英国资产阶级革命》。江苏人民出版社“文化补充读物”(1956)有《张骞》《苏武牧羊》《文天祥》《郑和下西洋》《太平天国》《义和团》《辛亥革命》《五四运动》《八一的故事》《井冈山的斗争》《二万五千里长征》《平型关大战》《淮海战役》《百万大军渡长江》等。

表5-2

年代	少年儿童出版社	中国少儿出版社
1955	《马陵道》,《火牛阵》,《河神娶妻》,《蔺相如和廉颇》,《陈胜起义》,《黄巢起义》,《探险家张骞》,《赤壁之战》,《淝水之战》,《岳飞抗金兵》,《史可法》,《平倭将军戚继光》,《太平天国》,《忠王李秀成》,《台湾人民的斗争故事》,《列宁的童年》,《米丘林的故事》	
1956	《王孝和的故事》,《高士其伯伯的故事》,《中国古代的科学家和发明家》	《刘胡兰》,《王孝和》,《英雄船长》,《战地兵工厂厂长》
1957	《列宁的故事》,《鲁迅先生的故事》,《红军不怕远征难》,《方志敏伯伯的小故事》,《永生的刘胡兰》,《郑成功》,《班超和三十六壮士》,《西楚霸王项羽》,《黑旗军宋景诗》	《列宁的故事》,《伟大的孙中山》,《黄继光》,《赤眉军》
1958	《墨子救宋》,《绿林军和赤眉军》,《闯王起义》,《红军飞渡大渡河》,《徐特立老爷爷的故事》,《杨靖宇小时候的故事》,《陕北的红星刘志丹》,《施洋的故事》,《韦拔群和瑶族人民》	《最聪明的人:我国古代科学家的故事》,《最聪明的人:科学的故事》

新中国成立之初,有不少历史学家也意识到历史知识普及的重要性,积极

主动地从事普及工作，例如方诗铭曾著《从猿到人通俗画史》（人间世出版社 1951），《太平天国通俗画史》（人间世出版社 1951），《林则徐和平英团》（大中国图书局 1952），《纸的发明故事》（大中国图书局 1952），《文天祥抗元的故事》（大中国图书局 1953），《从原始公社到奴隶社会》（人间世出版社 1953），《方腊起义》（四联 1954），《人民诗人屈原》（四联 1954），《义和团通俗画史》（四联 1954），《第二次鸦片战争史话》（新知识出版社 1956）。武汉大学历史系教师计划将研究成果写成通俗的历史读物，计划中有谭戒甫《墨子》，唐长孺《秦汉史话》《魏晋南北朝史话》，姚薇元《隋唐史话》《洋务运动》，吴于廑《希腊罗马史话》《英国资产阶级革命》，曹绍廉《法国资产阶级革命》，穆渭琴《殖民地问题》，施子瑜《地理发现》《工业革命》，“教师们认为他们这样适应广大读者的需要，在普及历史科学知识方面做些工作，是自己应有的责任”。[①] 新中国农民起义研究的开拓者赵俪生在任教山东大学期间，“把旧时代发生在山东的许多农民起义事件，做了一些尽量通俗的叙述”[②]，包括了《吕母和赤眉军》（1954），《杨妙真和唐赛儿》（1954），《毛贵与徐鸿儒》（1955），《于七与榆园军》（1956），《王仙芝和黄巢》（1956）以及《窦建德与刘黑闼》（高昭一，1956）共六本小册子，后汇编成《历史上山东农民起义》（1957），“可供作小学教师，中学教师和知识青年们的参考读物”。除了历史学家外，不少历史学的爱好者也积极从事历史知识普及，例如林汉达曾编撰有《东周列国志新编》（三联书店 1956）、《春秋故事》（中国少儿 1962）、《战国故事》（中国少儿 1962）等多部通俗读物，林汉达认为古代史书文字太深难以理解，叙述太过杂乱，这两大原因阻碍了历史知识的普及，故其编撰“文字要力求通俗，故事要写得有系统，有趣味”。[③]

此外还编译了部分苏联的历史通俗读物，例如《伟大的苏联》（米哈依洛夫、潘克拉托娃等），《伟大的十月社会主义革命通俗讲话》（齐申科），《五年计划的故事》（伊林）等等。《伟大的苏联》是一本“研读苏联地理、历史和苏联宪法的通俗书籍……对于我们系统地全面地了解苏联和学习苏联，有很大的帮助”。[④]《伟大的十月社会主义革命通俗讲话》（开明书店 1952），其书“用简明的笔调叙说了这次革命的发生和经过，叙说了革命后的苏联在斯大林领导下伟大的建设成就，叙说了这次革命在全世界所产生的伟大的影响，译笔也浅显流畅，适于青年阅读”。[⑤] 苏联著名通俗作家伊林《五年计划的故事》（董纯才译），介绍了苏

①《武汉大学历史系教师编写了一批通俗历史读物》，载《光明日报》1954 年 6 月 14 日。但是上述图书多数未见出版。

②赵俪生：《王仙芝和黄巢》，山东人民出版社 1954 年，第 30 页。

③林汉达：《我为什么要编写〈东周列国志新编〉》，载《中国青年》1956 年第 15 期。

④江虹：《新书评介》，载《学习》1953 年第 1 期。

⑤《中学生》1952 年第 11 期“图书广告”。

联第一个五年计划的巨大成就,“对于中国即将完全解放的今天,去看看这一页伟大的计划,并不是没有意思的……深望这本书能够普及到少年大众和工农大众的队伍里去”。①

当然,在1949—1958这段时间里,虽然在历史通俗读物领域中取得了初步的成就,但也存在着相当多的问题。

虽然新中国成立后各出版社出版了相当数量的历史通俗读物,但还是远远不能满足社会的需要,至1956年,“中学生的历史课外读物还处于奇缺状态,这是我们每个中学历史教师都深切感到的问题,而广大人民群众也迫切希望读到通俗的历史读物”。1956年1月中国共产党召开关于知识分子问题的会议,提出向现代科学进军的号召。编撰通俗读物也是“向历史科学进军”的重要内容,“编写具有高度科学性和思想性的通俗历史读物,不仅要求这方面的专家的努力,凡具有一定历史科学修养和写作能力的中学历史教师,也应该在这方面多做些工作”。② 在“文化大革命”前的社会主义教育中,中国人民大学历史系中国历史教研室下到山西五台县白公社李家庄大队,买了一批通俗历史读物借给农民读,并且征求意见,“有一个青年借了本《鸦片战争》(工农通俗文库),当天就读完……连着几天向我们借书读”,这说明人民群众非常喜欢历史故事,也爱读历史书,但苦于缺乏指导,历史通俗读物也相当匮乏。在这过程中,不少群众也结合自身的阅读爱好和知识水平对历史通俗读物的编撰提出了很多意见,例如情节不够生动,“书里没有人”,“写得太简单”,“读着没意思”,写得干巴巴的。语言文字不够通俗化,半文半白,半中半西,难字难句、名词术语、人名地名太多。选题缺乏针对性,五台县“距北宋名将杨业的故乡很近,他们自然而然地很关心杨家将,农民希望复习和验证自己已有的历史知识,并且在这个基础上扩大知识的领域。如果整本书全是陌生人、陌生事,农民是要摇头的”。③

众所周知,新中国的历史学发展进程总是或多或少地受到“左”的路线的干扰,在历史通俗读物的领域里也不例外,例如《孔子的故事》,因为作者李长之被打成右派而错误地受到批判,此书被认为“借着叙述孔子的‘故事’,抒发他反党的情绪,以此与马克思主义相对抗,达到其反党反社会主义的政治目的”。④

虽然新中国成立后,翦伯赞、吴晗等历史学家做出了大量的努力来宣传历史主义,但在历史通俗读物编撰中,非历史主义的倾向仍然大量存在,“我们写历史故事,一定要掌握历史唯物主义的观点,严格地按照历史事实,实事求是,

①《进步青年》1949年第3期“图书广告”。

②《向历史科学进军》,载《历史教学》1956年第1期。

③夏芗:《写农民的历史,为农民写历史》,载《人民日报》1965年11月12日。此文执笔人为戴逸。

④《一本宣扬封建伦理道德的反动著作——批判右派分子李长之的〈孔子的故事〉》,载《新建设》1958年第11期。

决不能从主观唯心论出发，把历史故事尤其是历史人物理想化……马昌夏先生写的《王安石》就犯了非历史主义的观点，他把改良主义者王安石理想化了，夸大了他在历史上的作用”。[①] 还有把“迎闯王，不纳粮”当作“李自成清算豪门，实行减租减息”，如此将“古代劳动人民自发的斗争，附会今天共产党领导的革命，与历史事实不符”。[②] 一本名为《将相和》的连环画，取材于《史记·廉颇蔺相如列传》，但在连环画所配的文字说明中，出现了诸如“廉颇凯旋……赵王和满城百姓……”，“据报秦国……又要发动侵略战争了”，“秦国虽强，也不敢侵略我国了”，“上下团结一致……秦国再不敢加兵欺扰了”。[③] “秦国”自然是美国的代称。至吴晗开始主编“中国历史小丛书”，方始努力克服在通俗读物编撰中的非历史主义倾向。

从内容上来看，中国古代史的通俗读物已经相当完备，近现代史也给予了足够的重视，但世界史的几乎还是一片空白。[④] 世界史中比较多的是苏联历史以及马、恩、列、斯等革命家的生活和革命活动的小故事，例如《列宁的故事》《伟大的斯大林的故事》之类，其时编译了一本《自然的改造者——米丘林的故事》，据介绍其书以“轻松细致的笔调，叙述米丘林从幼到老的一生经过。这位伟大学者一生中刻苦的生活，精勤的研究，爱国的热诚……书末并叙述了他的后继者李森科等学者的最近研究”。今天我们都知道，所谓的“米丘林遗传学”完全就是受政治干涉而使得科学也成为一种意识形态。

辗转抄袭，粗制滥造，潦草塞责，这是历史通俗读物编撰中很难避免的弊端，在新中国成立之初，抗美援朝时期出版了很多美帝侵华史的小册子，但大多数都是以刘大年《美国侵华史》为蓝本辗转传抄，这种“不良的写作倾向”反映了“作者太不严肃，太不认真，不耐心搜集史料，不耐心分析问题，辗转传抄，以讹传讹，顺笔一挥，潦草从事”。[⑤] 成立于1900年的上海广益书局以出版发行通俗读物为主，50年代编印的“工农兵丛书”“抗美援朝战斗英雄故事丛书”，内容都剪自报刊文章草草编成。[⑥] 通俗文化出版社的《人民领袖毛泽东》抄袭了《毛泽东同志的青少年时代》中的大部分材料，从中“可以看出有一种单纯依赖剪刀糨糊著书立说的坏风气正在滋长起来”。[⑦] 通俗文化出版社出版的其他一些革

①何彭毓：《关于“历史故事试作”内容上的几点意见》，载《光明日报》1951年12月15日。

②荣孟源：《爱国主义与历史科学》，见《怎样学习祖国的历史》，华东人民出版社1953年，第10页。

③《反对歪曲文学作品的连环画》，载《光明日报》1953年8月29日。

④中国出版科学研究所、中央档案馆编：《中华人民共和国出版史料》第11册，中国书籍出版社2007年，第241－242页。

⑤王大白：《评六部美帝侵华史》，载《人民日报》1951年3月25日。

⑥朱联保：《近现代上海出版业印象记》，学林出版社1993年，第58页。

⑦中国出版科学研究所、中央档案馆编：《中华人民共和国出版史料》第3册，中国书籍出版社1996年，第232页。

命领袖通俗传记如《马克思故事》《恩格斯故事》《列宁故事》《斯大林故事》也都存在类似的问题。其他如商务印书馆出版徐蔚南《胡志明》,太平洋出版社出版吴之英《胡志明传》和李白英《金日成传》,星星出版社的《永垂不朽的斯大林》等等,都是抄袭或剪贴成书,"有的还用资产阶级的反动观点或庸俗的笔法来描写革命领袖的活动和生活"。[①] 秦良编《苏联革命史话》,实际上是抄袭节略李铁民所译《苏联现代史》,在抄撮的过程中还是弄得错误百出。[②] 至1956年出版界的社会主义改造后,上述侵害著作权的现象方才有所改观。

第二节　唯物史观与十七年间的通俗史学

新中国成立后的历史学与20世纪上半期相比,一个根本性的变化,就是唯物史观主导地位的确立,也可以说是几千年来中国史学的根本性变化。[③] 就通俗史学而言,马克思主义史学家的通俗史学创作,与梁启超、吕思勉、顾颉刚等人相比,既有相通之处,更有其鲜明的特色。其共同点在于两者都是以历史知识普及、实现史学的大众化为目标,遵循通俗史学的两个基本特征,即内容上的真实可靠和语言上的通俗易懂。而不同之处在于马克思主义通俗史学是以唯物史观为指导的。

(一)对"旧"历史通俗读物的批判

1951年7月28日中国史学会的成立,本名新史学研究会,按照林伯渠的意见将"新"字去掉,即指唯物史观指导下的中国史学已经进入了一个新的境界,无须再强调史学之"新",而将此前除了唯物史观以外的所有史学,包括近代以来的各种新史学都划入了"旧"史学的范畴,并且与之分清界限。[④] 在通俗史学领域中,在确立唯物史观指导地位的同时首先要做的便是对"旧"的历史通俗读物进行批判。

新中国成立之初,首先查禁了一大批反动读物,包括国民党和日本侵略时的宣传品以及反苏亲美的作品,如《蒋介石先生传》《戴笠将军》《大东亚战争画集》《国民党军》《中国空军》《原子炸弹》《缅甸大战》《忠义之家》等著作以及连

---

①中国出版科学研究所、中央档案馆编:《中华人民共和国出版史料》第5册,中国书籍出版社1999年,第675页。

②《反对草率改编有关苏联革命历史的读物》,载《光明日报》1953年4月11日。《苏联现代史》是潘克拉托娃主编三卷本《苏联通史》之最后一部。

③瞿林东主编:《20世纪中国史学发展分析》,北京师范大学出版社2009年,第112页。

④桑兵:《晚晴民国的学人与学术》,中华书局2008年,第61-62页。

环画。[①] 对上述图书的发行租赁等环节都进行了整肃。对于部分编译的外国读物如《苏联》《中苏史话》(通俗小文库)、《苏联是怎样成长强大的》中的"资产阶级观点",也进行了批判并对图书进行停售处理。[②]

在史学理论领域,需要通俗的宣传唯物史观并且批判唯心史观,河南人民出版社为配合批判资产阶级唯心主义思想这一思想建设运动,出版一套通俗地"宣传唯物主义批判唯心主义小丛书",包括《为什么要批判资产阶级唯心主义?为什么要学习唯物主义世界观?》(嵇文甫),《什么是唯物论?什么是唯心论?》(赵纪彬)等,这套小丛书适合一般干部、中小学教师和广大知识青年阅读。[③]

从马克思列宁主义的立场观点出发,以唯物史观为标尺来检验旧的历史通俗读物,叶圣陶指出某些历史连环画如《史可法》《杨娥》等"做了封建道德的宣传品",正风出版社的《太平军初占江南史事录》"毫无批判地采用了封建统治阶级污蔑革命农民的材料"。[④] 金灿然批评上海时代书局出版"时代百科小丛书"中历史类的读物如《怎样学习历史》《鸦片战争》《义和团》《辛亥革命》等,作者或"缺乏起码的历史及一般常识",或是抄撮成书,但最关键的是写作的立场和态度问题,即作者"庸俗的资产阶级的历史观点","毫无国家观念与民族意识……而且缺乏任何人民的感情"。[⑤] 金灿然又批评上海开明书店"开明青年丛书"中的《豪门梁冀》,虽然作者以豪门梁冀来影射四大家族,但缺点还是特别明显的,具体来说有四:对社会发展史的概念极其模糊;对于知识分子在历史发展中的作用做了不正确的评估;保留了对农民起义的反动称谓和词句;无批判堆积史料以至成为帝王将相家谱。[⑥] 李家骥的《中国古代史话》(泰联 1952),是要"写一些给市民看的通俗的中国上古中古史常识",但从马克思主义唯物史观的标准来衡量,历史是"劳动人民的历史,这是历史唯物论的基本观点,是历史工作者和学历史的人所必知的。但是,作者偏偏不谈这些。在书中只见少数统治人物出出没没,兴兴衰衰,却看不出个什么"。[⑦] 批评者建议历史初学者非要看通俗史话的话,许立群的《中国史话》很值得推荐。南京民丰印书馆出版程万

①中国出版科学研究所、中央档案馆编:《中华人民共和国出版史料》第 3 册,中国书籍出版社 1996 年,第 356,478 页。

②中国出版科学研究所、中央档案馆编:《中华人民共和国出版史料》第 2 册,中国书籍出版社 1996 年,第 195 页。

③《新史学通讯》1955 年第 6 期"图书广告"。

④中国出版科学研究所、中央档案馆编:《中华人民共和国出版史料》第 3 册,中国书籍出版社 1996 年,第 227 页。

⑤金灿然:《反对对人民不负责任的出版者——评"时代百科小丛书"》,载《人民日报》1950 年 5 月 17 日。

⑥金灿然:《历史的歪曲——评〈豪门梁冀〉》,载《新建设》第 4 卷第 5 期,1951 年 8 月。"开明青年丛书二种"为《现代中国革命史论》(叶蠖生)和《豪门梁冀》(吴方平)。

⑦赵根科:《评〈中国古代史话〉》,载《光明日报》1935 年 7 月 4 日。

乎所主编的“中国历史故事丛书”，被认为是“盲目复古，随便捏造”，批评者“要求作者和出版者认真学习一下历史唯物论，认真研究一下历史资料，不要再拿这些不像样的违反历史主义原则的东西来贻误读者”。[①] 有的作者也注意用唯物史观检讨自己之前的旧作，例如李长之1937年完成的《道教徒的诗人李白及其痛苦》，新中国成立后修订时易名《李白》，并且意识到该书此前“有着浓厚的唯心论的色彩”。[②]

但是在批判的同时，有关部门却滥用行政手段，禁售、封存、销毁了大批图书。在查禁过程中，歪曲事实，步骤不一，标准混乱，官僚作风严重，严重违反了党的文化教育政策，造成相当恶劣的影响。[③] 有的批判吹毛求疵，随意曲解，例如黎明编《中国近代史参考图片》（上海宏文书局），第一组图片为“鸦片战争”，批评者举例“美[④]法联军侵入北京”这幅画，“画面上一方面是侵略者耀武扬威地进入北京城，一方面是少数可耻的投降主义者的观望”，但仅从上引描述来看，似乎看不出作者的意图在于“充分表现了侵略者的颂扬”。[⑤] 邓广铭《王安石》为三联书店“中国历史故事小丛书”之一，以通俗流畅的笔调介绍王安石生平，书中认为王安石是“改良主义者”，所采的是“改良主义的道路”，但在批评者眼中，“改良主义是属于资产阶级的范畴，是作为社会主义的对立物提出的”。[⑥] 有的批判受“左”的思潮的影响，上纲上线，居高临下式地发话，例如顾颉刚在新中国成立前所主编的“中国历史小丛书”被批判为“阶级观点不正确”，“贻误青年”。[⑦] 有的批评者甚至还提出对于某些作品的“作者和出版者究竟是些什么人，应当由适当的政府机关来过问一下”。[⑧]

（二）社会发展史—历史唯物主义基础知识的普及

马克思主义唯物史观就是从纷繁复杂的历史现象中发现人类历史发展的

①曾亮：《违反历史的通俗历史读物——评“中国历史故事丛书”》，载《光明日报》1953年12月19日。“中国历史故事丛书”20种：《中国猿人》《人和自然斗争》《原始社会生活》《黄帝和蚩尤打仗》《尧舜禅让》《大禹治水》《成汤革命》《武王伐纣》《卧薪尝胆》《陈胜起义》《繁华的长安》《庄园制度》《郑和下西洋》《李闯王》《民族牢狱》《贞节牌坊》《鸦片战争》《太平天国》《辛亥革命》《五四运动》。

②李长之：《李白》，三联书店1951年，第1页。

③中国出版科学研究所、中央档案馆编：《中华人民共和国出版史料》第4册，中国书籍出版社1996年，第160-165页。根据出版总署党组书记陈克寒的检讨，被点名批评的责任人有胡愈之、叶圣陶、周建人、谢冰岩、金灿然、傅彬然，以后两人发生的错误最多。

④原文如此，鸦片战争组图“美军侵占舟山”，“中美兵船激战”，“美军侵占厦门”，“美军再犯舟山”，“美军侵占广州”，“美法联军侵犯八里桥”，全部作“美”。

⑤李谦民：《一套坏的历史图片——〈中国近代史参考图片〉》，载《光明日报》1953年12月19日。

⑥王有容：《评邓著〈王安石〉》，载《光明日报》1954年7月29日。

⑦顾颉刚：《顾颉刚日记》，见《顾颉刚全集》第50册，中华书局2010年，第47页。

⑧树民：《一本荒谬的“历史书”——〈中国人民解放战争简史〉》，载《学习》第8卷第4期，1951年8月。

规律,“马列主义的社会发展史告诉我们,社会历史的发展是依照一定的客观规律进行的;对这种历史发展的客观规律的揭示,及在种种社会实践(政治的、经济的、文化的)上证实这种规律,使马列主义的整套社会理论成为严格的科学”。①

1949年以后,全国各地区的马克思主义学习运动蓬勃开展,一方面是党和政府的组织宣传推动,另一方面也是广大干部群众知识分子学习理论的需要。学习马列主义,“一般都是以社会发展史—历史唯物主义作为第一步学习的主要内容……不求读太多的书本,不一定要听很多的讲授报告,不急于马上获得马列主义的理论、政策的一切方面的知识,只求经过社会发展史—历史唯物主义的学习中,较有系统地建立起几个马克思主义的基本观点:一、劳动创造世界的思想;二、阶级斗争的思想;三、马克思主义的国家学说。掌握了这些基本观点,许多不了解和想不通的问题往往能够自己迎刃而解”。②

《学习》从第3卷开始在杂志上连载“社会科学基本知识讲座”(胡绳、于光远、王惠德),共四单元,后将其辑成“社会科学基本知识讲座”(1951—1952)的小册子,全四册:《历史唯物主义的基本观点》《社会发展的过程》《我们的时代》《共产党——劳动人民解放斗争的领导者》。《历史唯物主义的基本观点》介绍了生产力、生产关系、阶级、阶级斗争、社会思想意识、国家与革命、社会发展基本规律等唯物史观的基本概念。《社会发展的过程》依次介绍了原始社会、奴隶占有制社会、封建社会、资本主义社会、共产主义社会这五种社会经济形态,书末又介绍了中国半殖民地半封建社会与新民主主义社会。艾思奇在中央人民广播电台讲授社会发展史—历史唯物论,用深入浅出、联系实际的方法来进行解释,后将讲稿整理出版,内容分五章:从猿到人;五种生产方式;社会主义革命和新民主主义革命;国家和政治;社会思想意识。③

对于社会发展史—历史唯物主义基础知识的学习是思想改造的基本要求,学习方式有“自学的方式”,“听讲的方式”,“小组讨论的方式”,最末一种是“崭新的集体的学习方式,也就是解放后普遍推行的学习方式”,④实际上就是习明纳尔式的教学,需要强调的是“从苏联学习来的一种学习制度”。学习的材料比较早的有解放社《社会发展简史》,华岗《社会发展史纲》。新中国成立后编撰了许多社会发展史—历史唯物主义的读物。当然,此类著作的理论体系和基本知识大多都是来自于《联共(布)党史简明教程》。

原始社会史可以说是在唯物史观确立后才被承认为是历史的一部分,按照

①沈志远:《谈谈社会发展史的基本观点》,载《学习》创刊号,1949年9月。

②艾思奇:《从头学起——学习马列主义的初步方法》,载《学习》创刊号,1949年9月。

③《学习》第3卷第4期“图书广告”。

④陈旭麓:《怎样学习社会发展史》,载《进步青年》第219期,1956年1月。

唯物史观的基本观点“劳动创造了人本身”,北京猿人的发现者裴文中应《学习》编委会要求完成《从古猿到现代人》这篇通俗文字,来解释有关这一问题的各种疑问。北京历史博物馆特组织“中国原始社会陈列室”的展览布置,“其目的在于说明问题,在于表示社会发展的规律,生产力和生产关系的发展,和附属在这上面的‘上层建筑’”。[①] 徐仑《什么是原始社会》《什么是奴隶制社会》《什么是封建社会》都是根据马克思列宁主义经典著作阐明原始社会、奴隶社会、封建社会历史的一般情况,并结合中国历史进行简单明了的说明。

方诗铭认为在社会发展史的学习上,“一个普遍的缺点,就是插图非常少,有的著作甚至是没有插图。从各方面我们了解到,大家需要具有相当插图的这样的一本著作”。[②] 故此,《从猿到人通俗画史》书前选 26 幅图,其中步日耶手绘 7 幅,还选择若干照片,有的极其珍贵。书中插图都由承名世绘制,很好地起了图文并茂的阅读效果。文化部科学普及局编译《从猿到人》,分四组知识挂图并有文字说明,“说明劳动在从猿到人发展过程中所起的伟大作用,群的生活是劳动生产的必要条件和人类能够支配自然等”。[③]

但是社会发展史—历史唯物主义和历史虽然关联密切但还是有区别的,社会发展史主要讲的是人类社会发展的一般规律和五种社会形态下生产力、生产关系的发展情况,历史讲的是社会发展的具体史实以及每一个朝代的政治、经济、社会状况,“如果说历史唯物论是研究社会发展的一般规律,那么,历史学的研究就要在一般的社会发展规律的指导下,具体地了解各民族各国家之社会历史发展的道路及其特殊规律”,两者不能互相替代,需要克服教条主义地“以抽象的社会学规式代替了系统的对历史事件与历史人物的叙述与讲解,这才符合于马克思列宁主义历史学的基本要求”。[④] 周谷城回应对《中国通史》的批评,指出《中国通史》是史学著作,“不是社会发展史,决不应写成古田先生希望的样子”。[⑤]

(三)马克思主义中国化理论与历史通俗读物的编撰

马克思主义中国化就是将马克思主义的基本原理与中国的具体实际相结合,从历史、理论与实践诸方面形成并发展中国化马克思主义理论的科学内涵与精神实质。毛泽东是马克思主义中国化的开拓者。毛泽东在《中国革命和中国共产党》《新民主主义论》等一系列著作中奠定了中国史研究的基本理论体系,为中国马克思主义历史学的发展指示了方向,“在其著名哲学著作《实践论》

①夏夫:《“中国原始社会陈列室”介绍》,载《新观察》第 2 卷第 4 期,1951 年 2 月。
②方诗铭、承名世:《从猿到人通俗画史》,人间世出版社 1951 年,第 149 页。
③《书刊介绍:科学知识挂图〈从猿到人〉》,载《光明日报》1953 年 5 月 10 日。
④黄元起:《历史学的特性、任务及历史教师的进修问题》,载《新史学通讯》1954 年第 3 期。
⑤周谷城:《评古田对〈中国通史〉的书评》,载《新建设》1958 年第 9 期。

和《矛盾论》中,在《中国革命和中国共产党》及其他一系列的天才著作中,关于史学和中国历史方面的问题,不只对历史唯物论方面所作的若干天才的阐明和发展是我们据以研究中国历史的基本原理和原则,而且是到今为止中国人民据以认识本国历史的最高典范。这些著作教导我们如何应用历史唯物论进行具体研究”。①

毛泽东《中国革命和中国共产党》中认为,中国的封建制度自周秦以来一直延续了三千年左右,在发展上陷入迟缓状态。《学习》杂志曾连续登载了关于中国的历史、社会经济结构、各阶级分析等知识性文章,包括了范文澜《中华民族的发展》(3 卷 1 期),叶蠖生《中国历史上的土地问题》(3 卷 2 期),叶蠖生《中国的封建社会》(3 卷 3 期),翦伯赞《中国古代的封建社会》(3 卷 4 期),翦伯赞《中国古代的农民战争》(3 卷 10 期),金灿然《旧中国的殖民地、半殖民地、半封建社会》(3 卷 10 期),完全都是按照毛泽东《中国革命与中国共产党》中的体系来对中国封建社会历史进行阐释的。

按照毛泽东的论述,1840 年鸦片战争以后中国一步一步变成了半殖民地半封建社会,帝国主义和中华民族的矛盾,封建主义和人民大众的矛盾,构成了近代中国社会的主要矛盾。中国革命的任务就是对外推翻帝国主义与对内推翻封建主义的民族民主革命。五四运动将中国革命分成旧民主主义革命和新民主主义革命两个阶段。新民主主义的目标是要建立以无产阶级为首的中国各革命阶级的联合专政的新民主主义社会,然后再使之发展到社会主义社会。

毛泽东的经典论著奠定了近代史研究的理论体系,后由范文澜阐发,到胡绳最终完成的中国近代史体系,“成为当代中国近代史的传统模式,由此建立一系列近代通史的研究规范,也逐步得到学者们的认同和遵循”。② 中国近代史一般都按照五次侵华战争三次革命高潮这一侵略与反侵略的叙事模式,通俗读物也是如此,如汪伯岩编《中国近代史讲话》(山东人民出版社 1954—1955),分“鸦片战争”“太平天国革命”“洋务运动到中日战争”“戊戌变法和义和团运动”“辛亥革命”“五四运动前夜的军阀统治”六个分册。上海人民出版社丛书“中国近代历史故事”(1959)有《第二次鸦片战争的故事》《洋务运动的故事》《戊戌变法的故事》《辛亥革命的故事》《北洋军阀的故事》等,又将此前陆续出版的通俗历史故事汇编为《中国近代历史故事》(1959),共十个故事,以供初学历史者参考。“工农通俗文库”(1962)有《鸦片战争》,《中法战争》,《甲午战争》,《戊戌变法》,《义和团运动》,《辛亥革命》。三联书店“知识丛书”(1962—1963)有《太平天国革命战争》,《反洋教运动》,《辛亥革命》等等。有些近现代史通俗读

①吕振羽:《关于“怎样学习中国历史”等问题的解答》,见《史学研究论文集》,华东人民出版社 1954 年,第 40 页。

②沈渭滨:《〈新陈代谢〉与当代中国史学》,载《开放时代》1998 年第 4 期。

物还带有地方特色，例如“上海现代历史故事”（1959—1960）丛书，包括《1842年上海抗英斗争的故事》《太平军三打上海》《上海小刀会起义的故事》《苏报案故事》《1905 年上海人民的反美爱国运动》《1911 年上海起义的故事》《五四运动在上海》等，就是将上海地区发生的侵略与反侵略故事叙述得再详细一些。

按照毛泽东《新民主主义论》中对中国革命阶段的划分，自鸦片战争至五四运动属旧民主主义革命，五四运动后则为新民主主义革命。中国革命史有时可等同于新民主主义革命史，亦可等同于中国共产党党史。这段历史是“中国人民流血斗争的经验的记录，是中国人民在中国共产党领导下进行新民主主义革命运动的经验的记录。所以，对于每一个参加新中国建设的革命工作者来说，学习近三十年来中国的历史，是具有至关重要的意义的”。① 介绍 1919 至 1949 年这三十年来中国的历史，除了揭露帝国主义侵略中国的本质和歌颂中国人民的斗争精神以外，介绍中国共产党发展壮大并且领导新民主主义革命取得胜利的历史是重中之重，“学习中国革命的历史，即学习中国共产党领导广大农民和其他民主力量进行革命斗争的历史。三十多年来的中国社会，如果离开了中国共产党的政治活动和坚决斗争，暗淡无光的半封建半殖民地中国，很难设想能够冲出帝国主义的东方战线，更谈不到革命的空前胜利和胜利后的伟大局面了”。②

新中国建立之初学习运动的主要内容之一，就是“学习马列主义与毛泽东思想……就是辩证唯物主义与历史唯物主义在中国革命运动中的具体运用和向前发展”。③《学习》杂志为纪念中国共产党成立三十周年连载了《中国共产党简史》，后抽印单行本，从五四运动叙至新民主主义革命胜利。叶蠖生《现代中国革命史话》曾在《进步青年》上连载，编者认为在 1919—1949 这三十年的历史当中，“爱好研究历史的青年有许多不可理解的问题”，诸如“为什么共产党要帮助国民党进行改组”“十年土地革命运动是不是走了弯路”“十年土地革命运动中中国共产党领导人民做了些什么”等，作者主要就此介绍真实的史实。缪楚黄《中国共产党简要历史》（学习杂志社 1956）“简要地叙述中国共产党的历史，介绍党是怎样领导中国人民民主革命和马克思列宁主义同中国革命是怎样逐步结合起来的”。④

上述中国共产党简史、史话、知识丛书、通俗读本大多是为各部门学校单位的党员干部和广大群众学习中国共产党历史而编写的，结构按照第一次国内革

---

①叶蠖生：《学习中国近代史的基本观点》，见《怎样学习祖国的历史》，华东人民出版社 1953 年，第 69 页。

②龚古今：《关于学习中国革命史的几个问题》，载《教学与研究》1953 年第 5 期。

③邓初民：《谈学习观点》，《学习的目的与基本方法》，展望周刊社 1950 年，第 21－22 页。

④《学习》1956 年 10 月“图书广告”。

命战争、第二次国内革命战争、抗日战争、第三次国内革命战争来编排，叙述力求简明扼要，将这一时期的重大历史事件叙述清楚，而非是面面俱到。截取1919—1949年这三十年历史中的单篇故事也为数不少，上海人民出版社的"中国革命故事"(1958)，包括有《五四运动》《二七大罢工》《五卅运动》《省港大罢工》《北伐战争》《上海工人三次武装起义》《海陆丰起义的故事》《八一的故事》《秋收起义》《井冈山上红旗飘》《广州起义》《二万五千里长征的故事》《新四军的抗战故事》《辽沈战役》《淮海战役》《平津战役》《千军万马下江南》《上海的解放》等。江苏人民出版社"学文化小丛书"(1958)中"中国现代革命运动故事"系列，包括了《大革命风暴》《苏区红旗》《红军北上抗日》《抗战八年》《解放战争》等。

(四)普遍承认人民群众以及阶级斗争是创造推动历史前进的动力

按照唯物史观的立场，历史是由人民群众创造的，"因为人类历史就是生产的历史，生产者的历史，只有劳动人民，才是人类社会生活的一切物质资料的创造者，所以劳动人民是历史的真正主人，是历史的创造者"[①]，"马克思主义历史观的核心是劳动人民创造历史……肯定了劳动人民是中国历史的主人，劳动人民是生产创造者，劳动人民的活动是中国历史的推动力"。[②] 学习研究历史必须就要站在广大人民群众的立场上。

承认人民群众是历史的创造者，最突出的就是对中国历代农民起义和农民战争的重视。因为一方面人民群众创造了物质财富和精神财富，另一方面人民群众的阶级斗争又是社会发展的推动力。

对于中国农民起义的研究，早在30年代就有蔡雪村《中国历史上的农民战争》(上海亚东图书馆1933)和薛农山《中国农民战争之史的研究》(神州国光社1933)，对以后的农战史有着明显的影响。[③] 新中国成立后的农战史研究是史学界"五朵金花"之一，据统计，1949—1957年间发文650余篇，1958—1966年间发文2300余篇，还有各种农战史的专著、论文集和资料汇编等[④]，通俗读物也占了相当的比重。

一般来说，以农民起义为主题的通俗读物大多选择中国历史上规模巨大、对历史进程产生重大影响的农民起义，用讲故事的方式来叙述。庄葳《中国农民起义的故事》，收入了"揭竿而起""赤眉新市""黄巾""瓦岗军""黄巢""宋江

①陈纯仁:《历史是谁创造的》，江苏人民出版社1957年，第5页。

②金灿然:《爱祖国的历史》，《中国青年》第57号，1951年1月。

③侯云灏:《从三十年代的两部中国农民战争史论著看早期中国农战史研究》，载《史学理论研究》1997年第3期。

④蒋海升:《"西方话语"与"中国历史"之间的张力——以"五朵金花"为中心的探讨》，山东大学出版社2009年，第1页。

方腊钟相”“红巾军”“李闯王”“太平天国”九个故事。穆烜《中国农民革命的故事》，收入大泽乡起义、绿林军和赤眉军、“岁在甲子、天下大吉”、瓦岗军、万里长征、方腊宋江钟相和杨幺、“挑动黄河天下反”、李闯王、太平天国九个故事。林章《中国古代农民起义故事》，收入陈胜吴广起义、黄巾起义、瓦岗军、黄巢起义、闯王起义五个故事。中国历史上的农民起义，次数很多，规模也很大，上述农民起义故事所介绍的，都“是我国历史上最有名的几次农民革命的故事……按照历史的顺序，扼要地来谈一谈”。① 用单独的篇幅介绍以上这些著名农民起义的通俗读物也为数众多。

除了中国历史上改朝换代的大规模农民起义外，还编撰了一些中小规模的农民起义故事，例如振翩《唐末徐州农民起义故事》（江苏人民出版社 1958），讲述的是唐末黄巢起义前的桂林戍卒发动的庞勋起义。赖家度《明代郧阳农民起义》（湖北人民出版社 1956），叙述了明代中叶郧阳地区的两次农民起义。云川《紫金梁》（山西人民出版社 1959）讲述的是明末农民起义领袖紫金梁（王自用的外号）领导的山西地区的农民起义，紫金梁死后余部方由高迎祥、李自成带领，进入河南开始新的发展。云川《吕梁英雄抗清兵》（山西人民出版社 1957）则是上书的姐妹篇。叶蠖生《明末农民起义军联明抗满小史》（人民出版社 1951）则叙述了大顺大西军余部与南明政权联合抗清的历史。

通俗读物编撰题材多以中国历代农民起义和农民战争为主，与此相对应的即是帝王将相题材内容的减少。除了吴晗主编“中国历史小丛书”中对秦皇汉武唐宗宋祖稍有所涉及外，其他的只有少数通俗读物是介绍岳飞、文天祥、于谦、郑成功、林则徐这类抵抗入侵的英雄人物以及屈原、李冰、司马迁、詹天佑这些文学艺术科技人物。

编撰有关农民起义的通俗读物，首先是要在史料运用方面要求注意到，已往有关农民起义的记载，“都是对农民起义极尽侮辱和歪曲，必须用新的立场和观点，经过充分的分析和考证，淘汰靠不住的记载，尽量使义军的活动面貌，忠实地恢复过来”。② 对于农民起义的评价，则一般都承认“每次起义，都打击了当时的封建统治”，其对社会发展的推动作用则是通过统治者的让步政策来实现的，“在旧的封建王朝被推翻，新封建王朝刚刚建立的时候，统治阶级不得不对农民稍稍让步，减轻一些对农民的剥削和压迫”。③ 在五六十年代的语境中，对于农民起义的评价标准是历史主义的，但是对于中国历次农民起义失败原因的分析，往往又陷入非历史主义之中，“在封建社会里，没有现代的工人阶级，更没有共产党，所以当时的农民革命总是要失败的，但是农民革命却推动了中国

①穆烜：《中国农民革命的故事》，江苏人民出版社 1956 年，第 1 页。

②云川：《紫金梁：明末山西农民起义故事》，山西人民出版社 1959 年，第 3 页。

③庄葳：《中国农民起义的故事》，华东人民出版社 1952 年，第 3 页。

几千年来历史的发展”。① 没有先进阶级的领导而使得农民起义成为改朝换代的工具,这个可以作为任何一次农民起义失败的解释。显然,这种解释模式不去分析具体的时代背景和历史条件,用一种统一公式去套,很容易就陷到公式主义中去。

(五)革命领袖传记以及革命英雄故事的编撰

传记是记述人物生平事迹的体裁。五六十年代革命领袖传记主要以马、恩、列、斯以及新中国开国领袖为对象。“革命领袖故事对于人民有极其重要的教育作用,人民可以通过具体的故事与形象,认识革命的道理与意义,认识革命领袖的精神与道德品质。革命领袖的故事与形象,往往成为人民教育自己的范例,他们的一言一行,往往对于一个人的一生有极其重要的影响”。②

50年代的《中学生》曾连载了革命领袖的系列故事,有《李大钊的故事》(石洛),《马克思的故事片断》(石洛),《任弼时同志的学习精神》(梁浩),《“二七”和林祥谦烈士的故事》(董英),《毛泽东同志领导长沙泥木工人罢工的故事》(方平),《捷尔任斯基:列宁、斯大林最亲密的战友》(石洛),《井冈山上的故事》(金帆),《伏罗希洛夫少年时代的故事》,《壮族人民优秀的儿子:韦拔群》,《李大钊同志的故事》,《学习革命先辈的榜样——纪念“五四”想起的》,《毛主席在“五四”前后的几个故事》,《五四时期的方志敏》,《马克思是怎样学习和工作的》,《刘少奇主席的故事》,《徐特立老爷爷的故事》,《列宁的故事》,《列宁是怎样学习的》,《毛主席少年时代刻苦学习的故事》,《毛主席少年时代锻炼身体的故事》。范政编《列宁的故事》(中国少儿1957),主要讲述了列宁在学习生活与革命工作中的一些真实生动的小故事,并由著名画家程十发绘图,“从这些故事中,我们可以看出列宁的伟大的革命精神和崇高的道德品质”。③

革命领袖传记“要求应比一般书籍更高。所描写的有一点不真实,会是对历史对领袖的歪曲,发生不好的影响”。④ 所以其创作需严格以史料为依据。例如李锐《毛泽东同志的初期革命活动》,分四部分:求学时期的活动并组织新民学会;五四运动前后的革命活动;传播马克思主义以及为建党而斗争;领导湖南工人运动。所依据的材料有毛泽东的手迹、笔记、记录;有关史料;革命烈士的日记、信札、文章和材料;有关人士的谈话和书面材料;已经出版的毛泽东传记和有关文章;其他断代史著作。⑤ 除了史料外,还有不少革命领袖的故事和传说,例如《毛泽东的故事和传说》,共收入18个故事和传说,故事是“真事经过流

---

①林章:《中国古代农民起义故事》,上海人民出版社1961年,第50-51页。

②涂树平:《编绘革命领袖故事必须严肃认真》,载《光明日报》1953年7月4日。

③《中学生》1958年第3期“图书广告”。

④涂树平:《编绘革命领袖故事必须严肃认真》,载《光明日报》1953年7月4日。

⑤李锐:《毛泽东同志的初期革命活动》,载《中国青年》1953年第13期。

传，就添上了传说的色彩，即加上群众自己的东西，但却并没有因此而使故事变得不真实，相反的，使故事的最有意义的部分更加突出了"，传说则未必有事实依据，"是说故事的人编的。但也不是乱编，而是群众按照自己对于毛主席的理解和想象……同样绘影绘声地说出了毛主席的为人和作风，让听故事的人不能不说，毛主席就是那样"。[①]《革命领袖故事》（河南人民出版社 1960）收入了"毛主席在井冈山时候的故事""毛主席看戏的故事""一个伤员的愿望"，同样也是以传说的成分居多。

革命英雄故事就是描写在历次革命中的英雄人物的故事，"是歌颂革命英雄，歌颂新人新事新风尚，发扬革命精神，传播先进思想；要揭露阶级敌人的丑恶面貌，控诉旧社会的罪恶，批判旧思想、旧习惯，提高人民群众的革命觉悟"。[②]

苏联柯斯莫捷米扬斯卡娅著《卓娅和舒拉的故事》（中国青年出版社 1952）5 个月共印行 11 万册，叙述了两个青年英雄卓娅和舒拉的成长过程，描写了他们在苏维埃政权下接受了家庭、学校、少先队、共青团和共产党等各个阶段的教育，最后为保卫祖国而献身。《卓娅和舒拉的故事》本身就是一部培养青年道德的著作，从中也可以看出"文学、艺术、历史在培育青年思想道德方面所起的特别重要的作用"。[③] 当时还组织了很多笔谈会、讨论会，"要学习卓娅忠诚对待学习的精神，充实自己，成为祖国建设中的好干部"。[④] 其他如缪敏《方志敏战斗的一生》（工人出版社 1958），根据作者搜集到的材料整理而成，比较真实、生动地记录了方志敏一生中主要的革命事迹，刻画了烈士的革命精神。石帆《彭湃的传说》（广东人民出版社 1957）收集了关于彭湃的许多故事，这些故事多年来都在广东海陆丰一带广为流传。张麟《赵一曼》（工人出版社 1957）描写了赵一曼的生活中的许多片断。韩希梁《黄继光》（中国青年出版社 1957）着重刻画了黄继光在共产党教育下的成长过程，试图说明共产主义的优秀品质不仅表现在战斗中，而且也表现在平时的工作和生活中。[⑤]《青年英雄的故事》（中国青年出版社 1954），收入了董存瑞、黄继光、罗盛教、王孝和、刘胡兰、丁佑君六人。《抗美援朝故事》（上海人民出版社 1960）介绍了黄继光、邱少云、罗盛教以及其他不知名的个人与集体的战斗故事。丁洪、赵寰、董晓华《董存瑞的故事》（中国青年出版社 1954），"使我们能够通过形象了解董存瑞的一生"。[⑥] 根据 1963 年

①贾芝：《关于"毛泽东的故事和传说"》，载《毛泽东的故事和传说》，工人出版社 1959 年，第 53 – 54 页。

②毛学镛：《怎样讲革命故事》，上海文化出版社 1965 年，第 2 页。

③袁水拍：《一本鼓舞青年前进的书——推荐〈卓娅和舒拉的故事〉》，载《人民日报》1952 年 7 月 8 日。

④《卓娅的英雄形象帮助我们克服了许多困难》，载《进步日报》1952 年 12 月 24 日。

⑤《社会主义文学的大丰收》，载《中国青年》1958 年第 7 期。

⑥张岩：《介绍〈真正的战士——董存瑞的故事〉》，载《光明日报》1954 年 8 月 12 日。

下乡参加社会主义教育运动的学者调查,像董存瑞、黄继光、刘胡兰、白求恩、雷锋以及狼牙山五壮士等历史故事,“农民群众都非常愿意听”。[①]

革命英雄故事经过不断地加工塑造,成为定型的“文化产品”。50年代的学生“一踏进校门,就知道了那些披着战火,洒着热血的英雄……听英雄故事,是当时孩子们最愿做的事情,这些故事的感人程度,不要说当时,就是价值体系发生了重大变化的今天,从人性的角度看,也是难能和高尚的,因此在当时不可能不对孩子们产生影响”。[②] 当然,革命英雄故事大多是为特定的政治需要而编撰的,所以往往也存在着不少问题,例如梁星著《刘胡兰小传》,“对刘胡兰的生平、事迹记述得还嫌单薄,还有不够的地方”。[③]《黄继光的故事》是青年团西南工委和四川省工委宣传部根据所搜集材料初步整理[④],难免粗糙失实。《卓娅和舒拉的故事》也与此类似。有些革命故事的宣传效果也未必尽如人意,如“英雄小八路”讲的是小英雄第一次战斗就被打死了,“使人听了心里觉得不舒服”。[⑤]

显然,革命领袖与英雄人物的传记编撰要处理历史发展规律性与个人在历史发展过程中主观能动性之间的关系,但是大多数的著述对此问题大多避而不谈。而人民群众与个人在历史上的作用同样也只能做折中的表述:“历史唯物主义在承认群众在历史上的决定性作用的基础之上,同时对于个人在历史上的作用也作了恰如其分的估计。”[⑥]究竟怎样才是“恰如其分”,如何拿捏把握分寸,还是个难题。

(六)历史学为无产阶级政治服务

历史学应当既是“求真”的,又是“致用”的。鸦片战争前后,许多进步的知识分子大都不满足于以往学术研究与现实生活严重分离的状况,开始密切关注时势政局、国计民生等情况,留心“经世之务”,主张富国强兵,由为学术而学术走向经世致用之途。“九一八”事变后,在中华民族存亡绝续的背景下,对知识分子来说,最迫切又最现实的工作便是学术救国。新中国成立后,“历史学为无产阶级政治服务”极端突出地强调了历史学在致用方面的功能,可以看作是晚清以来经世史学合乎逻辑的发展。[⑦]

马克思、恩格斯将历史学发展为一门科学,以唯物史观为指导的历史学是

---

①《历史科学为农民服务问题座谈会辑要》,载《史学月刊》1965年第9期。

②黄新原:《五十年代生人成长史》,中国青年出版社2009年,第50页。

③萧殷:《学习刘胡兰的高贵品质——〈刘胡兰小传〉读后》,载《中国青年》1953年第8期。

④《黄继光的故事》,载《中国青年》1953年第7期。

⑤李伯钊:《怎样讲〈革命故事读本〉》,载《中国青年》第49期,1950年10月。

⑥孙定国:《人民群众和个人在历史上的作用》,载《学习》1954年第5期。

⑦“经世致用”“学术救国”,这种史学服务于现实的精神主要体现在选题上,至于论证则谨守学术规范,这是“经世致用”“学术救国”与“历史学为无产阶级服务”的根本区别(罗志田:《史料的尽量扩充与不看二十四史》,载《历史研究》2000年第4期)。

"实践的科学,革命的科学。因此,历史科学的研究工作必须符合于革命的需要"①,具体表现即历史学为无产阶级政治服务。在革命战争年代,郭沫若《甲申三百年祭》,范文澜《汉奸刽子手曾国藩》以及陈伯达《窃国大盗袁世凯》,"虽是鞭尸,却落在活人身上"。②

朝鲜战争爆发后在全国范围内掀起了抗美援朝运动,编写了相当数量的历史通俗读物宣传抗美援朝。开明书店"抗美援朝知识丛刊",是为"提供些有关美帝的侵略本质和事实的知识,提供些有关巨大的世界和平民主阵营的力量的知识,提供些世界人民击败帝国主义侵略史实和知识,对于中学生以及一般知识青年是有其相当帮助的",包括了《苏联打败帝国主义干涉简史》《东南亚殖民地解放运动简史》《苏联外交政策》《苏联的力量》《两个阵营的对比》《美国初期侵华史话》《美国的法西斯统治》《美国人民革命运动》《美国资本主义的发展》《朝鲜民主主义人民共和国》《中朝人民的友谊关系和文化交流》《欧洲人民民主国家的成长》《中国人民怎样打败日本帝国主义》《李提摩太——一个典型的为帝国主义服务的传教士》《朝鲜人民解放斗争史》《中越关系简史》《世界人民怎样赢得反法西斯战争的胜利》等等。丛刊都由专家执笔,文字通俗,例如《五千年来的中朝友好关系》由张政烺、余逊、宿白、商鸿逵、金毓黻、杨翼骧合著。③ 上海东方书社出版了由季羡林等主编的"新时代亚洲小丛书",是为"简明通俗地介绍一些关于我们邻居的情形",第一辑为《朝鲜民族解放斗争史》(马超群、李启烈)和《越南人民反帝斗争史》(吕谷),前者根据朝鲜金日成大学的《朝鲜民族解放斗争史》编译而成,"是一本介绍过去朝鲜人民为了祖国的解放和独立,坚决地英勇地与日帝国主义斗争的史籍,由此书的介绍我们更可明了这次朝鲜人民猛烈地抵抗美帝国主义的侵略,并且必能获得最后胜利是有历史根源的"。④ 抗美援朝宣传运动的另一个重点自然是美帝侵华史,帝国主义侵华史就等同于美帝侵华史,而此前"中国的历史书上对美国的侵略提得很少……对于这类书,有良心的历史学家应当快出来更正"。⑤ 袁昂《美帝侵华史略》从1784年美国的"中国皇后号"到达中国叙至抗美援朝,内容无非就是《望厦条约》、华尔洋枪队、门户开放、美蒋联合等等,结论就是"美帝国主义百年来对中国侵略的历史都是鲜血淋漓的事迹",美国就是"中国人民的死敌"。⑥ 周靖馨《美帝侵华史图解》(劳动出版社1951)以历史年代为经,地图为纬,将

①邓拓:《毛泽东思想开辟了中国历史科学发展的道路》,见《北京市历史学会第一第二届年会论文选集》,北京出版社1964年,第2页。

②《论"厚今薄古"》,载《历史教学问题》1958年第5期。

③《进步青年》1951年11月"图书广告"。

④《历史教学》第1卷第4期"图书广告"。

⑤怀湘:《这类历史书应该清除》,载《学习》第3卷第6期,1950年12月。

⑥袁昂:《美帝侵华史略》,商务印书馆1951年,第1页。

1784—1950年间美国侵华的历史以文字叙述标注于相应的地图之上，将时间、空间、事件三者结合起来。人民出版社编辑出版了"抗美援朝小丛书"（1950—1951），包括了《美帝援蒋奴役中国》（秦林舒）、《美帝是怎样侵略朝鲜的》（余崇文）、《美帝怎样扶日》（翟一我）、《美国的独占资本》（徐秉让）、《美国的政治制度》（陈驰）、《美国已经法西斯化了》（陈逸园）等多种，"是为了响应抗美援朝保家卫国的运动编写的。试用简单明白的文字，把美帝国主义的侵略本质和事实，它的腐朽和它不过是一只纸老虎的真相告诉读者"。[①]《光明日报》出版"抗美援朝丛刊"（1950—1951），包括了《美国故事》《美国初期侵华史实》《美帝侵略中国史话》《我们的血曾流在一起》《我痛恨美帝》。美国在中国所创办的教育、医疗、卫生等慈善事业，也被看成是别有用心，"表面上挂着'慈善'事业的招牌，打着'人道主义'的美名，暗地里却干着惨绝人寰的罪恶勾当"。[②] 上述各种通俗读物的宣传和灌输，在五六十年代人心目中造成的印象便是美帝国主义是中国最凶恶的敌人。在当时的语境下，没多少人知道朝鲜战争是因为金日成的北朝鲜正规军大规模入侵南方引起的，也没多少人知道联合国安理会通过决议，授权联合国军援助南韩击退武装进攻。[③]

与揭露批判美帝国主义相对应的便是介绍苏联历史与宣传中苏友好。成立于1951年的湖南通俗读物出版社的《苏联怎样帮助中国建设》，举了很多具体的事例来说明苏联对华援助，"这本小书不过万把字，但内容却很丰富、具体，文字写得通俗简洁，高小程度的读者可以看懂"。[④] 中苏友好协会主编的"中苏友好画库"（人民美术出版社），"是以介绍苏联为目的的通俗读物中较好的一种。它以图片和简单的文字说明，报道苏联人民怎样忘我地劳动着和愉快地生活着"，[⑤]分15辑：《十月革命》，《光荣的基洛夫工厂》，《共产主义建设工程中的新机械》，《顿巴斯矿工》，《中苏友好画史》，《世界上最大的水电站》，《苏联农业机械化》，《苏联工人的幸福生活》，《苏联棉花的丰产经验》，《苏联妇女：共产主义的积极建设者》，《苏联第五个五年计划中的工业》，《苏联第五个五年计划中的农业》，《苏联第五个五年计划对人民生活的提高》，《列宁运河》，《苏联的选举制度》。1952年11月是"中苏友好月"，主题不外乎宣传介绍苏联知识与中苏友好往来的历史，友好月的推荐读物有《伟大的十月社会主义革命通俗讲话》《苏联的伟大和平建设》《伟大的苏联共产党建设》《苏联是中国人民的好朋友》

①《新建设》第3卷第3期"图书广告"。

②《美帝国主义侵华罪行录》，中国青年出版社1965年，第48页。

③徐友渔：《形形色色的造反》，中文大学出版社1999年，第32页。

④罗荣渠：《书报评介——〈苏联怎样帮助中国建设〉》，载《中苏友好》第3卷第10期，1951年6月。

⑤殷鉴：《瞩望我们的明天——介绍"中苏友好画库"》，载《光明日报》1953年11月7日。

《攻打冬宫》《列宁的故事》《伟大的斯大林的故事》。① 其他介绍苏联和宣传中苏友好的还有《苏联常识读本》(1952)、《苏联历史画集》(1953)、《中苏友谊的故事》(1955)、《中苏人民友谊简史》(1955)等等。

1956年苏共二十大后中苏关系出现了裂痕,中苏友好在60年代被批判苏联"修正主义"所取代。同样,1979年中美建交后,则开始讲述中美两国人民友好往来的历史。历史与政治的关系,正如赵俪生所言:"政治不应该把自己形成一根指挥棒,瞎指挥。假如研究历史总跟着政治指挥棒团团转的话,不仅害了历史科学,也害了政治……历史为政治提供成果,政治则利用成果去进行活动,为人民的利益服务。"②

第三节 吴晗与新中国的历史知识普及工作

吴晗(1909—1969),浙江义乌人,著名的马克思主义历史学家。1931年入清华大学,专攻明史,有关明史的多篇论文奠定了吴晗在学术界的地位。③ 作为一个历史学家,吴晗一贯主张史学的专业研究和社会普及应当齐头并进。新中国成立后,吴晗曾"订下计划,每年至少写十万字,一年出一本书。要搞科学研究,写一些专门论文,也要搞普及工作,写一些读书札记,编一些通俗的书,写一些明白易晓的文章"。④ 吴晗的历史知识普及工作,主要体现在主编中外历史小丛书和亲自撰写通俗史话这种"明白易晓的文章"上,本节即主要就此两者做一简单介绍。

(一)吴晗的历史知识普及思想

吴晗幼时喜读《三国演义》、少年丛书和一些通俗的历史读物,故此对历史产生了浓厚的兴趣。⑤ 吴晗的历史知识普及思想很有可能萌发于此。

目前所能看到的吴晗最早关于历史知识普及的论述,是刊载于1934年《独立评论》第115期的《中学历史教育》(又名《清华大学入学试题关于历史答题的统计》)一文。吴晗这篇文章,既反映了民国时期中小学的历史教学水平,又提出了提高教学水平的具体途径。

吴晗从四千本报考清华大学入试中国史试卷中,抄出一部分错误答案,进

---

①《"中苏友好月"推荐读物》,载《中学生》1952年第11期。

②赵俪生:《谈史学研究的工作方法》,见《赵俪生文集》第1册,兰州大学出版社2002年,第44页。

③吴晗的传记,苏双碧、王宏志《吴晗传》曾修订重版多次。美国学者马紫梅《时代之子吴晗》(中国社会科学出版社1996年)和李又宁《吴晗传》(香港明报月刊社1973年)亦值得重视。

④吴晗:《一个倡议》,见《吴晗全集》第8卷,中国人民大学出版社2009年,第57页。

⑤杨德华:《史家谈治史——吴晗同志访问记》,见《吴晗的学术生涯》,浙江人民出版社1984年,第115页。

行归纳分析。入学试题基本上都是极简易的常识，从结果来看，四千本卷子没有满分，及格的大约占1/4。例如“九一八”事变，命题者希望学生能全部答出，但答对还不到半数。“廿四史试举八种”，全对的也不到半数。许多错误都是千奇百怪，例如一部分学生以为西汉为东汉所灭，北宋为唐所灭，或为南宋所灭。另一部分则以为西汉为唐所灭，金为明所灭。吴晗的结论是：“从这次考试的结果来看，很可悲叹的是能具有本国通俗历史常识的高中毕业生寥寥可数，谈不上百分数。这些人而且是四万万人中的优秀分子”，“假如肯把眼界放远一些，把考试这两个字撇开，从反面看去，不禁为中学的历史教育前途悲观”。①

无独有偶，张绳祖的《中学毕业生历史智识之现状》（《教育杂志》第19卷第4号）也对从报考东南大学的入学试中历史试题的试题进行统计和分析，从其结果中也反映出学生的历史知识水平不容乐观。对中小学的历史教学水平，民国时期并没有留下比较全面系统的考核评估材料，而从高校招生考试试卷来评估中学历史教学水平似成为当时的普遍做法，徐文珊认为，中学历史教学“成效尚未显著。一般人对本国历史知识仍甚贫乏，最显著的例子，即各级学校学生历史程度之低，有出人意料者。由大学招生考试和普考等各种考试的历史成绩看，不但令人寒心，并且令人害怕。主考人或阅卷人多慨乎言之”。② 从吴晗和张绳祖两文来看，清华大学、东南大学是当时著名高校，报考的学生历史常识如此之缺乏，当时的历史教学水平，则可想而知了。历史课程不受重视，教材教法不良，是造成教学水平低下的主要原因，正如有论者所指出的：“历史地理学科之重要可知。我国中等学校，虽有此科，而学生每闲冗视之，此科之真价值，遂没而不显；推厥原由，盖教者授法不良，取材不当，不能引起学者之研究心也。”③

对于提高中学历史教学水平，吴晗提出了四个解决途径：“第一是注意课本的编订。由政府延请专家担任撰述。坊间教科书一律禁止发行”；“第二是养成学生的历史兴趣，认定这是每一公民应有的常识”；“第三是教员须任专门人才，勿以治不相干学问者充数”；“第四是应当多预备课外读物，例如历史小说（要请专门家写，坊间已有的荒陋不能用）和单题小册子，这种小册子不妨题目小而包括多，用简练有趣的文笔，叙述精确的史事”。吴晗认为，中学历史的教学目标“不希望每一个学生将来都是史学家，我们希望每一个学生将来都是社会上的健全公民。但在中学或大学时期应当给他们以充分的关于国家和民族的常识”。④

①吴晗：《中学历史教育》，见《吴晗全集》第9卷，中国人民大学出版社2009年，第15页。

②徐文珊：《抗战以来中国史学之趋向》，见《中国战时学术》，正中书局1946年，第132页。

③朱宗武：《中学校史地科教授之商榷》，载《文史地杂志》第1卷第1期，1923年10月。

④吴晗：《中学历史教育》，见《吴晗全集》第9卷，中国人民大学出版社2009年，第15页。

1937 年,教育部编辑高中历史教材《中国史纲》。最初计划由张荫麟负责汉以前的部分,唐以后由吴晗负责,吴晗曾计划邀请千家驹写鸦片战争前后社会变化,王芸生写中日战争等,打算稿子集齐后再进行综合融会贯通。张荫麟撰写了十篇文字,其中九篇经修改后收入《中国史纲》。吴晗曾和张荫麟讨论过中小学历史教学的问题,得出的共识就是中小学历史教科书无法引发学生的阅读兴趣,需要另外编写适合学生需要的历史通俗读物。

根据吴晗本人的体会,“小学历史教本从神农黄帝三代一直下来到宋元明清,一笔流水账,满纸人名、地名、年代和战争。五千年的史实缩在一册或两册小书里,一面凹凸不平的镜子里”。中学时代则换成“一面中号的镜子”,“更细的流水账,更坏的镜子”。大学“依然是这一套”,“通史其名,不通史其实”。生硬僵化的教科书对青年学生的戕害显而易见,“青年人的脑子被挤疲了,背脊也倒了,对所谓本国历史产生了本能的反对感,有畏惧而厌恶而麻痹,完全不感兴趣”。解决方法之一就是编写可读性强的,与教材可以起到互补作用的历史通俗读物。吴晗曾设想编写三套历史通俗读物:一是以人为主,故事式的写法,选择每一时代的代表人物如孔子、秦始皇、唐玄奘、孙中山等。二是纵剖面的,以事为主,说出每一事件的衍变发展。三是横剖面的,以时间为主,从横的方面去看某一时代。[①] 在吴晗看来,许立群的《中国史话》,胡绳的《二千年间》和翦伯赞的《中国史纲》第一册恰好符合上述三套历史通俗读物的要求。

吴晗早年的有关编撰历史通俗读物的设想,在新中国成立后得以转化为系统的实践工作,并且取得了突出的成就。而在此实践过程中,吴晗对其历史知识普及又有了不少新的认识,在《关于历史知识的普及问题》(1959)、《谈历史知识普及》(1960)、《有关历史人物评价和历史知识普及的问题》(1961)中多有阐发。

1950 年吴晗作为副团长参加苏联庆祝十月革命胜利三十二周年纪念,在苏联给吴晗印象非常深刻的便是“一切属于大众,一切为了大众”,例如苏联各种性质的博物馆都从各方面来教育大众,“给大众以知识”。[②] 在吴晗看来,当今的政治、经济、文化是过去政治、经济、文化发展的结果,不能割断过去与现在的联系,“虽然今天的政治、经济、文化和过去的政治、经济、文化有着本质的差别,但也要看到它们之间的内在联系,不要割断历史”。[③] 吴晗根据毛泽东的论述,认为提高和普及两者是相辅相成、缺一不可的。普及历史知识,使历史知识成为广大人民的“基本的必需的知识”,人人懂点历史“掌握社会发展规律,认识自

①吴晗:《读〈二千年间〉》,见《吴晗全集》第 9 卷,中国人民大学出版社 2009 年,第 150 页。

②吴晗:《访苏印象》,见《吴晗全集》第 9 卷,中国人民大学出版社 2009 年,第 208 - 209 页。

③吴晗:《工人应当掌握点中国近代革命史》,见《吴晗全集》第 9 卷,中国人民大学出版社 2009 年,第 324 页。

己的前途”，这样反过来又会促进提高的进一步发展。只讲提高而忽视普及的立场显而易见是错误的。对历史学家来说，把学术论文，研究专著进一步提炼一下，使之通俗化，能为广大民众所接受，正是一举两得、事半功倍的事。在主编“中国历史小丛书”的过程中，吴晗根据编撰实践提出“通俗”的两条标准，一是给孩子们读，孩子们读得懂了便算通俗；二是给外行读，“只有连外行人也能完全读懂了，才算达到通俗的地步”。[①] 避免把历史书写成枯燥无味的人名、地名、年代的堆砌，令人感觉索然寡味。对于历史通俗读物编撰过程中遇到的一些技术性问题，吴晗也提出若干的原则，例如对于学术界的一些争议性问题，吴晗主张通俗读物应该尽量回避，“有些必须涉及的问题……则把各家说法，同时提出”。[②] 在写作过程中，头绪要清楚，“一篇只能写一人一事”，专有名词尽量不用或少用，在非用不可的情形下则要有明确的解释。[③] 语言必须通俗流畅可读，也可学习《三字经》的写作方式，可用明白易晓的韵文来表述。[④]

（二）“中国历史小丛书”的编撰

从1958年开始至1966年“文化大革命”爆发，这一时期的通俗史学，主要是在历史学家吴晗的主持下，有计划有步骤地展开，是新中国历史知识普及工作卓有成效的一个阶段。

1958年秋，吴晗在北京市中学历史教师全体大会讲话中，倡议为青少年学生编写一套比较全面系统的课外历史读物“中国历史小丛书”，受到了中学教师的一致欢迎。吴晗亲自担任了“中国历史小丛书”的主编，并邀请专家教授组成编辑委员会，负责制订计划和审阅稿件。编委会下设办公室，负责组稿、编审等日常工作。主持中华书局工作的金灿然，也十分重视历史知识普及工作，积极支持出版这套“中国历史小丛书”。“中国历史小丛书”出版后不久，周恩来向吴晗提出建议，再编一套“外国历史小丛书”，以适应外交工作的需要。吴晗与商务印书馆陈翰伯共同商定编辑方针，“外国历史小丛书”到1966年共出59种。这一时期吴晗的历史知识普及工作主要有以下几个特点：

第一，历史主义的指导方针。新中国成立后，由于“左”的思潮的影响，片面狭隘的阶级立场或多或少地体现于历史研究中，在历史通俗读物的编撰中也出现了不少非历史主义的倾向。在1958年“史学革命”后吴晗做了很多努力来纠正历史研究中的非历史主义，由于吴晗的身份与地位的关系，他在这方面的作

①吴晗：《关于历史知识的普及问题》，见《吴晗全集》第9卷，中国人民大学出版社2009年，第253页。吴晗谈历史知识普及诸文多有重复。

②吴晗：《中国历史常识·序言》，见《中国历史常识》第1册，中国青年出版社1963年，和3页。

③吴晗：《普及历史知识的一套好书——〈历史故事〉序言》，见《吴晗全集》第9卷，中国人民大学出版社2009年，第366－367页。

④吴晗：《谈〈三字经〉》，见《吴晗全集》第8卷，中国人民大学出版社2009年，第213页。

用是无可替代的。[1]

吴晗特别强调,阶级出身不是评价历史人物的唯一条件,不能因为帝王将相们的阶级出身而一概否定其历史成就,也不能拿今时今日的规范标准去要求古人,“历史人物有成就有功劳要肯定,有缺点的要指出,从历史条件加以说明,使人理解,但不能苛求,当然,也不是替他们辩护。这是评价历史人物必须遵守的准则”。

吴晗所主编的“中外历史小丛书”,都是以历史主义为其指导方针。历史上的帝王将相并不因为其是剥削阶级而予以一概否定,例如《秦始皇》在批判其暴政的同时也肯定秦始皇的“巨大功劳”,“他第一次把我们祖国统一起来,建立了中央集权的大帝国,还做了许多有益于祖国统一和经济、文化发展的好事”。[2]汉武帝同样也是一个雄才大略的政治家,虽然从阶级立场来看是一个“骑在劳动人民头上的封建统治者”,但从总体而言还是“在客观上对于我国历史发展是有很大贡献的”。[3] 最极端的例子是戚本禹所写的《孙承宗》,“文革”初《为革命而研究历史》的作者在《孙承宗》一书中完全体现出了历史主义的思想。[4]

孙承宗与熊廷弼、袁崇焕并称明末抗击后金的三位优秀的军事统帅。戚本禹首先从阶级立场是肯定“孙承宗是统治阶级的一分子,他的抗金主要是为了维护统治阶级的利益,保护明朝政权不致被外来的力量推翻”,但是其统治阶级的阶级立场与广大人民群众的根本利益也是相符合的,“客观上也符合了人民抗金的要求。后金统治者的不断进攻,破坏了关内人民的经济生活,加深了人民的灾难和痛苦”。其次,从历史主义的视角出发,将孙承宗置于明末的政治社会背景中,更可以看出,“朝廷里的一般当权派,又很少有人真正懂得军事。他们一会儿盲目乐观,要求轻率冒进;一会儿又怕得要死,要求全面撤退。胜利了,还保不定有麻烦;失利了,就要丢官,掉脑袋,连妻子儿女也得流放千里。在这种情况下,当个统帅是非常困难的”。再次,从个人的品德气节来看,孙承宗也是很值得称道的,“他看不惯阉党的胡作非为,所以始终不肯和他们同流合污。孙承宗还有一些好的作风。比如,他很注意了解实际情况,生活比较简朴,能够刻苦锻炼自己;对待士兵比较关心,等等”。[5] 显然,戚本禹在书中对孙承宗的评价并不因其阶级出身、阶级地位和阶级立场而对其持一概否定的态度。

第二,有目标,有计划,全面系统。“中国历史小丛书”原计划出书三百种,

①王学典:《历史主义思潮的历史命运》,天津人民出版社 1994 年,第 113 页。

②周铮杰:《秦始皇》,中华书局 1959 年,第 28 页。

③范福元:《汉武帝》,中华书局 1960 年,第 32 页。

④“文革”初关锋著文批判吴晗道德继承,后有人找出关锋此前在《光明日报》的《从陈贾说起》(署名何明),也是讲道德继承的。“文革”时的“左”派,大都如此。

⑤戚本禹:《孙承宗》,中华书局 1964 年,第 31 - 32 页。

选题范围很广，有史前文化和各历史时期重要历史事件、经济文化生活专题、历史名城文物古迹、民族史话、中外关系史话、重要作家和重要著作、制度以及历史人物等。自1959年至1966年，共出版147种（见表5－3）。

表5－3

历史事件	古代	桂陵马陵之战、绿林赤眉起义、官渡之战、赤壁之战、彝陵之战、祖逖北伐、淝水之战、成皋之战、隋末农民战争、黄巢起义、采石之战、方腊起义、明代援朝抗倭战争、清代哀牢山彝民起义、清代苗民起义、林清李文成起义
	近现代	鸦片战争、平英团、景廷宾扫清灭洋起义、上海小刀会起义、北洋海军、戊戌变法、义和团运动、1905年的反美爱国运动、四川保路运动、黄花岗起义、武昌起义、二七运动、北洋军阀、卢沟桥事变
历史人物	古代	晏婴的故事、卧薪尝胆的故事、屈原、廉颇和蔺相如、秦始皇、陈胜吴广、项羽和刘邦、汉武帝、司马迁、张骞、霍去病、苏武、曹操、诸葛亮、范缜、唐太宗、文成公主、唐朝理财家刘晏、寇准、李纲和宗泽、岳飞、文天祥、赛典赤、于谦、海瑞的故事、戚继光、孙承宗、张献忠、李自成、努尔哈赤、袁崇焕、夏完淳、史可法、张煌言、郑成功、李定国
	近现代	林则徐、魏源、定海三总兵、洪秀全、李秀成、陈玉成、李鸿章、康有为、梁启超、谭嗣同、严复、黄遵宪、容闳、章太炎、詹天佑、黄兴、秋瑾、邹容、陈天华、袁世凯、韦拔群、刘胡兰、赵一曼
社会文化		中国猿人、半坡村遗址、仰韶文化、龙山文化、安阳殷墟、诗经、中国古代数学史话、汉字史话、五谷史话、墨子、老子、荀子、韩非、李冰和都江堰、张衡、祖冲之、扁鹊华佗孙思邈、贾思勰和齐民要术、顾恺之、柳宗元、唐代的长安、玄奘、白居易、阎立本和吴道子、敦煌艺术、沈括和梦溪笔谈、三大发明、陆游、李贽、李时珍、徐霞客、徐光启和农政全书、郭守敬、孔尚任和桃花扇、吴承恩和西游记、顾炎武、故宫史话、书的故事、漕运史话、西湖史话、赵州桥史话、中国古代钢铁史话、中国印染史话、京剧史话、王桢和农书、邮电史话、林纾和林译小说、中国活字印刷史话、长城史话、南京史话、广州史话、丝绸史话、蚕业史话、科举制度史话、造纸史话、铁路史话、古代飞行的故事

从表5－3可以看出，“中国历史小丛书”的选题，以事件、人物和社会文化两者并重，前者是“纵的历史”，后者是“横的历史”，抑或称之为“动的历史”和“静的历史”，两者纵横交错，很好地起到历史知识普及的作用。

除了组织编写“中国历史小丛书”和“外国历史小丛书”外，吴晗还主编有《中国历史常识》。《中国历史常识》全书共八册，一至五册为古代史部分，1963年至1965年由中国青年出版社陆续出版。《中国历史常识》是常识问答式的通俗读物，有针对性地介绍各种历史知识，包括了古今中外的历史人物、历史事件、文化制度、风俗习惯等内容。《中国历史常识》采用问答体裁，“要求简短精练，每个题目一般只有一千多字，具体回答一两个问题。每个题目都有独立性，各个题目之间又有连贯性。读者随便抽一点时间，就可以阅读一两个题目，获得知识。既可以随时看，也可以随时放下。把读过的东西连贯起来，则又可以比较系统地了解我国历史发展的基本面貌”。在取材上，“一般教科书所不可能接触到的题材，在这部书里都有了用武之地”，“通过具体史实，给以详尽的说明，这种叙述比一般辞书要详细一些，丰富一些，也更生动一些，不但使读者便于记忆，也可以从中吸取经验、教训和启发”。在行文语言上，“所有作者都在写作中力求通俗，尽量避免用生僻的字和词句，写法也力求流畅，明白易晓”。①

吴晗还组织各种形式的通俗性的讲座来普及历史知识。1961年，北京历史学会、中国历史博物馆和中国革命博物馆联合举办“历史知识讲座”。吴晗讲“武则天”，郑天挺讲“康熙”，侯仁之讲“北京城的成长和北京的水”，杨人楩讲“欧洲人在非洲贩卖奴隶的始末”，贾兰坡讲“中国猿人”，胡华讲“陈独秀右倾机会主义者从投降主义到取消主义的演变”等等，这个讲座从一开始就受到热烈的欢迎，听众非常广泛。同年，中央人民广播电台也开办《历史故事》栏目。吴晗写了《隋末农民起义领袖窦建德》讲稿，并亲自担任第一讲。吴晗要求广播讲稿都要言之有物，不空发议论，“为了要使听众听得明白，就必须锻炼字句，明确文义，尽量口语化，大众化，符合广播的要求”。② 1963年，北京出版社将各篇

①吴晗：《中国历史常识·序言》，见《中国历史常识》第1册，中国青年出版社1963年，第2-3页。

②吴晗：《历史故事·序》第1集，北京出版社1963年，第6-7页。

讲稿汇集，编成“历史故事”六册。[①]

“中国历史小丛书”出版后，吴晗又根据周恩来的提议，组织编写“外国历史小丛书”，至“文革”前出版了《古代两河流域的文化》（涂厚善），《金字塔》（金德华），《斯巴达》（刘家和），《希波战争》（任凤阁、张殿吉），《伯罗奔尼撒战争》（王兴运），《古代罗马的奴隶制度》（张左糸），《西欧封建庄园》（刘启戈），《神圣罗马帝国》（李祖训），《日本幕府政治》（王立达），《印度莫卧儿王朝》（陈翰笙），《朝鲜壬辰卫国战争》（李景温），《地理大发现》（郭圣铭），《德国农民战争》（吴钧），《尼德兰革命》（吕禾冠），《法国资产阶级革命》（刘宗绪），《罗伯斯庇尔》（孙娴），《谢司起义》（杨增书），《美国南北战争》（罗瑞华），《西班牙美洲殖民地独立战争》（金重远），《越南西山农民起义》（朱桂昌），《伊朗巴布教徒起义》（张桂枢），《法国里昂工人起义》（符月英），《共产主义者同盟》（张友伦），《第一国际》（张友伦），《巴黎公社》（刘宗绪），《〈国际歌〉的作者鲍狄埃和狄盖特》（马启莱），《普法战争》（吴机鹏），《巴拿马运河》（方生），《日本“米骚动”》（戴永玲），《朝鲜三一运动》（王立达），《巴黎和会和凡尔赛合约》（杨穆），《国际联盟》（杨穆），《埃塞俄比亚抗意战争》（罗洪彰），《慕尼黑阴谋》（潘际坰），《第二次世界大战》（罗荣渠），《阿基米德》（梁锡智），《达芬奇》（贺熙煦），《米开朗琪罗》（朱龙华），《拉斐尔》（朱龙华），《莎士比亚》（赵仲沅），《荷尔拜因》（朱龙华），《麦哲伦》（黄道立），《莫里哀》（唐枢），《彼得大帝》（周颖如），《富兰克林》（邓托夫），《牛顿》（潘际坰），《罗蒙诺索夫》（朱成光），《莫尔和他的

---

①“历史故事”第一册：《隋末农民起义领袖窦建德》（吴晗），《北宋王小波、李顺起义》（胡如雷），《明代苏州丝织业工人的领袖葛成》（学文），《少年民族英雄夏完淳》（邢申露），《郭怀一抗击荷兰侵略者》（文志），《郑成功收复台湾》（郑克晟），《太平天国青年将领陈玉成》（袁定中），《女英雄冯婉贞大败侵略兵》（周衍发），《民主主义青年革命家邹容》（邢申露）。第二册：《我们的祖先——中国猿人》（贾兰坡），《三千多年前的古都——安阳殷墟》（刘启益），《秦都咸阳故城》（陈余新），《万里长城的历史》（罗哲文），《古运河的过去和现在》（于耀文），《古老的赵州桥》（罗哲文），《“卢沟晓月”和卢沟桥》（罗哲文），《元代的北京城》（言内），《明十三陵史话》（吴应楷），《我国园林建筑的杰作——圆明园》（史彻）。第三册：《我国第一个伟大的诗人屈原》（张习孔），《女历史学家班昭》（黎虎），《古代名医华佗》（回春），《我国东晋时代杰出的画家顾恺之》（张安治），《战斗的无神论者范缜》（任继愈），《元代伟大的科学家郭守敬》（刘炎），《晚年治学的思想家李卓吾》（史鸣），《地理学家徐霞客》（侯仁之），《诗人和书画家郑板桥》（温廷宽）。第四册：《中国丝绸的历史》（黄能馥），《烽火台和驿站》（孙志平），《我国劳动人民的智慧创造——指南针》（史目），《世界上最早的医学校和药典》（蔡景峰），《雕版印刷术的发明和传播》（黄秀雄），《珠算史话》（严敦杰），《射箭的故事》（林启武），《古代的战争》（广文），《我国古代的舞蹈艺术》（常任侠），《我国古老的滑冰运动》（王绍裘）。第五册：《大政治家管仲》（黎虎），《郑相子产》（丁迢），《信陵君窃符救赵》（孟世凯），《多谋善断的张良》（周年昌），《“召父杜母”——召信臣和杜诗》（穑夫），《杰出的政治家和军事家诸葛亮》（朱大渭），《直言敢谏的魏征》（史朴），《理财家刘晏》（吴尹），《清官包拯》（张习孔），《王安石变法》（紫翔）。第六册：《瞻仰英雄之乡三元里》（秦牧），《壮烈的镇江保卫战》（周衍发），《上海小刀会起义》（坚真），《甲午中日黄海大战》（广文），《一次爱国的政治运动“公车上书”》（文海），《1904 年西藏人民的抗英斗争》（王辅仁），《黄花岗七十二烈士》（方平），《辛亥革命的导火线四川保路运动》（回春），《武昌起义》（赵恒烈）。

〈乌托邦〉》(施铭茂、林正秋),《傅立叶》(高崧),《欧文》(俞铭传),《拉萨尔》(夏丁),《普希金》(南海、碧波),《别林斯基》(陈之骅),《赫尔岑》(农林),《车尔尼雪夫斯基》(陈之骅),《契诃夫》(朱仲玉),《普列汉诺夫》(陈启能),《何塞·马蒂》(陈佳荣),《蔡特金》(丁建弘),《白求恩》(唐枢)等等。

第三,影响遍及了社会的各个阶层。历史学家对吴晗主编的"中国历史小丛书"相当重视,顾颉刚认为其正是"昔日之心愿","正好次第观之",在日记中详细记载了具体的阅读情况(见表5-4)。

表5-4

日期	中国历史小丛书
1965-11-11	寇准,秦始皇
1965-11-16	努尔哈赤
1965-11-17	顾恺之,魏源
1965-11-18	袁世凯,戊戌变法
1965-11-19	李冰和都江堰,祖逖北伐,中国猿人,赛典赤
1965-11-21	明代援朝抗倭战争
1965-11-22	郑成功,林则徐,诸葛亮
1965-11-23	屈原,秋瑾
1965-11-24	白居易,老子,曹操
1965-11-25	廉颇和蔺相如
1965-11-26	秦始皇,欧阳修
1965-11-27	玄奘,孔尚任和桃花扇,海瑞的故事
1965-11-28	墨子
1965-12-04	徐霞客
1965-12-05	李纲与宗泽
1965-12-06	韩非,梁启超
1965-12-08	霍去病,采石之战

续表 5-4

日期	中国历史小丛书
1965-12-09	张衡
1965-12-10	陈胜吴广,文成公主
1965-12-11	王祯和农书
1965-12-12	徐光启和农政全书
1965-12-13	苏武
1965-12-14	范缜
1965-12-17	晏婴的故事
1965-12-18	书的故事
1965-12-19	李时珍,詹天佑

因其时正处于"文化大革命"而不得不有所避忌,"其所编《海瑞罢官》剧正受姚文元批判,牵连及于'小丛书'……然批判尚未有定论,而历史亦一时写不好,'俟河之清,人寿几何',不必因噎而废食也"。[①]

吴晗主编的"中国历史小丛书"和"外国历史小丛书",讲述的历史人物和历史事件比起历史教科书中更为充实和详尽。小丛书的出版,大大扩充了学生课外阅读的范围,大大开阔了学生的视野,提高了他们的思想境界,启发了他们的思想品德修养,小丛书成为他们的良师益友。这些小丛书的出版,不仅繁荣了出版园地,更重要的是为推广和普及社会科学和自然科学做出极大贡献,开创了普及读物的新途径、新方式、新方法。[②] 小丛书的阅读对象原本定位为小学五六年级至初中一二年级的学生以及粗识文字的工人、农民,出版后读者群体大为扩展,"教师也看了,干部也看了,解放军士兵也成为数量最大的读者了"。[③] 可见,历史小丛书不仅是青年学生的良师益友,对于成年读者来说也有同样的益处。

此外,吴晗在主持"中外历史小丛书"的工作时,还计划通过对历史通俗读物的编撰,来培养出一支作者队伍。高水平的历史通俗读物,不是简单的"剪刀

①顾颉刚:《顾颉刚日记》,见《顾颉刚全集》第53册,中华书局2010年,第362页。吴晗"中外历史小丛书"的编撰,在"文化大革命"时期成了其"反革命活动"的"罪状"。

②陈哲文:《记吴晗同志二三事》,见《吴晗纪念文集》,北京出版社1984年,第202页。

③吴晗:《论历史知识的普及》,见《吴晗全集》第8卷,中国人民大学出版社2009年,第465页。

加糨糊”工作所能胜任的。陈翰伯曾对编辑室工作人员谈到，越是普及读物，越要谨慎编写，把知识讲错了，观点不对头，贻害读者匪浅。从某个角度上谈，小册子并不比大部头书好写，它要求深入浅出，只有深入才能浅出。知识读物，切忌空发议论，通俗历史读物，更要用史实说话。当然，要有马克思主义的观点，没有正确的观点，就等于没有灵魂。讲史实也不可材料堆砌，要注意史论结合。文字要力求通俗浅显，但基本功在掌握丰富的知识，没有基本功，光是文字上的修饰，也写不好书。[①] 吴晗不仅组织专家教授编撰，还动员鼓励中学教师加入编撰工作，通过通俗读物的编撰提高教师水平。据统计，参加四套小丛书（另两套为“地理”“语文”）编写的有一百多个中学教研组，三百多位中学教师，包括了全国各个省市。吴晗在极力号召大中学校教师及研究部门干部参加编撰工作的同时，并在编撰过程中给予多方面的指导和帮助，“起初采取普遍撒网的方式……但在发展过程中，就要注意巩固，要从中逐渐培养出一支作者队伍来”。[②]

（三）吴晗的通俗史话

吴晗了主编“中外历史小丛书”、《中国历史常识》等普及读物外，还亲自创作了多篇以通俗语言进行写作，以短篇札记为形式的通俗史话。

吴晗的通俗史话可以新中国成立为标志，“画出一条界线”。吴晗在新中国成立前所作，“都有点恨气，有根刺，总想朝什么地方戳它一下”，“这支笔是用来和敌人作战的”。吴晗在1943—1948年间所写的通俗史话大多被收入《投枪集》中。之所以以“投枪”为名，是因为“这些文章，大体上都是骂国民党的。那时候，人民解放军用真刀真枪打敌人，我呢，既无枪，又无刀，有了也不会使，只有一杆笔，真刀真枪比不上，比它一杆木头枪吧……投它一下如何，管它三七二十一，要是投中了，也会有点痛”。[③]

陈寅恪以为“史论之作者，或有意，或无意，其发为言论之时，即已印入作者及其时代之环境背景，实无异于近日新闻纸之社论时评。若善用之，皆有助于考史。故苏子瞻之史论，北宋之政论也。胡致堂之史论，南宋之政论也。王船山之史论，明末之政论也”。[④] 吴晗在新中国成立前的通俗史论，实际上就是以史论为外壳的时事政治评论。

《投枪集》中绝大多数文字，基本上都是采用古今对照、借古讽今的形式，吴晗称之为“古今同符”。[⑤] 在《统治学校的史例》（1948）中对国民政府时期的国

①高崧：《青春办报皓首出书——记陈翰伯50年的编辑生涯》，载《出版史料》1987年第4期。

②苏双碧、王宏志：《吴晗传》，上海人民出版社1998年，第243－244页。

③吴晗：《投枪集·前言》，见《吴晗全集》第7卷，中国人民大学出版社2009年，第7页。

④陈寅恪：《冯友兰中国哲学史上册审查报告》，见《金明馆丛稿二编》，三联书店2001年，第280－281页。

⑤吴晗：《说儿皇帝》，见《吴晗全集》第9卷，中国人民大学出版社2009年，第111页。

立大学与明代国子监进行对比，论证其“古今同符”：“一、是政府办的。二、多在政府的中心地。三、经费由政府支出……那时也有各种补助金，相当于今日的‘学术研究补助费’，也有发米发币的，相当于今日的‘配给物品’。因此两个名字便连在一起了。”①袁世凯称帝和王莽代汉，也是如出一辙，都是“预先下令奴才领导人民劝进，买得大批知识分子组织筹安会，用为制造民意的机关”。②

吴晗借着历史事件和历史人物来影射当前的时事和当代的人物，揭露国民政府在内政外交诸方面的倒行逆施和黑暗统治。《说贪污》(1943)和《贪污史的一章》(1944)抨击了国民政府腐化堕落，以“一部二十四史充满了贪污的故事，我们只能拣最脍炙人口的大人物举几个例，开一笔账”。③《三百年前的历史教训》(1944)以南明小朝廷为样板，揭露国民政府在抗战中的种种劣行，“三百年前，从官僚到地主，从将军到文士，都只顾自己的享受，儿女的幸福，看不见国家民族的前途；个人的腐化，社会腐化，宣告了这个时代的毁灭”。④ 在《论晚明的“流寇”》(1944)文末附带提出两件事实：“其一是距今三百零一年前的七月二十五日，江苏枫桥，举行了空前的赛会，绅矜士庶男女老幼，倾城罢市，通国若狂。其二是距今三百年前的四月初二，江苏吴江在得到北都倾覆的消息以后，举行郡中从来未有的富丽异常的赛会。这两次亡国的狂欢之后，接着就是嘉定三屠，扬州十日！”⑤吴晗对晚明末世景象的描述，实际上就是抗战后期国民政府统治的缩影。

抗战胜利后，面对国民政府的黑暗统治以及种种倒行逆施，吴晗都借通俗史话的形式予以揭露。《论暗杀政治》(1946)举古代及近现代的政治暗杀事件，抨击国民党的“暗杀政治”。《论文化杀戮》(1946)则举秦代和清代摧残文化的两个史例，控诉其时的出版审查制度，“继秦皇清祖而起的今贤，今天又在武力控制之下，执行全面的有史以来第三次文化杀戮了”。⑥《两个赤字时代》(1946)将南宋政府滥发纸币和国民政府时期恶性通货膨胀并举，“把这七百年两头的两个赤字时代比较，何其近似！原来南宋‘会子’的崩溃，社会经济的破产情形也和今年一样。原来南宋的通货的恶性膨胀也是由于战争，也是由于军费占百分之七十以上。原来南宋筹措战费的唯一办法也是滥发通货”，国民政府在“南宋通货恶性膨胀后七百年，不能不说是历史覆辙的重蹈”。⑦《回纥助

---

①吴晗：《统治学校的史例》，见《吴晗全集》第9卷，中国人民大学出版社2009年，第157页。

②吴晗：《从历史上看知识分子》，见《吴晗全集》第9卷，中国人民大学出版社2009年，第172－173页。

③吴晗：《论贪污》，见《吴晗全集》第7卷，中国人民大学出版社2009年，第7页。

④吴晗：《三百年前的历史教训》，见《吴晗全集》第7卷，中国人民大学出版社2009年，第67页。

⑤吴晗：《论晚明“流寇”》，见《吴晗全集》第7卷，中国人民大学出版社2009年，第72页。

⑥吴晗：《论文化杀戮》，见《吴晗全集》第7卷，中国人民大学出版社2009年，第342页。

⑦吴晗：《两个赤字时代》，见《吴晗全集》第7卷，中国人民大学出版社2009年，第271页。

唐记》(1948)则列举了回纥在助唐平定安史之乱的过程中及以后的一系列“友好”“亲善”“敦睦邦交”的举动,以及唐王朝的“容忍”“原谅”和“大国风度”,讽刺辛辣。《论奴才——石敬瑭父子》(1947)活灵活现地刻画了石敬瑭厚颜无耻、卖身求荣的脸谱,而当下国民党政权正在走上石敬瑭的老路,“石敬瑭左右的谈话和声明,援助,救济,军火,物资,哀求声,恫吓声,撒娇声,历历如绘”。①

对于国民政府的一些御用文人,吴晗也进行毫不留情的讽刺。例如《“社会贤达”考》(1947)一文,将民国时期所谓的“社会贤达”看成是古代社会中“隐士”“山人”之流,“社会贤达”和“终南捷径”一样都是出仕捷径,深刻揭露了“社会贤达”的虚伪面目。“社会贤达”主要讽刺对象是王云五,“作官和作隐士并不冲突,而且相得益彰。当今的社会贤达,已经上了戏台和正在打算上戏台彩排的,何妨熟读此传(指《宋史·种放传》),隔天下台了,还可以死抱住‘社会贤达’的本钱不放,哇拉拉大喊,一为社会贤达,生死以之,海可枯,石可烂,此名不可改”。②《论历史观点》(1946)批判了苏联帝国主义论的观点,国民政府的御用历史教授,“大发其史学宏论,从历史观点证明苏联是百分百的帝国主义,从中西文化之演变中,证明苏联是百分百的帝国主义”,这些教授“一犬吠影,百犬吠声,养狗千日,用在一朝”。③《论南北朝》(1947)则以国民政府的某些策士,“纶巾羽扇,加上一点胡子,又和诸葛公有乡曲之雅,策士嘴脸,被这篇文字(指《试为政府借箸以筹》)全勾出来了”。④

但是我们也应该看到,吴晗的古今对照、借古讽今式的通俗史话,是违反历史主义原则的,有的古今类比又显得十分之肤浅、庸俗。但在当时的历史条件下,用历史事件和历史人物来影射当前的时事和当代的人物,以达到揭露反动统治者的目的,是不得已而为之的。⑤

新中国成立后,由于时代背景与吴晗本人身份地位的变化,早年的批判精神与战斗立场在其新创作的通俗史话中已经不复存在。通俗史话中更多是富有知识性与趣味性的内容,在普及历史知识方面也发挥了重大作用。

吴晗提倡历史主义与阶级观点相结合来看待中国历史,“分析历史人物不能单纯从阶级出身来决定一切,而要看他的言论、行动和成就,对时代的贡献等等”,评价历史人物,必须“从具体出发,从历史实际出发,而不是从概念、原则出发,以实事求是的精神,郑重严肃的科学态度,有关的各个学科分工协作地来

①吴晗:《论奴才——石敬瑭父子》,见《吴晗全集》第7卷,中国人民大学出版社2009年,第118页。

②吴晗:《“社会贤达”考》,见《吴晗全集》第7卷,中国人民大学出版社2009年,第122页。

③吴晗:《论历史观点》,见《吴晗全集》第7卷,中国人民大学出版社2009年,第264页。

④吴晗:《论南北朝》,见《吴晗全集》第7卷,中国人民大学出版社2009年,第365页。

⑤王学典:《历史主义思潮的历史命运》,天津人民出版社1994年,第16－17页。

做”。[①] 因此,吴晗在新中国成立后不少的通俗史话,都从历史主义出发,客观评价帝王将相、官僚地主在历史上的贡献,例如曹操“推动了历史进步,在历史上占有重要地位”[②],武则天是“封建统治者中的杰出的人物”[③],海瑞“是明朝,也是我国历史上有名的清官、好官”[④],况钟和周忱“在当时被人民叫做青天,在历史上也就应该被肯定,值得纪念”。[⑤]

吴晗的通俗史话所论及的对象相当广泛,除了帝王将相外,古代文化、科技、艺术等领域卓有建树的人物,吴晗都有过专篇介绍,如《谈迁和〈国榷〉》(1959)、《爱国的历史家谈迁》(1959)、《伟大的历史学家司马迁》(1961)、《杰出的学者玄奘》(1961)、《史学家万斯同》(1961)、《献身于祖国地理调查研究工作的徐霞客》(1961)、《爱国学者顾炎武》(1961)、《〈敕勒歌〉歌唱者家族的命运》(1962)等等。介绍上述诸人的事迹,学习提倡其优良学风和献身精神。妇女是一直以来多被正统史家所忽视的群体,吴晗亦相当关注,“中国历史上有许多妇女英雄人物……为当时以及后代人民所尊敬怀念”[⑥],介绍历代妇女的有《谈文成公主》(1960)、《夫人城》(1960)、《宣文君》(1960)、《冼夫人》(1960)诸篇。

吴晗还很注重介绍古代生产生活和社会文化方面的知识,“谈一点对我们日常生活有关的一些事情,了解它的发生和发展,以至对人民生活、国家经济的影响,也不是不值得的”。[⑦]《古代的服装及其他》(1958)、《木棉的广泛种植和传入朝鲜》(1958)、《从幞头说起》(1961)介绍了古人的服装以及和服装有关的一些制度风俗。《谈烟草》(1959)讨论了烟草在中国的初传情况。《劳动》(1958)介绍古代的体育活动以及与现在劳动的差别。《谈烧香》(1961)通过很多史例介绍香的起源、行香的过程、烧香的功能等。《古人的坐、跪、拜》(1962)介绍了古人的一些日常生活礼仪。《谈火葬》(1962)以为火葬的形式在中国是古已有之的。

吴晗的通俗史话还富有趣味性和教育性。《砲》(1959)以下象棋中之“砲”为引子,介绍古代战争中石砲的应用。明清小说中有许多社会、文化、风俗等方面的叙述,吴晗的多篇史话,都是从明清小说说开去,对其中涉及的一些相关历史知识进行必要的解释和说明。例如《度牒》(1958)从鲁智深拳打镇关西,大闹五台山,谈到古代出家度牒及其买卖。《刺配》(1958)为解释《水浒传》中出

①吴晗:《论历史人物评价》,见《吴晗全集》第8卷,中国人民大学出版社2009年,第482页。

②吴晗:《谈曹操》,见《吴晗全集》第7卷,中国人民大学出版社2009年,第488页。

③吴晗:《谈武则天》,见《吴晗全集》第8卷,中国人民大学出版社2009年,第101页。

④吴晗:《海瑞》,见《吴晗全集》第8卷,中国人民大学出版社2009年,第173页。

⑤吴晗:《况钟和周忱》,见《吴晗全集》第8卷,中国人民大学出版社2009年,第154页。

⑥吴晗:《夫人城》,见《吴晗全集》第8卷,中国人民大学出版社2009年,第131页。

⑦吴晗:《谈烟草》,见《吴晗全集》第7卷,中国人民大学出版社2009年,第415页。

现的刺配之刑。《诈降和质子》(1958)是由《三国演义》中的诈降而谈到古代的人质。《古代的斗将》(1958)、《斗将及其武艺》(1958),以武打戏中的斗将"受人欢迎",因而列举了历史上斗将的很多实例。以明清小说作为史话的切入点,以引发读者的兴趣,选择读者感兴趣的话题加以引申发挥,更富情趣。

中国古代历史中,有很多富有教育意义的例子,吴晗也很注意发掘。例如《古人读书不易》(1959)以古人读书环境之艰苦来勉励人们学习。《孙权劝吕蒙学习的故事》(1959),把吕蒙和蒋钦看作为工作忙、年纪大而学习好的榜样。孙权则是关心干部学习,劝告、督促、指导干部学习的好领导。《古人的业余学习》(1961)则举了很多古代平民百姓克服困难,发奋学习的例子,以提倡学习精神。《赵括和马谡》(1961)提供了两个反面教材,借此来谈本本主义、主观主义、教条主义的危害。越王勾践卧薪尝胆的故事,"两千多年来为人民所喜闻乐道,成为很著名的有教育意义的优良遗产"。①

吴晗写过大量的杂文。这些杂文,"杂虽杂,也还不离其宗,这个宗便是历史。读了几十年的历史,似乎养成了一种癖好,不管什么题目,总得扯上一点历史"。许多杂文中都引用历史作为例证,例如《谈骨气》以文天祥和不食嗟来之食的历史故事来论证孟子所说的富贵不能淫和贫贱不能移。《论老当益壮》则以大家都熟知的姜太公和廉颇的例子在赞颂老当益壮这一民族传统和优良品德。相比于新中国成立前的"投枪"与战斗,吴晗在新中国成立后的史话,其目的是让广大人民了解自己祖国的历史,"学习我们伟大先人的榜样,从他们勤劳、智慧、勇敢的美德中吸取精神力量,斗志昂扬地建设我们伟大的祖国"。②

吴晗所从事的历史知识普及工作,在进行历史唯物主义和爱国主义教育,提高人民群众的文化水平方面做出了巨大的贡献。白寿彝的评价很有代表性:"吴晗同志对历史知识普及化的工作,是必须肯定的。这个工作,从它的性质和意义上说,是值得重视并应该大力加以发展的。我们写书、写文章,不要把眼光局限于专业工作者的范围。我们要突破这个小圈子,要把历史知识交给更多的人。"③

①吴晗:《卧薪尝胆的故事》,见《吴晗全集》第8卷,中国人民大学出版社2009年,第130页。

②吴晗:《春天集·序》,见《吴晗全集》第8卷,中国人民大学出版社2009年,第1页。

③白寿彝:《把历史知识交给更多的人——怀念吴晗同志》,见《白寿彝文集:历史教育、序跋、评论卷》,河南大学出版社2008年,第292页。

第六章　“文化大革命”时期的通俗史学

1966—1976 是长达十年,给中华民族带来深重灾难的“文化大革命”时期。大批专家学者被批斗、下放、改造,历史学家不堪受辱被迫自尽的悲剧更是不断发生,历史教学与研究工作根本不可能正常地开展,这一时期的史学著作基本都谈不上研究与学术价值①,大多数都可以看成是历史通俗读物。1966—1970 年间,历史通俗读物只有《五四运动》(上海人民出版社 1966)、《毛主席的革命故事》(安徽人民出版社 1968)等寥寥几部。自 1971 年开始逐渐增多,至“批林批孔”运动中达到了高潮。

第一节　极“左”思潮与“文化大革命”时期的通俗史学

“文化大革命”时期的通俗史学,尽管在内容、形式等方面与此前的并无太大差别,但是却不可避免地受到极“左”思潮的干扰。从姚文元《评新编历史剧〈海瑞罢官〉》开始,极“左”思潮的干扰造成了史学界的混乱。“文革”中的通俗史学被提升到两个阶级、两条路线斗争的高度,“正确地编写为广大工农兵群众服务的历史读物,是革命出版工作者的一项重大责任,是占领以前为修正主义者窃踞的出版阵地的一场战斗。反革命修正主义分子歪曲历史,放毒害人的罪恶活动,更是加重了革命的出版工作者用历史唯物论的观点编好普及历史读物的责任”。② 出版历史普及读物,既是学习宣传马列主义、毛泽东思想的需要,更是与资产阶级、“修正主义”争夺文化阵地的需要。但在当时看来,这些“通俗易

①“文革”时期历史学的重大成就是标点本二十四史和《中国历史地图集》,都是在毛泽东、周恩来等领导人的直接关怀下完成的。

②楚洪舒:《出版更多更好的普及读物》,载《红旗》1971 年第 9 期。

懂的理论著作和历史著作，还不能满足需要，有待于进一步努力。出版部门应该为工农兵群众及广大干部多提供一些简明可靠的基本理论知识和中外历史方面的著作”。①

“文化大革命”时期对毛泽东的个人崇拜登峰造极，仅1967年就出版了《毛泽东选集》9100万部、《毛泽东语录》3.69亿本，制造毛泽东像章12.14亿枚。根据毛泽东《改造我们的学习》中的指示：“不要割断历史，不单是懂得希腊就行了，还要懂得中国；不但要懂得外国革命史，还要懂得中国革命史；不但要懂得中国的今天，还要懂得中国的昨天和前天。”自1971年开始陆续出版了“学点历史”丛书，“中国历史故事小丛书”，“历史知识读物”，“历史小丛书”，“中国近代史丛书”，“中国历史故事小丛书”，“青少年中国历史知识读物”等等。“文革”时的一本红宝书《毛主席的五篇哲学著作》，收入《实践论》《矛盾论》《关于正确处理人民内部矛盾的问题》《在中国共产党全国宣传工作会议上的讲话》《人的正确思想是从哪里来的》五篇，《毛主席的五篇哲学著作中的历史事件和人物简介》(1973)，就其五篇中涉及的历史事件和人物进行详细的注解。可以说，“文革”中后期的通俗史学，从某种程度上来说就是在为毛泽东的著作做注脚。

毛泽东指出：“地主阶级对于农民的残酷的经济剥削和政治压迫，迫使农民多次地举行起义，以反抗地主阶级的统治。从秦朝的陈胜、吴广、项羽、刘邦起，中经汉朝的新市、平林、赤眉、铜马和黄巾，隋朝的李密、窦建德，唐朝的王仙芝、黄巢，宋朝的宋江、方腊，元朝的朱元璋，明朝的李自成，直至清朝的太平天国，总计大小数百次的起义，都是农民的反抗运动，都是农民的革命战争。中国历史上的农民起义和农民战争的规模之大，是世界历史上所仅见的。在中国封建社会里，只有这种农民的阶级斗争、农民的起义和农民的战争，才是历史发展的真正动力。”②“文革”时期农民战争的通俗读物，有《中国古代农民战争》《中国农民起义领袖小传》《中国农民革命斗争史话》《中国农民革命故事》《陈胜吴广起义》《绿林赤眉起义》《黄巾起义》《东晋末年农民起义》《黄巢起义》《王小波李顺起义》《方腊起义》《元末红巾军起义》《李自成起义》《李闯王在河南》《洪秀全与金田起义》《清代中叶的白莲教起义》《太平天国史话》等。中华书局“历史知识读物”(1974)中有关农民起义的有《绿林赤眉起义》《黄巾起义》《黄巢起义》《李自成起义》《清代中叶的白莲教起义》等。

戚本禹《为革命而研究历史》给新中国历史主义思潮画了休止符。“文革”中“让步政策论”受到了严厉的批判，被看成是“恶毒攻击农民的革命斗争，无耻

①郑磊：《进一步做好出版工作》，载《红旗》1973年第5期。

②《矛盾论》，见《毛泽东选集》第1卷，人民出版社1991年，第290页。

吹捧封建统治阶级，鼓吹阶级合作，反对阶级斗争，改头换面地贩卖历史唯心论，反对历史唯物论，为颠覆无产阶级专政、复辟资本主义大造反革命舆论”。[①] 农民起义对历史的发展推动政策不是通过“让步政策”体现出来的，而是农民起义“以革命暴力打乱了封建统治秩序和生产关系。在一定时期内，一部分农民群众摆脱了封建制度的桎梏，获得自由和解放，为社会生产力的发展扫除了障碍”。[②] 农民所建立的政权就是代表农民利益的“农民革命政权”而非封建政权，“让步政策”就是反攻倒算，“林彪一类骗子把地主阶级的反攻倒算，说成是对农民阶级的‘让步’，其罪恶目的就是为复辟资本主义制造反革命舆论”。[③] 历史上的帝王将相则是一概否定，例如“隋末农民起义，以革命暴力沉重地打击了封建统治，从而推动了当时社会生产力的发展……把推动当时社会发展的历史作用，统统归在李渊、李世民等帝王将相身上，胡说什么‘唐初统治者从隋末农民战争中吸取了教训’，推行‘让步政策’，从而使‘生产状况迅速好’，获得了‘全国大丰收’，‘走远路的人可以不带粮食’，等等，这完全是历史的颠倒”。[④] 这种看法是否被有意无意地将其与新中国 1959—1961 年困难时期以及随后国民经济“调整巩固充实提高”八字方针和七千人大会联系起来，不得而知。

毛泽东指出：“帝国主义和中国封建主义相结合，把中国变为半殖民地和殖民地的过程，也就是中国人民反抗帝国主义及其走狗的过程。从鸦片战争、太平天国运动、中法战争、中日战争、戊戌变法、义和团运动、辛亥革命、五四运动、五卅运动、北伐战争、土地革命战争，直至现在的抗日战争，都表现了中国人民不甘屈服于帝国主义及其走狗的顽强的反抗精神。”[⑤]按照五次侵华战争三次革命高潮的近代史体系而编写的通俗读物也有不少，如上海人民出版社“中国近代史丛书”（1972—1973），有《鸦片战争》《太平天国革命》《第二次鸦片战争》《洋务运动》《中法战争》《甲午中日战争》《戊戌变法》《义和团运动》《辛亥革命》《北洋军阀》等，吉林人民出版社“中国近代史丛书”（1972—1973），有《鸦片战争》《中法战争》《甲午中日战争》《戊戌变法》等，中华书局“历史知识读物”（1974），有《辛亥革命》《北洋军阀》等等。

中国近代史同样也是和两条道路、两条路线的斗争紧密联系的。学习中国近代史，除了“认清中国的历史特点，汲取历史的教训”以外，更重要的是“为了

①《中国农民革命斗争史话》，湖南人民出版社 1972 年，第 3 页。

②《从陈胜吴广到太平天国》，上海人民出版后 1972 年，第 47－48 页。

③《中国古代农民战争》，黑龙江人民出版社 1976 年，第 6－7 页。

④《中国农民革命斗争史话》，湖南人民出版社 1972 年，第 20 页。

⑤《中国革命和中国共产党》，见《毛泽东选集》，人民出版社 1991 年，第 632 页。

更好地识别真假马克思主义，加深对毛主席革命路线的理解，自觉地执行毛主席的革命路线”[①]，与“修正主义”进行斗争。1965年毛泽东多次提到以戊戌变法、义和团运动为历史背景的影片《清宫秘史》，1967年戚本禹炮制《爱国主义还是卖国主义——评反动影片〈清宫秘史〉》，把革命、改良与爱国、卖国对立起来，利用评论影片以及影片中的历史事实来制造舆论，攻击刘少奇。[②] 其文影响甚广，“文革”中有关戊戌变法和义和团运动的历史读物都把义和团看成是爱国主义，光绪和清政府是卖国主义的代表，“清政府是这样的一个卖国政府，是帝国主义的忠实走狗……叫嚣要依靠八国联军打进来，帮助这些卖国贼‘重振朝纲’，污蔑英勇反帝的义和团的革命群众运动为‘杀人放火’，‘状如疯魔’的‘拳匪’”。[③]

新中国建立之初，世界史的通俗读物数量极少。周恩来在吴晗主编“中国历史小丛书”后，指示其再编一套“外国历史小丛书”，“要向群众普及外国历史知识，要为出国人员提供参考资料”。1971年4月全国出版工作会议期间，要求“管出版的，要印一些历史书。我们讲历史，没有一点历史知识不行。你们出版计划中有没有历史书籍？现在书店里中国和外国的历史书都没有。不出历史、地理书籍，是个大缺点”。[④] 出版局曾召集部分世界史工作者讨论，整理《关于“收集、翻译、出版世界各国历史书籍”的情况》，报送周恩来，计划每个国家出一本，以适应外交和教学工作的需要。

“文革”时期世界史的通俗读物开始受到重视，数量有了明显的增多。众所周知，商务印书馆向来以编译介绍外国著作而知名，“历史知识读物”包括有：《〈国际歌〉的作者鲍狄埃和狄盖特》(1971)，《共产主义者同盟》(1971)，《第一国际》(1971)，《巴黎公社》(1971)，《第二国际》(1972)，《第一次世界大战》(1973)，《1905年俄国革命》(1973)，《法国里昂工人起义》(1973)，《1848年法国革命》(1972)，《普法战争》(1972)，《美国简史》(1972)，《美国谢司起义》(1972)，《美国独立战争》(1973)，《美国南北战争》(1973)，《卢森堡》(1972)，《拉萨尔》(1972)，《巴枯宁》(1972)，《英国宪章运动》(1974)，《十月社会主义革命》(1974)，《十八世纪末法国资产阶级革命》(1974)，《拉丁美洲独立战争》(1974)，《海地革命》(1974)，《蔡特金》(1974)，《1848年德国革命》(1975)，

①施斌：《历史的经验值得注意——谈读一点中国近代史》，载《红旗》1973年第5期。

②周朝民、庄辉明、李向平：《中国史学四十年：1949—1989》，广西人民出版社1989年，第300页。

③《义和团运动》，上海人民出版社1971年，第96页。戚本禹在1967年武汉“七二〇”事件后不久倒台，但影响未消散。

④宋应离、袁喜生、刘小敏主编：《中国当代出版史料》第1卷，大象出版社1999年，第197页。

《1848年匈牙利革命》(1975),《老沙皇是欧洲宪兵》(1975),《日俄战争简史》(1976),《十九世纪波兰人民的抗俄独立斗争》(1976),《俄国意识形态领域斗争片断(1917—1924)》(1976),《倍倍尔》(1976),《资本主义世界经济危机史话》(1976)。其中有相当一部分是再版吴晗“外国历史小丛书”之旧作,如《拉丁美洲独立战争》,《共产主义者同盟》,《第一国际》,《美国谢司起义》,《美国南北战争》,《法国里昂工人起义》,《蔡特金》等等。部分还译成少数民族文字出版,如《古代罗马奴隶起义》,《普法战争》,《巴黎公社》,《〈国际歌〉的作者鲍狄埃和狄盖特》等。

从今天的眼光来看,普及世界历史知识,有助于扩大视野,了解世界各地区、各民族的历史和文化以及文明之间的交流与融合。但“文革”时期世界史同样也受到极“左”思潮影响,世界史是为证明“资本主义决然死灭,社会主义决然兴盛这个历史发展的客观规律”。[①] 学习世界史,认清当前国际形势,是为了“提高阶级斗争、路线斗争的觉悟,更加自觉地投入当前批林批孔运动,把反对帝国主义、社会帝国主义、现代修正主义和各国反动派的斗争进行到底”。[②] 1972年的《红旗》连续发表四篇《读一点世界史》的文章,署名“史军”,即“史学大军”之意,号召“我国的世界史工作者运用马克思主义的立场、观点和方法,依靠集体力量,在对历史材料加以科学的分析和综合的基础上,努力写出几本简明通俗的世界通史和其他专题史、国别史……供广大群众学习,让历史科学更好地为当前的阶级斗争和路线斗争服务,成为工农兵手中的强大武器”。[③] 人民出版社“学点历史丛书”是为“有助于我们更好地领会革命导师所讲的革命道理,有助于我们正确理解当前国内外阶级斗争的形势,从而有利于提高我们的阶级斗争、路线斗争和无产阶级专政下继续革命的觉悟”,其中有关世界史的有:《读一点世界史》(1973),《古代罗马奴隶起义》(1973),《从凡尔赛和约到慕尼黑协定》(1973),《世界古代史上阶级斗争和路线斗争的几个问题》(1975),《英法资产阶级革命时期的复辟和反复辟斗争》(1975),《列宁是怎样巩固无产阶级专政的》(1976),《霸权决定不了世界命运》(1976),《慕尼黑阴谋和绥靖政策》(1976),《希特勒政府欧洲迷梦的破灭》(1976)等等。

毛泽东思想同样是世界史通俗读物的指导思想。许多世界史的通俗读物运用“帝国主义和一切反动派都是纸老虎”的论断来分析反动统治阶级和反动历史人物,“关于无产阶级专政的历史经验”和“再论无产阶级专政的历史经

①《读一点世界史》,人民出版社1973年,第3页。

②《世界近代史讲话》,人民出版社1974年,第5页。

③《读一点世界史》,人民出版社1973年,第10页。此书为《红旗》中四篇文章的汇编。

验”批判修正主义,要认清“苏修社会帝国主义的侵略本质,加深我们对反修、反霸和在无产阶级专政下继续革命的自觉性”。① 在批判苏联的“修正主义”的同时,沙俄侵华史的通俗读物开始增多,除了美帝侵华史以外,“帝国主义侵略中国的历史,沙皇俄国占着突出的地位”。②《沙俄侵华简史》(1976),《沙皇俄国是怎样侵略中国的》(1976),叙述了清代沙俄在政治、军事、经济、外交、思想、文化等各方面对中国的侵略活动。《老沙皇是欧洲宪兵》一书,除了介绍沙俄是19世纪的欧洲宪兵,到处扼杀革命运动之外,还特别提出苏联“修正主义”这个“新沙皇”继续在充当欧洲宪兵的角色。毛泽东殖民地半殖民地革命理论被运用于讲述亚非拉第三世界斗争史,“学习世界近代史可以使我们更深刻地认识我国人民同亚非拉被压迫民族和被压迫人民的血肉关系……今天都面临着反对殖民主义、帝国主义特别是霸权主义和发展民族经济,建设各自国家的共同任务。我们坚决支持一切被压迫民族和被压迫人民争取和维护民族独立,发展民族经济,发对殖民主义、帝国主义、霸权主义的斗争”。③ 毛泽东指出:“帝国主义给自己准备了灭亡的条件。殖民地半殖民地的人民大众和帝国主义自己国家内的人民大众觉悟就是这样的条件,帝国主义驱使全世界的人民大众走上消灭帝国主义的伟大斗争。”④《霸权决定不了世界命运》,依次叙述了西班牙帝国、大英帝国、美帝国主义和苏联“修正主义”的瓦解、衰落和覆灭的经过,根据《矛盾论》中“矛盾着的双方,依据一定的条件,各向着其相反的方面转化”这个原理,“大国霸权和世界人民反对霸权的斗争,同一切事物一样,是按照矛盾转化的辩证规律发展的”,世界各国人民在反对殖民主义和霸权主义的斗争中“由弱小转化为强大。这种力量对比在激烈斗争中的相互转化,决定了大国霸权必然走向反面的命运”。⑤

“文化大革命”的中后期各种历史通俗读物大都叙述少,议论多,有的几近于时事政治评论。而各种历史通俗读物的大量出版与历史知识普及是没有太大关联的,只能证明当时人们阅读书籍的缺乏和来源的单一。

第二节　“批林批孔”运动中的通俗史学

1971年“九一三事件”后,开始了揭发批判林彪集团的“批林整风”运动。

①《日俄战争简史》,商务印书馆1976年,第2页。

②《沙皇俄国史怎样侵略中国的》,人民出版社1976年,第1页。

③《世界近代史讲话》,人民出版社1974年,第5页。

④《丢掉幻想,准备斗争》,见《毛泽东选集》第4卷,人民出版社1991年,第1183页。

⑤《霸权决定不了世界历史的命运》,人民出版社1976年,第80-81页。

其时曾在林彪住处毛家湾找到一批林彪推崇孔子的材料,1973 年 5 月的中央工作会议上毛泽东提出了批孔问题,由"批林整风"演化为"批林批孔"运动,把批林和批孔联系起来,深层次的原因在于毛泽东感到林彪事件发生后的一个时期里,从中央到地方,借助批林,都出现了一股怀疑、否定"文化大革命"的思潮,愈来愈汹涌。他已经不能容忍这种否定"文化大革命"的趋向,开始反击。① 江青等借此机会把"批林批孔"的目标指向周恩来等党和国家领导人。

"批林批孔"运动中最有影响的史学论著自然是杨荣国《孔子——顽固地维护奴隶制的思想家》《反动阶级的"圣人"——孔子》等等,赵纪彬《关于孔子杀少正卯》是运动中的又一部"名著"。据说江青请康生带话给作者,认为《关于孔子杀少正卯》写得还"不通俗",并安排布置"柳下跖痛骂孔老二"的题目。② 可见,与"批林批孔"运动相关的各种材料读物,都以"通俗"的形式来为"四人帮"宣传造势。

(一)"批林批孔"运动中相关历史通俗读物的编撰

在"批林批孔"运动中,各学校工厂单位的"理论小组"创作了为数众多的通俗读物,报纸杂志也连篇累牍地发表评法批儒的文章,从中又选编了不少通俗读物,重复选编之作甚多,大致有以下几类:

一是历史上劳动人民的反孔斗争史。中国农民战争史在"批林批孔"运动中也被看成是劳动人民反孔斗争史,即中国历史上的劳动人民在对剥削阶级进行革命斗争的同时,也要"反对腐朽统治阶级的精神支柱——孔孟之道"。③ 因此,中国农民革命斗争史也被等同于劳动人民反孔斗争史,《劳动人民反孔斗争史话》《我国历史上劳动人民的反孔斗争》《历史上劳动人民的反孔斗争》《高举战旗讨孔妖》《我国农民反孔斗争史话》《中国历次农民革命中的反孔斗争》《我国古代劳动人民的反孔斗争》《历史上劳动人民反孔斗争史话》《历代劳动人民反孔斗争史话》《劳动人民反孔史话》《历代劳动人民反孔斗争》《劳动人民反孔斗争的光辉史篇》《劳动人民是历史上反孔斗争的革命先锋》等大量出现,反孔斗争成了农民起义的叙事主线,基本上都是单篇的反孔斗争故事按时间顺序汇编。此外,还有相当数量单篇故事的单行本。

劳动人民反孔斗争史基本上都是从"柳下跖痛骂孔老二"叙至太平天国、义和团,包括陈胜拒孔鲋,红袄军焚孔庙,刘六刘七捣毁大成殿,以及洪秀全删毁儒家经典等,内容基本上都是大同小异,特别强调的是其反孔斗争的一面,如袭

①史云、李丹慧:《难以继续的继续革命》,中文大学出版社 2008 年,第 335 页。

②散木:《"批林批孔"运动中的几位学者——关于赵纪彬先生》,载《历史学家茶座》第 7 辑。

③《劳动人民反孔故事新编》,农村读物出版社 1975,第 1 页。

击破坏孔庙，焚毁儒家经典等内容一再得到非比寻常的突出和强化。绿林赤眉起义、黄巾起义、黄巢起义、方腊起义也被硬按上“反孔”的标签。还有一些最新的“研究成果”也被吸收，例如 1951 年批判武训运动以及宋景诗研究也被写入反孔斗争，武训“所谓的‘义学’，实质上是用孔孟之道为反动统治阶级培养接班人和奴才。‘义学’招的学生大多数都出于地主阶级，读的也都是诗、书、易、礼、春秋等儒家经典”，与此相对应的是，宋景诗起义是“向封建制度宣战，同时也是向维护腐朽的封建统治的孔孟之道宣战”。①

在“批林批孔”运动中，“四人帮”又提出“儒法斗争史”，并宣称“两千多年的儒法斗争，一直影响到现在，还会影响到今后”，江青给法家和儒家的分野订立了几项“标准”：“主要是看其‘法先王’还是‘法后王’；是‘厚古薄今’还是‘厚今薄古’；是主张前进革新，还是主张复古倒退；凡是法家都是爱国主义者，儒家都是卖国主义者；同时还要看其执行什么路线，法家对内是反对土地兼并，对外是反抗侵略的”。② 在“儒法斗争到现在”的谬论的影响下，《儒法斗争史概况》《儒法斗争简史讲稿》《儒法斗争史通俗讲话》《儒法斗争简史》《儒法斗争史话》《儒法斗争史讲话》《中国儒法斗争史话》《中国古代儒法斗争史话》《我国古代的儒法斗争》等读物也大量出现。单篇的反孔斗争史与儒法斗争史的则有《春秋战国时期的儒法斗争》《秦国统一巴蜀是法家路线的胜利》《“盐铁会议”上的一场儒法斗争》《秦汉时期的儒法斗争》《西汉前期儒法斗争故事》《三国时期的法家路线》《王安石变法》《太平天国的反孔斗争》《太平天国反孔斗争史话》《鲁迅反对“孔家店”的斗争》等等。

二是编撰儒、法两家的人物故事。其中介绍法家人物的包括《法家人物简介》《法家人物传记》《法家代表人物简介》《法家人物介绍》《法家人物故事》《法家史话》《法家代表人物及其著作介绍》《先秦法家介绍》《春秋战国时期法家代表人物简介》等，西门豹、吴起、商鞅、荀况、韩非、李斯、秦始皇以及后来的汉高祖、汉武帝、贾谊、晁错、桑弘羊、王充、曹操、柳宗元、王安石、李贽等都被反复宣传介绍，甚至于屈原也被看成是“法家诗人”。各种法家人物故事主要是介绍其时代背景、人物生平、理论思想、政治主张以及政治活动，并且和劳动人民一起，“对儒家宣扬的孔孟之道，进行了一次又一次的斗争”。③

与此相对应的是儒家人物，有关孔子的有《孔丘反动的一生》《孔老二罪恶的一生》《孔丘丑史》《孔老二罪恶史》等。古代曾以《圣迹图》来叙述孔子的事

①《劳动人民反孔斗争史话》，山西人民出版社 1974 年，第 75－76 页。
②《“四人帮”利用历史反党资料汇编》，人民出版社 1977 年，第 134 页。
③《春秋战国时期的法家——商鞅、荀况、韩非介绍》，人民出版社 1974 年，第 56 页。

迹。“文革”时则出现了一本名噪一时的连环画《孔老二罪恶的一生》，编文与绘画者均为名家。其他儒家人物有《反动阶级的“亚圣”——孟轲》《复辟奴隶制的阴谋家吕不韦》《朱熹的丑恶面目》等等。近代史上的曾国藩、袁世凯、蒋介石也都是“尊孔卖国”的，袁世凯就“大搞尊孔读经，复辟封建帝制”，同时“搞复辟必然要卖国，复辟狂必然是卖国贼”。①

19 世纪以前基本上是“尊孔”的时代。20 世纪以来，由以往单一的“尊孔”转向多元化，因而在“尊孔”与“反孔”之间有着种种不同的选择。在“批林批孔”运动中，则是完全不顾事实、学理而一味地丑化诋毁孔子②，与五四运动时期“打倒孔家店”完全是两个概念。在“通俗”的表象之下充斥着各种诋毁、谩骂的语言，例如《孔老二罪恶的一生》在题记中就认定“孔丘是没落奴隶制阶级的政治代表，是这个阶级的死硬派。以孔丘为代表的‘儒家’所鼓吹的一整台政治主张，即所谓的‘孔学’、‘孔孟之道’，是历代反动派镇压人民、进行反革命复辟的精神武器”。其他诸如“丧家之狗”“花岗岩脑袋”“反革命老顽固”“黑货变天账”等语汇在各种读物中反复出现。孔子嫡系后裔所在的“衍圣公府”，“不仅是一个规模庞大的贵族地主庄园”，更是“为反动统治者宣扬、推行孔孟之道的黑样板和黑据点”。③ 而孟子这位“孔家店的二老板”，“和孔老二一样，一生流窜各国，游说诸侯，兜售复礼主张，结果到处碰壁。以后，就和学生一起把他的反动思想和言行，整理编写成《孟子》一书，为复辟奴隶制大造反革命舆论”。④

与孔子形象相对应的是对法家人物以及从事“反孔斗争”的广大人民群众的不顾事实的美化与拔高，例如《庄子·盗跖》中虚构了一个盗跖痛斥孔丘的故事，盗跖是“侵暴诸侯，穴室枢户，驱人牛马，取人妇女，贪得忘亲，不顾父母兄弟，不祭先祖”的形象，但在“柳下跖痛骂孔老二”的话语中成为一个“奴隶起义的杰出领袖”。⑤ 在批孔运动中，柳下跖被刻意美化讴歌，成了高大英俊、健康强壮、严肃勇猛、有正义感的英雄。相对应的则是孔子的矮小、虚弱、病怏怏、苍老、猥琐、惨兮兮、邪恶、丑陋、颤巍巍，这是“文革”中典型的孔子形象。⑥

三是介绍、注释、标点、翻译了与儒法斗争有密切关联的法家和儒家代表人

---

①《袁世凯尊孔复辟丑剧》，中华书局 1975 年，第 35 页。

②林存光：《历史上的孔子形象——政治与文化语境下的孔子和儒学》，齐鲁书社 2004 年，第 447－458 页。

③《罪恶累累的孔府》，人民出版社 1974 年，第 2 页。

④《孔家店的二老板：孟轲》，上海人民出版社 1974 年，第 2 页。

⑤《反孔英雄柳下跖》，人民出版社 1975 年，第 1 页。

⑥〔美〕司马黛兰：《文革中的批孔运动和孔子形象演变》，见《历史真相和集体记忆》下册，田园书屋 2008 年，第 831－832 页。

物的代表著作。为了配合“批林批孔”运动的开展，1974 年国务院科教组、国家出版局在北京召开法家著作注释出版规划座谈会，姚文元指示对于法家著作，“建议出版局、科教组等能找一些人议一下，搞出一个规划，包含注释方针、著作目录、大体分工、完成时间、对旧注取舍原则等”，出版局和科教组据此拟定了《法家著作注释出版规划》，由国务院科教组、国家出版局下发并集中一批高等学校和中等学校人力进行法家著作的注释工作。[①]《荀子》《管子》《韩非子》《商君书》《盐铁论》《论衡》以及王安石、李贽、王夫之等人的“法家著作”大量被标点、注释和翻译。从中选译、节译的为数更多，包括有《韩非子》“五蠹”“显学”“孤愤”“二柄”“忠孝”“和氏”篇，《商君书》“更法”“开塞”“农战”篇，《荀子》“天论”“王霸”“王制”“强国”“性恶”“解蔽”篇，李斯《谏逐客书》《焚书奏议》，贾谊《治安策》，晁错《言兵事疏》《募民实塞疏》《论贵粟疏》，《盐铁论》“世务”“本议”“刑德”“利议”篇，王充《论衡》“问孔”“刺孟”篇，诸葛亮《隆中对》《出师表》，曹操《让县自明本志令》《求贤三令》，范缜《神灭论》，刘禹锡《天论》，柳宗元《封建论》《天说》，王安石《答司马谏议书》，龚自珍《明良论》《送钦差大臣侯官林公序》，严复《辟韩》，章太炎《秦政记》《秦献记》等。选编、注释、翻译上述法家著作，特别要强调的是其“对儒家反动思想的批判”。

儒家著作则集中于四书《大学》《中庸》《论语》《孟子》的批注，尤其是朱熹《四书集注》将之确立为地主阶级“维护他们反动统治的思想武器”，对其注解和批判“有助于深入开展批林批孔斗争”。[②] 节引原文配以简单的注释、译文，随后便是连篇累牍的“革命大批判”，从孔子到林彪，再到“现代大儒”。

除了经典著作外，儒家的蒙学读物如《三字经》《千字文》《女儿经》《增广贤文》《幼学琼林》《名贤集》《弟子规》《神童诗》都受到批判。1974 年 6 月 1 日的《人民日报》报道了北京西四北大街小学通过编写“革命儿歌”，讲“革命故事”等形式开展“批林批孔”，江青下令加以推广：“中学甚至小学的批林批孔都应抓紧些。要抓典型，以点带面。如不及时抓紧，对青少年、儿童不利。《三字经》之类的东西，就是针对少年、儿童编的。我们对这个问题不重视，不能使一个人从儿童、少年就粗知一点马克思主义，敢于批孔老二，值得深思。”

《三字经》《神童诗》《女儿经》《弟子规》这些蒙学读物，其中包含了丰富的历史知识，以韵文来编排。“批林批孔”运动中，《三字经》等都被列入“反动的启蒙读物”之列，是“把孔孟之道的反动哲学观、历史观、教育观、道德观、处世观

①方厚枢、魏玉山：《中国出版通史 · 中华人民共和国卷》第 9 册，中国书籍出版社 2008 年，第 193 页。

②《工农兵研究儒法斗争史文集》，河北人民出版社 1974 年，第 98 - 99 页。

等等的黑货，编成三字一句的顺口溜，到处散布，流毒甚广"。[①] 中小学生利用故事会、批判会、文艺表演等形式予以批判，又针锋相对地创作了"革命儿歌"："《神童诗》，害儿童，宣扬闭门读孔孟。什么'满朝朱紫贵'，什么'尽是读书人'，全是读书做官的'理'，全是欺骗人民的'经'。拿起扫帚扫灰尘，拿起铁笔批孔孟。我们红小兵，读书为革命，有觉悟，有文化，长大要当工农兵。"[②]

上述著作的大量出版，在对广大民众灌输各种荒谬绝伦的"历史知识"的同时，更是对中华民族几千年来的传统美德和价值观念造成了粗暴的践踏和破坏。据不完全统计，"批林批孔"运动中出版的各类评法批儒图书1403种，"批儒"的496种，"评法"的907种，包括了各种报纸期刊文章汇编，活页文选以及注释本、点校本、重印本等。这类图书的发行量很大，动辄10万册，多至百万册，耗纸量达4万吨。上述小册子大多都由公款购买，许多地方书籍积压严重。"文革"结束后，仅上海新华书店就清理此类图书900余种，损失500万元。全国报废图书5000余种，浪费纸张4万余吨，因此造成的损失2亿元。

（二）"儒法斗争"的解释模式与影射史学

从学术的角度来看，"文革"时期根本不存在史学。如果非要说有的话，那就是"四人帮"把"儒法斗争史"这一路线斗争史作为贯穿中国历史的主线，利用"儒法斗争"的解释模式大搞影射史学。[③] 影射史学在歪曲篡改历史的同时又进行反科学的古今类比，把历史学作为其夺权工具。

按照儒法斗争的解释模式，一部中国历史就被看作是儒法斗争史，"我国历史上的儒法斗争，就是没落奴隶主阶级和新兴地主阶级之间、地主阶级内部守旧力量与革新力量之间以及封建地主阶级、买办资产阶级与民族资产阶级革新派之间两条路线的斗争"。[④]

儒法斗争史是建立在战国封建说的基础上。春秋战国时期是新兴地主阶级与没落奴隶主阶级之间的斗争，管仲、邓析、少正卯、孙武、李悝、西门豹、吴起、商鞅、荀况、韩非等地主阶级法家代表人物与孔孟为代表的奴隶主阶级儒家之间的斗争构成了儒法斗争的第一回合。秦统一是法家路线的胜利，秦始皇是"厚今薄古"的法家思想代表。汉高祖、吕后仍然走的是"法家路线"。而汉武帝的"独尊儒术"标志着经过改造的儒家学说转而为地主阶级服务，到了东汉以后，儒家思想又取代法家思想成为封建社会的"正统"统治思想。自秦统一至鸦

①《三字经是骗人经》，上海人民出版社1974年，第1页。

②《反动的"启蒙读物"必须批判》，人民出版社1975年，第6页。

③邹兆辰、江湄、邓京力：《新时期中国史学思潮》，当代中国出版社2001年，第12页。

④《中国儒法斗争史话》，广西人民出版社1975年，第1页。

片战争，儒法斗争一直贯穿了整个封建社会，儒家都是主张复古倒退，分裂割据，是投降卖国的，法家则是要求革新前进，维护统一，是进步爱国的，两者之间的斗争就是复辟反复辟的路线斗争。在意识形态领域的儒法斗争具体表现则是唯心论与唯物论、有神论与无神论的斗争。这套理论荒谬地描述了中国几千年的文明史。①

为了将“儒法斗争史”与马克思主义的阶级斗争学说融合起来，“四人帮”又提出法家是“对群众爱护的”，秦始皇“使黔首自实田”表明了法家是广大农民利益的“代言人”，“法家为了用封建制战胜奴隶制，非常注意争取‘黔首’中广大劳动人民的支持。而对于广大劳动人民来说，封建制代替奴隶制，使他们脱离了奴隶状态而获得了一定程度的人身自由，因而他们在当时是支持这条法家的政治路线的”。② 农民战争则是“在客观上”为法家路线的继续推行和法家思想的继续传播“开辟了道路”，“扫清了障碍”。曹操、诸葛亮、王安石这些“地主阶级”出身的“法家人物”，则是属于“中小地主阶级”，中小地主阶级同大地主有着重要的区别，后者是新兴的、处于上升时期的地主阶级，因而具有“进步性”和“革命性”，这样又把中小地主说成是推动社会发展的进步力量。

显然，“儒法斗争”的解释模式，都是为了政治斗争的需要而建立在对历史事实的歪曲、篡改的基础上，很多地方自相矛盾而又破绽百出。对所谓的“法家人物”进行了无原则的歌颂，尤其是法家中的女性人物，如吕后、武则天这些“女皇”更是受到非同一般的追捧。

鸦片战争后的儒法斗争则是在新的历史条件下又拥有了新的内容，并且“一直持续到现在”。刘少奇、林彪都是“孔老二的徒子徒孙”，走的是儒家复辟路线，所以要“批林批孔”，还要揪出“现代大儒”，暗指周恩来，这样就把“批林批孔”引向了“批周公”。“四人帮”的惯用手法是先用一条贯穿古今的儒法斗争的主线，把他们要打倒的对象串在儒家一边，然后按照“古儒”的面貌造“今儒”，或者臆造“今儒”的形象批“古儒”。③

影射史学的重点是“批宰相”，孔子、吕不韦、霍光和李鸿章——不管他们四个是否做过宰相——都属于“复辟倒退的宰相”，“折中主义的宰相”，“黑后台的宰相”或是“投降卖国的宰相”，实质是借批“宰相”而把矛头指向周恩来总理。从政治到外交，到思想作风，在每一个细节上都利用历史对周恩来进行了全面系统的攻击。例如《论语·乡党》记载孔子的言行举止“没阶趋进，翼如

①王年一：《大动乱的年代》，人民出版社2009年，第369页。

②《“四人帮”利用历史反党资料汇编》，人民出版社1977年，第138页。

③开封师范学院历史编：《影射史学批判》，河南人民出版社1978年，第24页。

也”，一时间找不出恰当的译法，后被解释成孔子走路“端起胳膊向前急走”，写作组的成员还当场示范，端起双臂，躬身向前快走了几步，显得更为传神，实际上是影射周恩来胳膊曾负伤，不能正常运动。孔子“述而不作”则被解释成“根本没有写过什么新的东西”，“李鸿章出洋”购买船舰军火是“崇洋媚外”的“卖国主义路线”，以影射1974年的风庆轮事件。凡此种种，不一而足。周恩来逝世后华国锋代总理，则把孔子写成“五十六岁由司寇（公安部长）代理宰相”，“兼管农业”。影射史学在造成了政治上、思想上的动荡与混乱的同时，也给历史学带来巨大的损害。

“批林批孔”运动中各类通俗读物的作者，按照当时的说法，是以“工农兵为主力军的批林批孔斗争，正是过去劳动人民反孔斗争的发展”。[①] 中华书局出版的《读〈封建论〉》，署名北京汽车制造厂工人理论小组，被誉为“创造了古籍整理贯彻‘古为今用’方针的好经验，打破了工农兵不能整理古籍的迷信，是上层建筑领域革命的新生事物”，该书出版后被16个地方出版社重印，还被译成5种少数民族语言文字和盲文版，总印数达100余万册。[②] 在“批林批孔”运动中，许多单位在“党委领导下”，组织了相当规模的“工人理论队伍”，“组织他们认真学习马列著作和毛主席著作……把斗争锋芒直指林彪、孔老二，写了一批大学习、大批判文章”。[③] 旅美学者赵鼎新“文革”后期曾参加所在工厂所组织的五人学习工作小组，在此期间深入阅读了《孔子》《孟子》《荀子》《韩非子》《盐铁论》《封建论》等儒法斗争基本文献以及郭沫若的《十批判书》，范文澜的《中国通史》，杨荣国的《中国古代思想史》等现当代学者的学术著作，“这次学习小组的经历，对我来说却很重要。它使我有机会接触到一些在当时本来是很难接触到的古籍……并从此经常思索中国历史的种种特点及其解释”。[④] 在客观上培养了一批日后的文史哲的学术研究者，这大概是“批林批孔”运动唯一的一点积极意义。

①《劳动人民反孔斗争史话》，新疆人民出版社1975年，第2页。

②方厚枢、魏玉山：《中国出版通史·中华人民共和国卷》第9册，中国书籍出版社2008年，第194页。

③《上海工人理论队伍在斗争中成长》，上海人民出版社1974年，第47页。

④赵鼎新：《东周战争与儒法国家的诞生》，华东师范大学出版社2006年，第2页。

第七章　当代通俗史学的主要特征和发展趋势

1976 年“文化大革命”结束后，中国历史学界在清除“四人帮”对史学种种破坏、歪曲的基础上开始拨乱反正。通俗史学也进入了一个新的发展阶段。改革开放以来的 30 年，是中国通俗史学的一个大发展时期。

第一节　80 年代拨乱反正后的通俗史学

80 年代拨乱反正后的通俗史学，基本上是延续、继承了五六十年吴晗的历史知识普及工作。

1978 年十一届三中全会开始全面地纠正“文化大革命”中的错误，大量冤假错案得到了平反。1979 年，“三家村反党集团”得到平反，吴晗被恢复了名誉。“中国历史小丛书”和“外国历史小丛书”的编撰工作也得以继续开展，根据历年之《全国总书目》列表 7－1。

表 7－1

	中国历史小丛书	外国历史小丛书
1979	《长勺之战·泓水之战》，《韩信破赵之战》，《张骞通西域》，《明代的锦衣卫和东西厂》，《清代苗民起义》，《晏婴的故事》，《颜真卿》。《沈括和〈梦溪笔谈〉》，《徐霞客》，《北京人》	《伯罗奔尼撒战争》，《古代罗马的奴隶制度》，《布匿战争》，《斯巴达克起义》，《印度莫卧儿王朝》，《印度民族大起义》，《1919 年匈牙利革命》，《1848 年罗马尼亚革命》，《车尔尼雪夫斯基》，《富兰克林》，《哥白尼》，《阿基米德》

续表 7-1

	中国历史小丛书	外国历史小丛书
1980	《飞将军李广》,《唐代理财家刘晏》,《李贽》,《冼夫人》,《贾思勰和〈齐民要术〉》,《鉴真东渡》,《戚继光》,《张之洞》,《王昭君》,《霍去病》,《科举制度史话》,《汉字史话》,《邮电史话》,《丝绸之路》,《司马迁和〈史记〉》,《旅行家法显》,《曹操》,《谭嗣同》,《隋末农民战争》,《夏代文化》,《清代文字狱》,《〈四库全书〉史话》,《苏州史话》,《长城史话》,《南京史话》,《洛阳史话》,《丝绸史话》,《祖逖北伐》,《魏征》,《王实甫和〈西厢记〉》,《袁崇焕》,《慈禧》,《张勋丑史》	
1981	《货币史话》,《宋应星和〈天工开物〉》,《古代飞行的故事》,《苏武牧羊》,《项羽》,《贾谊》,《唐僧取经》,《陆游》,《吴承恩和〈西游记〉》,《文天祥》,《于谦》,《林纾和林译小说》,《淝水之战》,《汉文帝》,《班超》,《魏孝文帝》,《李纲和宗泽》,《史可法》,《秋瑾》,《邹容》,《陈天华》,《章太炎》,《昆阳之战》,《辛亥革命》,《半坡村遗址》,《郑州商代城遗址》,《南岳衡山》,《西湖史话》,《商鞅》,《李斯》,《三家分晋》,《吴起和孙膑》,《司马光和〈资治通鉴〉》,《周世宗》,《颐和园史话》,《桂林史话》,《秦陵兵马俑》	《古代罗马》,《普列汉诺夫》,《俾斯麦统一德国》,《海地革命的领袖杜桑》,《埃及的穆罕默德·阿里》,《马可波罗和他的游记》,《巴黎和会和凡尔赛合约》,《十九世纪末法国的一起大冤案——德雷福斯案件》,《法国女英雄贞德》,《希腊古典雕刻》,《印第安人史话》,《古代印度河流域的文化》,《科学进化论的奠基人达尔文》,《科学巨人牛顿》,《罗马晚期奴隶起义》,《原始社会历史学的奠基人摩尔根》,《放射学的奠基人玛丽·居里》,《杰出的雕刻家米开朗琪罗》,《古代日耳曼人》,《古罗马内战史话》,《英国瓦特·泰勒起义》,《“画圣”拉斐尔》,《西方“历史之父”希罗多德》,《实验物理学的开拓者伽利略》

续表 7－1

	中国历史小丛书	外国历史小丛书
1982	《北京史话》,《西岳华山》,《周公》,《郭子仪》,《朱元璋》,《故宫史话》,《荀子》,《韩非子》,《萧何》,《康有为》,《敦煌艺术》,《蓝田人》,《卫青》,《白居易》,《春秋五霸》,《明代庚戌之变和隆庆议和》,《管仲》,《五岳史话》,《古代著名战役》,《中国历史的童年》,《李白》,《孙武》,《古代桥梁史话》,《古代藏书史话》,《台湾人民的反割台斗争》,《西安史话》,《李时珍和〈本草纲目〉》,《李定国》,《况钟和周忱》,《京剧史话》,《黄宗羲》,《韩信》,《避暑山庄史话》	《荷马史诗》,《大发明家爱迪生》,《影坛巨星卓别林》,《古代埃及》,《拜占庭帝国史》,《阿富汗三次抗英战争》,《现代地质学奠基者莱依尔》,《不朽的音乐大师贝多芬》,《达芬奇》,《印度革命活动家提拉克》,《印度章西女王》,《从弓箭到导弹——武器发明史话》,《古代世界七大奇迹》,《古代罗马艺术》,《古代罗马改革家格拉古兄弟》,《光辉灿烂的阿拉伯文化》,《法国近代外交家塔列朗》,《埃及反帝反封建的英勇战士纳赛尔》,《康帕内拉和〈太阳城〉》,《古罗马帝制的奠基者恺撒》,《缅甸救国英雄昂山》,《法国资产阶级革命家罗伯斯庇尔》,《伊斯兰教史话》
1983	《中岳嵩山》,《范仲淹》,《绘画史话》,《唐代藩镇》,《开封史话》,《郑和下西洋》,《东岳泰山》,《张良》,《诗经》,《子产》,《李清照》,《古代名将传》,《宋太祖》,《明末东林党》,《卧薪尝胆的故事》,《古代经济专题史话》,《宋代的花石纲》,《孟子》,《古代旅行家的故事》,《陶渊明》	《五百年的西欧农奴制度》,《近现代建筑科学史话》,《杰出的工人运动活动家魏德迈》,《英国伟大的戏剧家莎士比亚》,《星际航行理论的先驱者齐奥尔科夫斯基》,《古代摩尼教》,《别林斯基》,《德国宗教改革家马丁·路德》,《古代美洲的玛雅文化》,《印度社会中的种姓制度》,《西班牙民族革命战争》,《俄国十二月党人起义》,《朝鲜爱国志士安重根》,《震撼世界的1926年英国总罢工》,《法兰西第一帝国皇帝拿破仑》,《俄国著名文学家列夫·托尔斯泰》,《日帝霸占朝鲜始末》,《古代雅典民主政治》,《英属马来亚的开发》,《空想共产主义者魏特林》,《俄国普加乔夫起义》,《修昔底德与〈伯罗奔尼撒战争史〉》

续表 7－1

	中国历史小丛书	外国历史小丛书
1984	《书法史话》,《包拯》,《辛弃疾》,《范缜》,《顾炎武》,《名胜古迹史话》,《名城史话》	《中日友好的先驱日本著名高僧空海》,《古罗马著名的雄辩家西塞罗》,《伟大的共产主义战士柯棣华》,《罪恶的奴隶贩卖》,《地理大发现》,《"昆虫汉"法布尔》,《扶南王国》,《非洲古代名将汉尼拔》,《法国杰出的启蒙运动学者孟德斯鸠》,《埃塞俄比亚抗意战争》,《日本明治维新》,《世界田径史话》,《杰出的俄国生理学家巴甫洛夫》,《犹太教史话》,《法国浪漫主义文学旗手雨果》,《麦卡锡主义——美国的法西斯主义》,《英国议会史话》,《彼得大帝》,《俄普奥三次瓜分波兰》,《美西战争》,《美国独立战争》,《原子核物理学者——卢瑟福》,《墨西哥独立战争》
1985	《王夫之》,《孔子》,《汉高祖刘邦》,《庄子》,《苏东坡》,《韩愈》	《日共创始人——片山潜》,《中日友好史话》,《巴西独立运动》,《古代希腊建筑艺术》,《古代非洲与中国的友好往来》,《伊丽莎白一世》,《坐在轮椅上的美国总统罗斯福》,《苏丹马赫迪起义》,《希腊悲剧之父爱斯奇里斯》,《狂飙突进:十八世纪下半叶德国文学运动》,《英国文坛勃朗特三姐妹》,《欧洲近代雕塑大师罗丹》,《波斯帝国》,《柏拉图和他的〈理想国〉》,《美国跨国公司的昨天和今天》,《秘鲁民族英雄图帕克·阿马鲁》,《教皇史话》,《朝鲜近代农民革命领袖全琫准》,《斯大林格勒大血战》,《普鲁士国王弗里德里希》,《微生物的奠基人巴斯德》,《"解放者"西蒙·玻利瓦尔》,《德国 1918 年十一月革命》

续表 7-1

	中国历史小丛书	外国历史小丛书
1986	《王安石》,《曹雪芹和〈红楼梦〉》,《蒲松龄和〈聊斋志异〉》	《日本大战犯东条英机》,《日本西南战争》,《日耳曼人大迁徙》,《巴黎公社英雄列传》,《古代斯拉夫人》,《印度的前任总理尼赫鲁》,《克里木战争》,《近代西非的阿散蒂王朝》,《阿兹特克文化》,《英布战争》,《英国古典政治经济学的创立者亚当·斯密》,《杰出的英国戏剧家萧伯纳》,《法西斯党魁墨索里尼》,《俄国巡回展览画派》,《统一尼泊尔的普·纳·沙阿大君》,《铁血宰相俾斯麦》,《第一次世界大战》,《朝鲜 1888 年的政变》,《葡萄牙著名的航海家达伽马》,《奥斯曼帝国》,《墨西哥伟大的爱国者贝尼托·胡亚雷斯》,《德国农民战争领袖闵采尔》
1987	《古代文化史专题史话》,《古代要籍概述》,《古代思想家传记》	《"千岛之国"的反殖民大起义——爪哇人民大起义》,《中国人民之友胡志明》,《印度近代伟大作家泰戈尔》,《圣茹斯特》,《圣雄甘地》,《伟大的德国文学家歌德》,《伟大的德国革命诗人海涅》,《美国社会主义运动先驱佐尔格》,《朝鲜民族英雄李舜臣》,《斯里兰卡古代历史故事》,《缅甸咖咙会抗英起义》,《意大利的统一》
1988	《古代政治家传记》	《杰出的国际共产主义运动活动家:季米特洛夫》,《法国大革命著名政治活动家》,《美英苏三国的雅尔塔会议》,《美国第一任总统华盛顿》
1989	《司马光和〈资治通鉴〉》	《外国国歌史话》,《不朽的音乐大师贝多芬》,《科学巨人牛顿》,《昆虫汉法布尔》,《大发明家爱迪生》,《近代国际法的奠基人格劳秀斯》,《英国批判现实主义文学大师狄更斯》

续表 7－1

	中国历史小丛书	外国历史小丛书
1990	《历代帝王传记》	《外国著名战争》,《世界著名古国王朝》,《多洛雷斯的呼声》,《外国著名政治活动家》,《外国著名文学艺术家》

“中国历史小丛书”和“外国历史小丛书”普及历史知识的方式也被其他不少出版社所仿效,80年代出现了数量众多的历史知识故事丛书,如“历史小丛书”(1980),“历史知识丛书”(1980—1987),“中国历史小故事”(1980—1981),“历史小故事丛书”(1980—1985),“少年历史故事丛书”(1981—1983),“中国文物小丛书”(1981—1987),“中国历史故事丛书”(1981),“中国古代历史人物小丛书”(1981),“中国近代史丛书”(1982—1983),“外国史知识丛书”(1982—1986),“中国历代名人传丛书”(1982—1983),“历史小故事丛书选辑”(1983),“中国历史人物丛书”(1983),“中国古代历史人物小丛书”(1983),“少年史地丛书”(1984),“中国近代历史小故事丛书”(1984),“历史知识小丛书”(1985—1988),“中国文化知识丛书”(1988)。① 当然,上述丛书就其数量、规模以及持续性来讲,还是无法与吴晗的两套小丛书相提并论。

吴晗在60年代曾主编《中国历史常识》,80年代初中国青年出版社又在此基础上进行了增补、修订后出版,分《中国古代史常识》《中国近代史常识》。还组织编写了《外国历史常识》,按古代、中世纪、近代、现代四个分册出版,《中国历史常识》和《世界历史常识》都是以具有中等水平的广大青年为主要对象的历史知识读物。

吴晗于1963年曾倡议编写一套“中国历代史话”。“中国历代史话”名为“史话”,实际是以朝代为序全面详细介绍各个历史时期的断代史通俗读物。“文革”结束后,“中国历代史话”各分册均完成并由北京出版社出版,1992年又出合订本。“史话”共13册,包括《中国原始社会史话》(黄淑娉、程德祺、庄孔韶、王培英)、《夏商周史话》(黎虎)、《春秋战国史话》(钱宗范、徐硕北、朱淑瑶)、《秦汉史话》(潘国基)、《三国史话》(柳春藩)、《两晋史话》(王文清、许辉)、《南北朝史话》(程应镠)、《隋唐史话》(乌廷玉)、《五代史话》(卞孝萱、郑学檬)、《宋朝史话》(吴泰)、《元朝史话》(黄时鉴)、《明朝史话》(娄曾泉、颜章炮)、《清朝史话》(夏家俊)。

①各丛书细目可参看历年《全国总书目》,此处从略。

“中国历代史话”不是当下简单化、一般化的历史通俗读物，除了容易被人所理解、所接受的一般特点外，还能在进行叙述的同时，讲清楚该段历史的重点、难点，对于某些复杂问题的叙述深入浅出，使得读者能得到进一步的比较深入的认识。作者在编撰这套丛书的过程中，都抱着严肃认真的态度。“有的作者，在写作过程中，亲自到少数民族地区作社会调查，广泛收集并审慎地鉴别资料，从而在写作中补充了不少人类学和民族学的新材料。有的作者在书中不但介绍了传统的观点，而且还反映了学术界的最新研究成果，有的作者充分利用了文物与近年来考古学的新成就，使一本普及读物也富有学术价值并充满了时代感。”①这种严肃认真的编撰方式，使得丛书除了可读性外又具备了相当的学术性，例如程应镠的《南北朝史话》便得到了众多治魏晋南北朝史学者的称誉。作者面对庞杂的历史资料，对已有的研究成果长期钻研，使得170余年头绪纷繁的南北朝历史具体而生动地展现开来，全书“叙述、描述、议论相结合……灵活多变地使用了顺叙、倒叙、插叙和错出、互见、呼应等方法……这些写作方法都是很巧妙的，能收到深入浅出的效果，在史话写作上是成功的经验”。②

80年代另一部比较有影响的中国历代史话系列为中国青年出版社所出版，包括《西周史话》(王宇信)、《春秋史话》(应永深)、《战国史话》(彭邦炯、谢齐)、《隋唐史话》(沈起炜)、《五代史话》(沈起炜)、《宋辽夏金史话》(洪焕椿)、《元朝史话》(邱树森)等，作者都是各个断代领域里的专家，具有一定的学术水平和深度。

通俗读物的普及过程同时也是不断地接受大众阅读和检验的过程，各个时代的通俗读物在历史知识大众化的过程中不断地筛汰。吴晗的“中国历史小丛书”“外国历史小丛书”“中国历代史话系列”等，至今仍不断地有修订、续补、重印推出，说明高质量、高水平的历史通俗读物和专业学术著作一样，是经得起时间检验的。

第二节　通俗史学与大众传媒

90年代开始，通俗史学开始逐渐与大众传媒(massive media)相结合。大众传媒是传播学中的一个概念，指通过大众传播工具如报纸、书籍、广播、电影、电视以及网络等各种现代化的传播媒介，来进行信息传播。从某种程度上来说，

---

①闻性真：《兰台发奇卉，史话祭英灵——吴晗与〈中国历代史话〉》，载《光明日报》1992年8月23日。

②李培栋：《读〈南北朝史话〉》，见《魏晋南北朝史缘》，学林出版社1996年，第169页。

通俗史学与电影电视、流行音乐、畅销书一样都成为大众文化的组成部分。

进入21世纪,随着现代社会生活节奏加快,人们用来读书的时间越来越少,而了解历史知识的途径,也只能依靠大众传媒,历史知识的普及越来越依靠于大众传媒,通过大众传媒的大事渲染和狂轰滥炸来实现所谓的"史学大众化"。与大众传媒相结合的通俗史学应当也可归入大众文化的范畴,大众文化的娱乐性、消遣性、商业性、模式化与机械复制等特征通俗史学也都具备。因此,大众传媒时代的通俗史学热潮并不能视作历史学的繁荣与鼎盛,给人的感觉似乎是"历史感在消失,我们因而处在一种封闭的现在时中,而这种封闭的现在时却充满着奢侈的怀旧,历史的表象以空前的热度被消费。因而,这似乎并不是针对历史的一种真正喜爱,它是一种受到后现代主义大众文化及其消费观影响的稍显病态的狂热"。①

大众传媒特别注重读者阅读中的视觉取向,以各种插图本的中国通史的通俗读物而论,台湾学者曾编撰《中国历史图说》(1979),从远古到现代,精装大16开12卷,日本学者编撰的《图说中国历史》(1977)亦同,中国内地的《图文20世纪中国史》,配有12000余幅珍贵历史图片,"三部著作都有一个共同点,即力求充分运用各种历史文物图片,结合文字以讲解中国历史。看来,撰著出版各种类型图文结合的中国史著,以其特有的优势必将大为发扬,尤其是在通俗史著方面图文结合将成为一种必然趋势"。② 朱大渭主编《中国通史图说》(九洲图书出版社1999)共10卷100余万字,每卷精选600余幅历史图片,借图说史,以图片形象和文字说明相结合,图文并茂,以图说为主,科学系统而又全面地讲述中国历史。龚书铎、戴逸主编《中国通史》(彩图版,海燕出版社2000)同样由名家主编。刘修明主编的《话说中国》(上海文艺出版社2003)是一部"融故事体的文本阅读、精彩细腻的图片鉴赏、便捷实用的检索功能于一体的中国历史百科全书"。《话说中国》选取的图片"内容涵盖广泛,能够深入再现历史现实,观赏效果细腻独到,立体凸现了每一不同历史时期社会生活各方面的发展变化",各种图说历史的插图数量丰富,制作精美,视觉影像强烈地冲击着读者的眼球。当然,也有不少绘图本、插图本的中国通史图片太多、太滥,文字太少,图片的华丽、装帧的精美掩盖了内容的平淡。

通过大众传媒来进行历史知识普及,比较成功的当属《百家讲坛》。《百家讲坛》是中央电视台第十套于2001年7月9日开播的讲座形式的栏目,涉及人文社会各个学科。《百家讲坛》的讲史节目,讲史的专家比较了解大众的兴趣与

---

①王灿、张世保:《大众历史书写受热捧的成因及思考》,载《学习与实践》2011年第10期。

②朱大渭:《〈中国通史图说〉前言》,载《六朝史论续编》,学苑出版社2008年,第321页。

心理，故在迎合大众的基础上讲得有声有色，颇有艺术性和感染力，在社会上引起了很大的反响，起到了积极的社会效果。[①] 易中天于2005年在《百家讲坛》开讲“汉代人物风云”，更是将其影响力推向了高潮，有着众多的号称“意粉”“乙醚”的粉丝。在易中天看来，常规的是“正说”，流行的是“戏说”。“正说”难懂而且乏味，“戏说”好看又有趣，“真实的不好看，好看的不真实”，这就产生了矛盾，解决这个矛盾的方法就是“趣说”，即历史其里，文学其表，既有历史真相，又有文学趣味。易中天《品三国》以55万册的首印量注定其成为畅销书。在其带动下，《正说清朝十二帝》《正说明朝十六帝》《易中天品读汉代风云人物》《品人录》等都登上了畅销书的排行榜。历史类图书于2000—2004年间在全国图书市场销售码洋比重在1.3%左右，至2005年达到了2%。[②]

当然，通俗史学作为大众文化产品的消极作用不可忽视。许多通俗读物大多按照商业化的需要进行制作，批量复制，具有极其浓厚的商业化色彩。出版社按照市场行情策划组稿编辑。文化产品在经过市场策划与产品设计后，就投入到如同麦当劳般的“批量生产”，再配之以广告式的书评，生产出来的文化快餐式的历史通俗读物以满足大众的口味，如“周末读完××史”，“一口气读完××史”等等。文化快餐式的历史通俗读物有时往往会过于迎合大众的猎奇心理和低级趣味，而致规范化、严肃化的学术研究成果于不顾。例如前53年古罗马三巨头之一克拉苏在征帕提亚时阵亡，残部不知所终，或以今天甘肃永昌之“骊靬”村庄即为古罗马兵团之后。这本来是德效骞的一个说法，但此后很多人都捕风捉影地将其神化为一个神奇的故事。对此问题，邢义田、杨共乐、葛剑雄以及刘光华、汪受宽等学者均已撰文驳斥这种追求轰动效应的故事，但是反对的观点都发表在纯学术期刊上，“普通大众当然不会有机会也不会有兴趣去阅读这些专业的学术论文，因此这些声音只能在学术的小众中取得部分共鸣”。但是正方的观点因其标新立异，引人瞩目，而颇受大众传媒的偏爱，“普通文化期刊以及几乎所有的报纸，更愿意刊发一些诸如《古罗马军团失踪悬案》《大漠深处的古罗马人后裔》《古罗马第一军团失踪之谜》等具有轰动效应的新闻。大众传媒拥有比学术期刊多得多的读者，因而具有更强大的传播能力”。[③]

和80年代相比，90年代以来严肃认真的通俗史学作品较少，而粗制滥造者居多。选题重复撞车，无休止地重复别人的选题，盲目跟风现象严重。易中天

---

①施丁：《“百家讲坛”讲史平议》，载《史学史研究》2011年第1期。

②朱建桦、郭亚军：《历史类图书的大众化与大众阅读——近十年历史类畅销书评析》，载《中国图书评论》2006年第9期。

③施爱东：《骊靬传说：竞择生存的历史叙事》，载《历史学家茶座》2008年第2辑。

在《百家讲坛》品读三国并于2006年出版《品三国》以后，以三国为题材的历史通俗读物突然走红，"三国热"风靡一时，"三国谈心录""闲话三国""行游三国"等大量涌现，给读者带来了审美疲劳。"品"历史的读物也很多，例如"品唐朝"，"品宋朝"，"品明朝"以及"品"形形色色的帝王将相。当年明月从2006年开始连载《明朝那些事儿》后，各种各样的"那些事儿"也突然涌出，如"中国那些事儿"，"春秋那些事儿"，"战国那些事儿"，"秦朝那些事儿"，"汉朝那些事儿"，"三国那些事儿"，"南北朝那些事儿"，"唐朝那些事儿"，"宋朝那些事儿"，"清朝那些事儿"，"民国那些事儿"，"美国那些事儿"，显然都是为了吸引读者眼球。日本著名作家辻原登著《飞翔吧，麒麟》，讲述了唐王朝的兴衰史，其间穿插了唐玄宗和杨贵妃的爱情故事，此书曾获日本第五十届读卖文学奖，南海出版社出版时居然将其命名为《唐朝那些事儿》。[①]

不少跟风之作质量大多难以保证。1978年以来少年儿童出版社编辑出版了林汉达、曹余章著的中国历史故事集《上下五千年》，共5册，从开天辟地叙至鸦片战争，林汉达著1、2册，其余为曹余章著。此后出版者有感于国内尚未有以故事形式系统介绍世界历史的通俗读物，又约请陈必祥、段万翰、顾汉松编写《世界五千年》(全六册)。《上下五千年》在1980—1981年少儿读物评奖中荣获一等优秀读物奖，1986年获上海市优秀学术成果著作奖，各家传媒广泛报道，各相关部门都将其作为优秀读物予以推荐阅读。这两套历史通俗读物总印数达596万与329万册，在少年儿童中的影响堪比《十万个为什么》，取得巨大成功。[②] 近年来，以"上下五千年"为名的通俗读物大量出版，张先昌指出以《中华上下五千年》为名的历史通俗读物版本不下六七种，但是都存在着为数不少的问题：内容选择失之偏颇，重要历史有所遗漏；叙述以偏概全，与史不符；评价失之公正。张先昌认为，编写历史通俗读物"要求作者不仅要有广博的历史知识，较高的写作水平，而且要有历史意识，正确分析和利用历史资料的能力，还要了解史学界对相关问题的研究成果"，只有这样才能编写出具有一定水准的历史通俗读物。[③]

通俗史学是把历史知识以通俗易懂的形式来加以表现，历史知识的增长取决于新史料的发现和用新理论、新方法对已有史料的新阐释，从而得出新的观

①卢永和：《历史文本中的"文学性叙事"——〈明朝那些事儿〉的书写策略》，载《中国图书评论》2009年第1期。

②俞沛铭：《两套"小通史"是怎样诞生的——〈上下五千年〉、〈世界五千年〉编辑体会》，见《我与上海出版》，学林出版社1999年，第145页。

③张先昌：《历史通俗读物存在的主要问题——评〈中华上下五千年〉》，载《殷都学刊》1999年第4期。

点或改写旧有的结论，就这一点来说，通俗史学无助于历史知识的扩展。当年明月所写的《明朝那些事儿》，并不是其用新史料、新理论、新方法改写了明朝的历史，而是把历史写得“很好玩”，在写作中追求情节、悬念和戏剧性，并且以各种调侃来吸引读者。[①] 退一步来讲，将历史学界的最新研究成果及时地转化为通俗易懂的知识，这一点也做得很不够。历史通俗读物除了要写得生动活泼，还要“体现出学科前沿的学术水平和最新成就……这不仅要求作者具备深厚的文字功底，而且具有很高的学术造诣和精深的研究”。[②]

通俗史学强调的是“通俗”而不是“庸俗”“低俗”“粗俗”，但许多读物为了吸引读者，扩大销售市场，很容易就流于低级趣味，例如号称为“史上最牛的历史老师”的袁腾飞，出版了《历史是个什么玩意儿》(上海锦绣文章出版社 2009)以及推出了一系授课视频，作者不拘于传统成说，有着其对历史的独到见解和思考，且讲授生动，引人入胜。但就整体而言，“袁著不止一次用到‘玩意儿’一词，无一不充满贬义。他将其冠诸于书名，画龙点睛地凸现了对历史的轻佻与侮慢”。[③] 通览全书，诸如“战国七匹狼”，“班超号航母”，“胡搞十六国”，“又一匹来自北方的狼(指蒙古)”，“三五显然很二，更像是闹钟或者香烟的品牌，所以就叫皇帝”，“在关键性的赤壁之战中，曹操在终场哨音响起之前，被对方灌进一球，以二十万大军，败于不足五万兵力的孙刘联军，退回北方”，“李自成那帮人拿着木棒、钉耙、粪叉子”等词句，俯拾皆是，比喻不伦兼且庸俗无聊。又例如新星出版社的“我就这样读历史”丛书，有《PK 的历史》《恶搞的历史》《作秀的历史》《炒作的历史》《八卦的历史》《忽悠的历史》。据说，该丛书的遣词造句都是“以现代流行时尚的语言去解读历史，有点历史新说的意味，也有点后现代的另类解读的意味”。作者挖空心思生造了各种“另类”词汇和语句，极尽哗众取宠之能事，用各种庸俗趣味来吸引注意，完全是在“恶搞”“炒作”和“作秀”。与其说是“历史新说”，还不如说是“胡说历史”更为恰当。又根据该丛书的策划者所言：“‘忽悠’原本是东北的一个流行词汇，就是利用语言，巧设陷阱引人上勾(钩?)，叫人上当……但是与‘诈骗’一词比较起来，它好像更温和一些，具有一些调侃玩笑的含义。”策划、编辑、出版这样一套丛书，很明显就是在“忽悠”广大读者进行购买。“恶搞”“炒作”“作秀”“忽悠”，都可以套用于该丛书本身。社会责任感的缺失使得文化在这里变成了一场滑稽戏。通俗并非是粗俗，对于

---

①李剑鸣：《“网络史学”的神话和实际》，载《史学理论研究》2011 年第 4 期。

②陈梧桐：《普及历史知识是史学家的责任》，载《历史学家茶座》2008 年第 3 辑。

③虞云国：《对历史的轻佻与侮慢——评袁腾飞〈历史是个什么玩意儿〉》，载《文汇报》2009 年 10 月 25 日。

历史通俗读物的写作，无论是专业历史学家还是业余的历史学爱好者，都应该以严肃认真的态度来对待。正如白寿彝所言："通俗不等于粗浅，更不等于粗制滥造。随着全民族文化水平的普遍提高，对'通俗'的质量的要求也会越来越高的。对于这样的前景，我们要有足够的估计。"①

当前各种各样历史通俗读物的流行，甚至于泛滥，从一个侧面正折射出了历史教育——特别是中小学历史教育——在课程、教材、教法诸方面都存在着很多问题。以历史教材而论，往往都是结论先行，教条呆板，叙述枯燥，体现出的是历史观念与教学观念的陈旧。历史教材的编写应该与时俱进，吸收历史学界的最新研究成果，反映时代精神，在实践中不断发展和完善，但是"中学历史教科书只能讲确凿的历史事实和无误的历史结论，讲马克思主义揭示的社会历史发展规律，不是发表个人学术见解，开展百家争鸣学术探讨的场所"②，导致了历史教材的僵化与滞后，内容无趣枯燥同时又限制了学生的思想。因此，并不是中小学历史教育的成功而带动了历史通俗读物的热销，相反，是因为大众厌倦了教条枯燥的历史课堂教学才转而阅读内容叙述都别开生面的历史通俗读物。

无可否认，虽然当前的通俗史学还存在着很多问题，但就其叙述的生动活泼方面比中小学历史教科书更加能够吸引读者是不争的事实。《帝国政界往事——公元1127年大宋实录》与《帝国政界往事——大明王朝纪事》的作者李亚平，回忆其初读《万历十五年》，根本不明白作者想说的是什么，究其原因，"是被装了满脑袋教科书里的所谓历史知识，后来，过了许多年，费了极大的力气才算把脑袋里的垃圾清理出去了一部分，再装进去有用的东西，这样才算学会了如何像个正常人那样去思考。只有到了这个时候，我再读《万历十五年》，才算真的读懂了，感叹历史原来可以这样写"。③

第三节　当代通俗史学的发展趋势

专业史学的发展，是建立在新史料的发现，新领域的开拓，新方法的应用，或者是新的史学思想与观念对已有史料进行再阐释的基础上。通俗史学的发展与专业史学的发展并非步调一致，更多的是与广大接受者的期待视野密切相

①白寿彝：《写好少年儿童历史读物——为〈中国历史故事〉的出版而作》，见《白寿彝文集：历史教育、序跋、评论卷》，河南大学出版社2008年，第339页。

②周育民：《关于上海历史教科书问题》，载《开放时代》2009年第1期。

③李亚平、刘苏里：《〈万历十五年〉与中国历史写作的变化》，载《博览群书》2005年第1期。

关,即社会大众对通俗史学的需求是通俗史学发展的最基本动力之一。20世纪初的“通俗史学热”中,“‘媒体教授’们市场广大,‘如日中天’,也已经是客观存在。对于这种现象,一切对历史负责的史学工作者,都应该加以关注”。① 就通俗史学的发展趋势而言,主要有以下几个方面:

第一,历史叙事始终是通俗史学的主要形式。历史叙事即是在特定的理论预设与史学思想的指导下,按照一定的逻辑结构,将分散的历史事实加以组合关联,形成一个首尾贯通的有意义的整体文本,“历史学的本源是历史叙事。历史叙事,是基于史实的叙事。司马迁一部《史记》,堪称中国历史叙事的顶峰”。② 中国古代的编年体、纪传体、纪事本末体、典制体等都可归入叙事史学的范畴。和叙事史学相对应的是考证史学。考证史学对史料进行广泛的搜集和严谨的批判,力求使史学在历史知识真实性的基础上成为一门“科学”。

考证史学有全面系统的操作步骤和学术规范,阅读对象和评价标准都有相当的专业性。要使史学走出象牙塔,走向社会,面向大众,则必须有赖于叙事史学。当前市场上各种各样的历史通俗读物,要取得成功就必须把历史写得“好看”,尽可能消解读者在阅读、理解与接受上的障碍,这是大众化历史叙事的重要特征,而其普遍采用的叙事模式是:“舍弃严谨枯燥的学术性语言,追求通俗活泼的行文风格,过滤掉‘故作艰深’的,在普通人看来抽象玄妙而又无比空洞的历史‘规律’和‘结构’等‘宏大叙事’,凸显历史发展过程中引人入胜的‘情节’和‘故事’等元素”,“大众化地历史叙事更多的是打捞历史的细节,诸如帝王心术,宦海浮沉,市井百态,旧朝掌故等等……这些‘历史的碎片’建构了普通民众的知识系统和日常生活的体验”。③ 在这里,叙事史学简单化地理解就是讲故事,虽然缺乏深度和厚度,但无可否认,广大民众需要听故事,“讲个故事”,“讲得好听点”,这是一本历史通俗读物取得成功的最基本的叙事策略。

通俗史学中文字的叙事是最主要的形式,但若是把叙事的形式加以扩大的话,我们可以把讲史、地图、绘画、博物馆、摄影、电影、电视等都归入历史叙事中。以影视而论,历史影片当为首选。早在20世纪初,耶鲁大学发行《美洲史记》,“出版部诸君遂详加考虑,以为幻灯之功用,善用之实有助于历史之真确……制片之时,于各时代之服制,考征史籍,询求专家,故为之颇费时日。且影片于各种小节,亦必求符实……果能推行,实足为历史教学之巨助。且其功用,固不限于学校……必资为通俗教育之工具……历史之影戏运动,纵不能为专家

①张承宗:《要重视史学流派的研究》,载《史学理论与史学史学刊》2007年。

②李开元:《复活的历史:秦帝国的崩溃》,中华书局2007年,第252页。

③郭震旦:《让历史更加好看》,载《中华读书报》2011年6月29日。

之所重,而其裨益历史常识,实极有效力者也”。[①]

历史影片一般可分为历史纪录片(documentary film)和历史剧情片(historical drama)。[②] 前者是纪实的,后者则是进行了艺术上的加工处理。历史纪录片又可分为二:一是当时拍摄的“新闻纪录片”[③],另一是专业史家与影视工作者合作确定某一专题的纪录片,例如2006年中央电视台首播12集历史纪录片《大国崛起》(The Rise of the Great Nations),叙述了葡萄牙、西班牙、荷兰、英国、法国、德国、俄国、日本、美国九个大国相继崛起的过程。脚本由北京大学历史系教授创作,用电视纪录片的形式讲述世界历史,“把埋藏在图书馆和学者书斋中的历史知识转化为可供大众享用的公共文化产品”,“充分发挥了视觉艺术的优势,采用实地拍摄,用电视画面展现外国的历史文献、历史遗址,以及异域文化的氛围,配之以有史诗风格的音乐和典雅生动的解说,把那些听起来枯燥乏味的史实演绎得栩栩如生”。[④] 历史纪录片一般都是比较真实的重演、再现了过去的历史,意大利著名导演安东尼奥尼(Antonioni)的《中国》(ChungKuo),撇开意识形态的因素,“安东尼奥尼制作的形象就是比中国人自己发行的任何形象含义丰富”。[⑤]

第二,互联网中历史资源对于历史知识普及的功能越来越显著。自1995年中国电信开通了北京、上海两个接入internet的节点后,互联网在中国飞速发展,已经成为人们日常生活的重要组成部分。在浩瀚的网络资源中,涉及历史内容的信息非常多。互联网上的历史信息在不断增长,百度、谷歌等搜索引擎又使得人们获得所需的历史知识变得更为方便快捷,例如2009年在谷歌搜索栏中输入“历史”两个字,就会发现有关“历史上的今天”的网页有745万个,有关“历史的天空”的网页有380万个,有关“历史故事”的网页有739万个,有关“历史人物”的网页有739万个,有关“历史小说”的网页有792万个,有关“历史的尘埃”的网页有34.3万个,有关“历史论坛”的网页有883万个。[⑥] 各大门户网站也有历史文化栏目,例如网易的历史频道(http://news.163.com/history/),下有古史、近世、当代、人物、世界、文化、史观、大家、专题、连载、考占、收藏、学人、文史期刊等各个栏目。历史普及类图书和期刊的电子版,将传统的纸

①《美国之历史影戏运动》,载《史地学报》第2卷第2期,1923年1月。

②张广智:《影视史学》,扬智文化事业股份有限公司1998年,第127页。

③新闻和历史的关系正如李大钊所言:“报是现在的史,史是过去的报。”(李守常:《史学要论》,河北教育出版社2000年,第252页)

④王希:《不可简化的崛起故事》,载《读书》2007年第3期。

⑤〔美〕苏珊·桑塔格:《形象世界》,见《视觉文化研究读本》,北京大学出版社2009年,第128页。

⑥焦润明:《网络史学论纲》,载《史学理论研究》2009年第4期。

质载体变更成为网络载体。以历史为内容题材的实物、图画、影视等也可以上传至网络。此外，还有历史专业研究者和历史业余爱好者的相关博客，那就为数更多，影响也极大，例如2011年7月31日的一条有关晚清记者沈荩的颇有深度和特色的微博，不到两个小时就被转发五百次，评论近百余条，至于单单阅读的更是无法统计。对于微博，有人评论："你的粉丝超过了一百，你就是一本内刊；超过一千，你就是一个布告栏；超过一万，你就是一本杂志；超过十万，你就是一份都市报；超过一百万，你就是一份全国性报纸；超过一千万，你就是电视台。"①

2012年中国网民人数已突破5亿，就人数和规模而言自然是世界第一。与此同时，网络上拥有的历史事件、历史故事等基础性的历史知识内容已相当丰富，并且每天都在不停地上传，含量在不断增加。网上有关领袖人物或其他历史人物的秘闻、轶事、历史上的战争或军事史内容，以及民俗、历史故事等等，已成为人们网上阅读生活的重要内容。借助于网络传播，使历史知识得到空前的普及，大大加速了历史学的大众化进程。②

互联网在历史知识普及中发挥了越来越显著的作用，很明显会对传统的普及方式造成冲击。但乐观地估计，纸质的图书出版物是不会因计算机互联网而完全走向消亡的。作为传统的传播媒介，"一本书就是历史，它的一切都把我们带回到了过去的时间里……古往今来，没有其他任何一种媒介能像书一样让我们感受到过去是如此有用"。③ 近年来中国互联网飞速发展的同时，各种历史通俗读物也在大量出版，便是明证。许多历史爱好者先通过网络连载，在受到追捧得享大名后多由出版社整理出版，后者显示了对前者在通俗读物领域里的成就的承认与肯定，大概前者也渴望得到这种承认与肯定，并进而分润稿酬版税之收益。阅读纸质文本时读者视界与文本视界的互相交融而带来的思考体悟，与鼠标键盘荧屏中的阅读大相径庭。计算机、网络是储存知识而不是创造智慧。当然，网络中的历史资源也存在着各种各样的问题，大量充斥着形形色色耸人听闻的奇谈怪论与莫名其妙的翻案文章，都需要正确分析批判与对待。

进入21世纪后，网络中有一种现象值得关注，就是广大历史爱好者在网络上大量连载发表虚构历史、架空历史或反历史的作品，其情节是"设定一个具有现代意识或现代身份的人，或是在一个虚构的历史时空，或是通过时空穿越的方式，回到正史记载的历史情境，通过一己的力量'创造'了历史或者'改变'了

①马勇：《"自媒体时代"的历史研究和史学表达》，载《史学理论研究》2011年第4期。

②焦润明：《网络史学论纲》，载《史学理论研究》2009年第4期。

③〔美〕尼尔·波兹曼著，章艳译：《娱乐至死》，广西师范大学出版社2004年，第176－177页。

历史进程”,日本作家田中芳树《银河英雄传》和黄易《寻秦记》是直接模仿对象,其叙事模式或是模仿历史演义小说,但所“演”人物,无论是主角还是配角都不见正史记载,所“演”的历史完全是作者虚构的时空,如《一代军师》《楚氏春秋》《庆余年》《极品家丁》《时光之心》《大汉骑军》等,或是虚构生活于现代社会的主人公通过“时间机器”或“时空隧道”回到过去,给过去的时代带去了现代科学技术和现代思想方法,如《新宋》《明》《马超传》《二鬼子汉奸李富贵》《中华再起》《回到明朝当王爷》《1911 年新中华》《共和国之怒》等,还有上述两者交叉的作品。① 这类架空历史小说,作者或许是通过笔下人物角色建功立业从而得到一种替代性的满足,也有可能是社会环境压力的“幻想逃避”。

第三,通过日常生活潜移默化、寓教于乐式的历史知识普及,效果要好于已往“居高临下”式的知识普及。“居高临下”式的普及,预先把普及与被普及做了区分,容易引起反感。易中天在《百家讲坛》讲说历史,就特别注意“要说人话,别说书话,更不能打官腔”,特别注重基于平民立场的亲和力,“观众认为你与他一样看问题想事情,就没距离没隔阂,不是居高临下,咄咄逼人,也没有对立情绪,就不会产生逆反心理。不仅你和他们是一样的人,故事中那些历史人物、英雄人物也和他们一样,他就爱听你讲话。有了足够的吸引力和亲和力,你对传统文化的理解和传统文化可以很愉快地传播出去”。② 2008 年北京奥运会前有关部门曾进行“人文奥运”与北京历史文化知识教育普及状况调查,根据调查,最有效的北京历史与文化教育宣传方法:(1)倾向于网络媒体宣传有 278 人,(2)倾向于学校教育有 179 人,(3)倾向于文化广场有 127 人。最愿意参与的北京历史与文化的宣传活动:(1)倾向于参观游览有 302 人,(2)倾向于读书活动有 129 人,(3)倾向于看展览有 129 人,(4)倾向于参与电视台节目有 119 人。“市民愿意接受的宣传普及活动是娱乐性、参与性为主的宣传教育方法,一些传统的宣传教育模式,如讲座、板报、知识竞赛则不为市民所看好。”③

日常生活是与民众最为密切的社会层面,越接近日常生活就越能潜移默化地影响人们的思想观念,例如民国时期的地名街道公园电影服装乃至货币邮票书契等都使用了孙中山的名字与图像,使得孙中山这个符号在日常生活层面的强势渗透,成为当时民众最为熟悉的政治象征符号。④ 潜移默化式的历史知识

①许道军、葛红兵:《叙事模式、价值取向、渊源传承——架空历史小说论纲》,载《社会科学》2009 年第 3 期。

②《十问易中天》,载《中华读书报》2006 年 8 月 30 日。

③郗志群、宋卫忠、于丽萍:《“人文奥运”与北京历史文化知识教育普及状况调查》,载《当代中国史研究》2004 年第 3 期。

④陈蕴茜:《崇拜与记忆:孙中山符号的建构与传播》,南京大学出版社 2009 年,第 411 页。

普及,是将历史知识与民众的日常生活紧密结合起来,林增平、毛注青主编《历史知识台历》,按照历史线索,有选择地逐日介绍历史上的今日,曾经发生的重大事件和重要人物,“读者买去台历,放在桌上案头,既可看日期,又可学历史”。[①] 日常生活中的传统节日,是一个民族历史文化长期凝聚的产物,例如寒食节、清明节、端午节、中元节等,都包含了丰富的历史积淀,例如端午节时荆楚各地“五月五日竞渡,俗为屈原投汨罗日,伤其死,故命舟楫以拯之”。[②] 民俗节日既丰富了日常生活,又普及了历史知识。除了民俗节日外,还有近代史上的革命纪念日、领袖人物诞辰逝世等等。文化记忆以博物馆、节日纪念日、仪式等各种文化形式为载体,使得记忆超越了语言和文本。大众对各种畅销书、影视剧以及网络中的历史知识的接受,也都是在日常生活中进行的,例如在阅读方式上,已经从传统的纸质文本阅读延伸至手机、ipad 等等。

第四,历史学家除了学术研究与知识普及这两大任务外,还应该加以积极的批评和引导。对于当代通俗史学的批评和引导大概有两条路径:一是把当代通俗史学作为一种大众文化,援引葛兰西的文化霸权理论、伯明翰学派的文化主义、法兰克福学派的批判理论以及后现代主义等各家学派的理论资源来进行研究。例如法兰克福学派的文化批判理论,将大众文化看作是资本主义社会的文化产品,商业运作与利润至上是从事大众文化产品生产的直接动力,具有标准化、平面化、商业化、伪个性化等特征,体现了统治阶级的意识形态。而大众在接受这些文化产品时完全是被动和没有任何辨识地接受,从而成为瓦解社会大众反抗精神的稀释剂。法兰克福学派的文化批判理论在中国学术界的影响极为广泛,虽然在某些方面不无偏颇之处,但是对于批判当前通俗史学中的“三俗”,认识大众文化的弊端都有重要的参考和借鉴意义。

另一是中国传统的史学批评的路径。史学批评是一种特殊的史学实践活动,在遵循学术规范的前提下,分析评论史学研究成果的长短得失,涵盖了史学活动的全部过程,包括了史家主体、创作客体、事实价值以及文辞修饰等方方面面。对于史学论著的评价,有选题、史料、论证以及文字叙述等各方面的标准。专业学术著作和历史通俗读物都需要高水平的学术批评,“不管是评哪类图书的文章,都应高层次、高质量,即使是通俗读物也要评出水平,写出优秀的书评文章,都要评出图书的主旨和实质。不论是学术之作还是一般图书,评论都不只是简单的介绍和内容的复述……一般图书,不同的品种、门类,要评得有不同

①蒋敦雄、曾印红:《普及历史知识的新尝试》,载《湖南师院学报》1984 年第 6 期。

②宗懔著,谭麟译注:《荆楚岁时记译注》,湖北人民出版社 1985 年,第 92 页。

的特点，有分析，有见解，有理论深度，有鲜明的观点”。[①] 虽然说通俗史学的生产和评价体系与专业史学有所区别，出版社更加注重的是成本、效率、趣味、包装、市场、销量等标准，但对于通俗史学的批评还是应该立足于通俗史学的基本特征——“史学”和“通俗”，而其对应的视角正是专业视角与社会视角。

而在娱乐性史学领域里，史学批评同样更不能缺失。钱茂伟指出，历史学家即便放弃了娱乐性史学这块阵地，也绝不意味着可以置身事外，不闻不问，“应以旁观者眼光，分析、支持娱乐性通俗史学的发展。我们当不了娱乐性通俗史学作家，但可以扮演批评家、引导者角色。我们提倡不要过度横加干涉，但不是说不要批评、引导。娱乐性通俗史学要有序、健康地发展，离不开职业史家的规范与引导。批评多了，娱乐业也会慎重一些。没有外在制约力量，娱乐性通俗就会成为一匹脱缰的野马……批评应是多方面，多类型的”。[②] 如果对娱乐化历史学的批评工作不够到位，其后果就是导致大批粗制滥造的劣质品应运而生，充斥着市场，从而形成了一种恶性循环。长此以往任其发展，必然是越来越败坏历史学的声誉。近年来，以明清为社会背景的历史小说与影视戏剧大量泛滥，制造出数量众多的文化垃圾，历史学界已有不少针对性的讨论和批评，例如冯佐哲《清史与戏说影视剧》(台海出版社 2004)，指出不少戏说，甚至包括正说清宫剧在内，普遍存在着粗制滥造，歪曲历史事实，编者不懂清代的典章制度和社会习俗，出现了很多常识性错误，观众往往将其作为真实的历史，造成不良的社会影响。《历史学家茶座》2006 年也组织历史剧的笔谈，瞿林东指出：“在大讲市场经济和计算票房价值时，是否考虑到剧中宣扬的内容、思想是什么价值……在津津乐道古代(尤其是清代)统治集团内部纷争加上种种宫廷秘闻时，是否也应该考虑到连篇累牍的‘历史剧’究竟是在宣扬一种什么样的历史观……就普及而言，是否也应当检讨一下通俗、媚俗、庸俗三者之间的界限……在有些人振振有词地申言，说历史剧不是历史教科书，因而没有像观众传授历史知识的义务时，这些人是否应该想到有问题的历史剧也没有权利把错误的历史传播给大众。”[③]历史学家对娱乐化历史学的批评，更多的是起到一种针砭和纠谬的规范作用，使娱乐化历史学能走上健康的发展道路。

最后，还应做好通俗史学的“走出去”和“请进来”的工作。20 世纪翻译外国学者的通俗史学著作，自然以韦尔斯《世界史纲》最有影响，房龙的作品在中国也拥有着众多的读者。中国史著西译的则主要以古籍文献居多，白寿彝主编

①伍杰：《书评理念与实践》上册，河南大学出版社 2006 年，第 40－41 页。

②钱茂伟：《论史学的普及化与娱乐化》，见《史学理论与史学史学刊》2004、2005 年合卷。

③瞿林东：《正视历史剧的责任》，载《历史学家茶座》2006 年第 2 辑。

《中国通史纲要》,这本不到30万字的“普通历史读物”,自1980年以来,已出版英、日、德、法、世界语等七八种外文译本。[①] 但就总体而言,通俗史学中的“走出去”和“请进来”的工作还做得很不够,所以一方面要编译如《世界史纲》这般叙述简明、通俗畅达的外国通俗史学名作,另一方面则还要在创作优秀的通俗史学作品的同时使之“走向世界”。

①瞿林东主编:《20世纪中国史学发展分析》,北京师范大学出版社2009年,第45页。

参考文献

B

白寿彝. 白寿彝文集. 开封:河南大学出版社,2008.

〔英〕彼得·伯克. 欧洲近代早期的大众文化. 杨豫,等,译. 上海:上海人民出版社,2006.

北京图书馆. 民国时期总书目·历史、传记、考古、地理. 北京:书目文献出版社,1986.

C

柴德赓. 史学丛考. 北京:中华书局,1982.

陈汝衡. 说书史话. 北京:人民文学出版社,1987.

陈必祥. 通俗文学概论. 杭州:杭州大学出版社,1991.

陈大康. 通俗小说的历史轨迹. 长沙:湖南出版社,1993.

陈其泰. 范文澜学术思想评传. 北京:北京图书馆出版社,2000.

陈有和. 关于历史普及读物的编写与出版. 中国图书评论,2006(9).

陈智超,等. 历史的审判. 北京:中国社会科学出版社,1979.

程毅中. 程毅中文存. 北京:中华书局,2006.

程美宝. 由爱乡而爱国:清末广东乡土教材的国家话语. 历史研究,2003(4).

D

〔美〕德里克. 革命与历史:中国马克思主义历史学的起源. 翁贺凯,译. 南京:江苏人民出版社,2005.

丁文江,赵丰田. 梁启超年谱长编. 上海:上海人民出版社,1983.

杜经国. 杜经国史学论著自选集. 香港:公元出版有限公司,2004.

杜经国、庞卓恒、陈高华. 历史学概论. 北京:高等教育出版社,1990.

杜维运. 史学方法论. 北京:北京大学出版社,2006.

F

范文澜. 范文澜全集. 石家庄:河北教育出版社,2002.

范伯群、孔庆东. 通俗文学十五讲. 北京:北京大学出版社,2003.

方厚枢. 新中国重视通俗读物出版工作的历史回顾. 中国出版,2004(8).

〔法〕费夫贺,马尔坦. 印刷书的诞生. 李鸿志,译. 桂林:广西师范大学出版社,2006.

G

高钟. 史学的专业化与大众化刍议:"易中天现象"的史学解释. 苏州科技大学学报,2008(4).

顾颉刚. 通俗读物论文集. 武汉:生活书店,1938.

顾颉刚. 顾颉刚全集. 顾潮,顾洪,编. 北京:中华书局,2010.

顾潮. 顾颉刚年谱. 北京:中国社会科学出版社,1993.

顾潮. 顾颉刚学记. 北京:三联书店,2002.

桂遵义. 马克思主义史学在中国. 济南:山东人民出版社,1992.

H

何炳松. 何炳松文集. 刘寅生,房鑫亮,编. 北京:商务印书馆,1996.

何兹全. 何兹全文集. 北京:中华书局,2006.

何成刚. 民国时期中小学历史教育发展研究. 长沙:岳麓书社,2008.

胡适．胡适文集．欧阳哲生，编．北京：北京大学出版社，1998．

胡绳．胡绳全书．北京：人民出版社，1998－2003．

胡愈之．胡愈之文集．北京：三联书店，1996．

胡逢祥，张文建．中国近代史学思潮与流派．上海：华东师范大学出版社，1991．

黄留珠．传统历史文化散论．西安：三秦出版社，2005．

黄仁宇．黄仁宇全集．北京：九州出版社，2007．

黄朴民．历史的第三种读法．光明日报，2007－05－18．

黄林．晚清新政时期图书出版业研究．长沙：湖南师范大学出版社，2007．

侯外庐．韧的追求．北京：三联书店，1985．

洪认清．抗战时期的延安史学．合肥：安徽大学出版社，2006．

J

翦伯赞．翦伯赞全集．张传玺，编．石家庄：河北教育出版社，2008．

金毓黻．中国史学史．北京：商务印书馆，1999．

金毓黻．静晤室日记．沈阳：辽沈书社，1993．

蒋大椿．史学探渊．长春：吉林教育出版社，1991．

蒋俊．抗日战争与爱国主义史学．史学史研究，1995(2)．

K

康乐，彭明辉．史学方法与历史解释．北京：中国大百科全书出版社，2005．

M.

〔美〕马紫梅．时代之子吴晗．曾越麟，译．北京：中国社会科学出版社，1996．

L

〔美〕劳伦斯·斯通．历史叙述的复兴：对一种新的老历史的反省//新史学(第4辑)．郑州：大象出版社，2005．

来新夏. 中国近代图书事业史. 上海:上海人民出版社,2000.

梁启超. 饮冰室合集. 林志钧,编订. 北京:中华书局,1989.

梁启超. 饮冰室合集集外文. 夏晓虹,编. 北京:北京大学出版社,2005.

黎东方. 平凡的我. 台北:国史馆,1999.

黎东方. 细说三国. 上海:上海人民出版社,2007.

黎东方. 细说元朝. 上海:上海人民出版社,2007.

黎东方. 细说明朝. 上海:上海人民出版社,2007.

黎东方. 细说清朝. 上海:上海人民出版社,2007.

黎东方. 细说民国创立. 上海:上海人民出版社,2007.

黎东方. 细说秦汉. 陈文豪,订补. 上海:上海人民出版社,2007.

李永圻,张耕华. 吕思勉先生编年事辑. 上海:上海书店,1992.

李洪岩. 近代接受史学理论试说. 学术研究,1997(1).

李大钊. 李大钊史学论集. 石家庄:河北人民出版社,1984.

李培栋. 魏晋南北朝史缘. 上海:学林出版社,1996.

李希泌,张椒华. 中国古代藏书与近代图书馆史料:春秋至五四前后. 中华书局,1982.

李小树. 秦汉魏晋南北朝史学史稿. 北京:中国人民大学出版社,2007.

李小树. 李大钊与中国史学的大众化. 学术研究,1999(6).

李小树. 11—19 世纪中国史学的大众化历程. 学习与探索(2),2000.

李小树. 关于"通俗历史热"的历史学考察. 中国图书评论,2007(1).

李国俊. 梁启超著述系年. 上海:复旦大学出版社,1986.

李喜所,元青. 梁启超传. 北京:人民出版社,1993.

李良玉. 中国古代历史教育研究. 合肥:合肥工业大学出版社,2007.

李建. 中国古代历史教育研究相关问题探析. 齐鲁学刊,2004(4).

刘起釪. 顾颉刚先生学述. 北京:中华书局,1986.

刘兰肖. 晚清报刊与近代史学. 北京:中国人民大学出版社,2007.

刘志琴. 历史普及读物出版的三次热潮. 中华读书报. 2008-02-27.

〔美〕罗伯特·达顿. 阅读的历史. 新史学(第 4 辑). 郑州:大象出版社,2005.

〔美〕罗伯特·达恩顿. 启蒙运动的生意:百科全书出版史. 叶桐,顾杭,译北京:三联书店,2005.

罗志田. 权势转移:近代中国的思想、社会与学术. 武汉:湖北人民出版社,1999.

楼含松. 从“讲史”到“演义”:中国古代通俗小说的历史叙事. 北京:商务印书馆,2008.

吕思勉. 白话本国史. 上海:上海古籍出版社,2005.

吕思勉. 吕思勉论学丛稿. 上海:上海古籍出版社,2006.

吕思勉. 吕著史地通俗读物四种. 上海:上海古籍出版社,2010.

吕思勉. 吕著中小学教科书五种. 上海:上海古籍出版社,2011.

吕思勉. 史学与史籍七种. 上海:上海古籍出版社,2009.

吕振羽. 吕振羽史论选集. 江明,桂遵义,等,编. 上海:上海人民出版社,1981.

P

彭卫. 穿越历史的丛林. 北京:三联书店,1997.

彭卫. 中国古代通俗史学初探//当代西方史学思想的困惑. 北京:中国社会科学出版社,1991.

彭明辉. 疑古思想与现代中国史学的发展. 台北:商务印书馆,1991.

潘光哲. 追索晚清阅读史的一些想法:知识仓库、思想资源与概念变迁. 新史学,2005,16(3).

Q.

钱茂伟,王东. 民族精神的华章:史学与传统文化. 北京:北京图书馆出版社,2004.

钱茂伟. 论史学的普及化和娱乐化. 史学理论与史学史学刊,2005.

乔治忠. 中国官方史学与私家史学. 北京:北京图书馆出版社,2008.

瞿林东. 20世纪中国史学散论. 合肥:安徽人民出版社,2009.

瞿林东. 中国史学史研究. 武汉:湖北教育出版社,2006.

瞿林东. 文明演进源流的思考:中国古代史学研究. 北京:北京师范大学出版社,2007.

戚福康. 中国古代书坊研究. 北京:商务印书馆,2007.

S.

上海图书馆. 中国近代现代丛书目录·索引. 1979—1982.

商务印书馆. 商务印书馆图书目录(1897—1949). 1981.

邵鸿. 传媒时代与大众史学——以当前“大众历史热”为中心. 南昌大学学报,2012(2).

桑兵. 晚清民国的学人与学术. 北京:中华书局,2008.

沈刚伯. 沈刚伯先生文集. 台北:中央日报出版社,1982.

宋原放. 中国出版史料. 济南:山东教育出版社,2001—2006.

宋莉华. 明清时期的小说传播. 北京:中国社会科学出版社,2004.

孙楷第. 沧州集. 北京:中华书局,1965.

孙楷第. 中国通俗小说书目. 北京:人民文学出版社,1982.

舒焚. 两宋说话人讲史的史学意义. 历史研究,1987(4).

舒新城. 中国近代教育史资料. 北京:人民教育出版社,1981.

T.

田亮. 抗战时期史学研究. 北京:人民出版社,2005.

涂丰恩. 明清书籍史的研究回顾. 新史学 2009,20(1).

W.

王云五. 商务印书馆与新教育年谱. 台北:台湾商务印书馆,1978.

王煦华. 顾颉刚先生学行录. 北京:中华书局,2006.

王汎森. 中国近代思想与学术的系谱. 石家庄:河北教育出版社,2001.

王尔敏. 中国近代知识普及化之自觉及国语运动. 中央研究院近代史研究所集刊,(11).

王尔敏. 中国近代知识普及运动与通俗文学之兴起//中华民国初期历史研讨会论文集. 台北:近史所,1984.

王子今. 毛泽东与中国史学. 北京:中共中央党校出版社,1993.

王年一. 大动乱的年代. 北京:人民出版社,2009.

王家范. 史家与史学. 桂林:广西师范大学出版社,2007.

王学典. 历史主义思潮的历史命运. 天津:天津人民出版社,1994.

王立群. 游走在历史与现实之间. 北京:北京大学出版社,2011.

王宏志. 历史教材的改革与实践. 北京:人民教育出版社,2000.

吴晗. 吴晗全集. 常君实,编. 北京:中国人民大学出版社,2009.

吴泽. 吴泽文集. 上海:华东师范大学出版社,2002.

吴泽. 中国近代史学史. 南京:江苏古籍出版社,1989.

吴怀祺. 史学理论与史学史研究. 福州:福建人民出版社,2006.

吴秀明. 在历史与小说之间. 长春:时代文艺出版社,1987.

吴秀明. 当代历史文学生产体制和历史观研究. 北京:中国社会科学出版社,2011.

X.

许立群. 许立群文集. 北京:当代中国出版社,2003.

许海云. 从西方史学的文化视角看我国当前的"史学大众化". 社会科学战线,2006(6).

邢贲思. 历史·历史学·历史剧. 求是,2006(1).

夏晓虹. 追忆梁启超. 北京:中国广播电视出版社,1997.

夏丏尊. 夏丏尊文集. 杭州:浙江人民出版社,1983.

Y.

〔德〕姚斯,〔美〕霍拉勃. 接受美学与接受理论. 周宁,金元浦,译. 沈阳:辽宁人民出版社,1987.

杨牧之. 编辑艺术. 北京:中华书局,2006.

叶再生. 中国近代现代出版通史. 北京:华文出版社,2002.

尤战生. 流行的代价——法兰克福学派大众文化批判理论研究. 济南:山东大学出版社,2006.

易中天. 帝国的惆怅. 上海:文汇出版社,2005.

易中天. 品三国. 上海:上海文艺出版社,2006.

俞振基,汤志钧,等. 蒿庐问学记:吕思勉生平与学术. 北京:三联书店,1996.

俞旦初. 爱国主义与中国近代史学. 北京:中国社会科学出版社,1996.

〔英〕约翰·斯道雷. 文化理论与通俗文化导论. 杨竹山译. 南京:南京大学出版社,2001.

〔英〕约翰·费斯克. 理解大众文化. 宋伟杰,等,译. 北京:中央编译出版社,2006.

Z.

张舜徽. 中国文献学. 武汉:华中师范大学出版社,2004.

张广智. 影视史学. 台北:扬智文化事业股份有限公司,1998.

张承宗. 文史研究的交叉与创新. 南通师范学院学报,2002(3).

张晓校. 试论当代史学发展中的通俗史学. 学习与探索,1996(4).

张静庐. 中国近代现代出版史料. 上海:上海书店,2003.

张仲民. 出版与文化政治:晚清的"卫生"书籍研究. 上海:上海书店,2009.

张玉法. 历史学的新领域. 台北:联经出版社事业公司,1991.

张剑平. 新中国史学五十年. 北京:学苑出版社,2003.

张致远. 史学讲话. 台北:中国文化大学出版部,1984.

张耕华. 吕思勉与20世纪前期的新史学. 华东师范大学学报,2003(1).

张耕华. 论历史叙事中的想象问题. 史学理论研究,2005(6).

章义和. 吕思勉三国史话的意义. 淮阴师范学院学报,2002(6).

赵梅春. 二十世纪中国通史编纂研究. 北京:中国社会科学出版社,2007.

中国社会科学院历史研究所. 八十年来史学书目(1900—1980). 北京:中国社会科学出版社,1984.

中国人民大学图书馆. 解放区根据地图书目录. 北京:中国人民大学出版社,1989.

中国史研究编辑部. 基础历史学与应用历史学. 重庆:重庆出版社,1986.

中国版本图书馆. 全国内部发行图书总目:1949—1986. 北京:中华书局,1988.

中华书局. 中华书局图书总目(1912—1949). 1987.

中国社会科学院历史研究所. 中国史学论文索引. 北京:中华书局,1979.

郑振铎. 中国俗文学史. 上海:上海人民出版社,2006.

周朝民. 中国近代通俗史学论. 历史教学问题,1990(2).

周祥森、刘克辉. 当前中国历史学家的要务. 史学月刊,1995(3).

周建漳. 历史与故事. 史学理论研究,2004(2).

中央图书馆. 近百年来中译西书目录. 台北:中华文化出版事业委员会,1958.

朱文华. 传记通论. 上海:复旦大学出版社,1993.

朱政惠. 史之心旅:关于时代和史学的思考. 上海:华东师范大学出版社,1996.

朱政惠. 吕振羽和他的历史学研究. 长沙:湖南教育出版社,1992.

臧嵘. 历史教材纵横谈. 北京:人民教育出版社,1999.

后 记

本书是在我博士论文的基础上修改、增补而成的。之所以选择通俗史学为博士论文的选题,始于2006年底,有位文化公司的责任编辑约我写历史通俗读物。我花了两个多月的时间,跑了不少图书馆、书店和文化市场,查看市场上历史通俗读物的题材选择,揣摩其写作技巧。其时给我的印象是五花八门的通俗读物铺天盖地,令人眼花缭乱。后编写历史通俗读物之事因故未成,但却萌发了研究通俗史学的念头。其时,我正陷于论文选题的困境:原先的选题太过宽泛,而自己的相关知识储备太过缺乏,水平有限,无法再继续进行。经过再三思量后,决定换题,以通俗史学作为论文选题,时限定为20世纪上半期。

因为临时换题,时间上颇感紧迫,因而在研究中遇到了很大的困难,最后得以完成通过答辩,首先要感谢业师张耕华教授。从谋篇布局到主要内容都和老师进行了多次商讨,许多材料也承蒙老师提供。在写作过程中,我每完成论文中之一节,必先请老师过目并提出修改意见,改好后连同新稿一起再交给老师过目。写作就这样陆陆续续地进行。旧稿的修改和新稿的审阅耗费了老师大量的宝贵时间,现在回过头来看前两章的初稿,实在是无比拙劣,经过不下四五遍的改动,方才稍稍像点样子。

博士论文开题时还有幸得到华东师范大学优秀博士研究生培养基金(编号20080026)的资助。华东师范大学历史系朱政惠教授、胡逢祥教授、邬国义教授、路新生教授、王东教授,以及复旦大学张广智教授、上海师范大学汤勤福教授、苏州大学张承宗教授,都对书稿提出许多宝贵意见,令我获益良多。

2009年博士毕业后我来到兰州大学历史文化学院工作,以"二十世纪中国通俗史学研究"为题申报教育部人文社科青年项目,于2010年获得立项(编号10YJC770127)。接下来我的工作除了对20世纪前半期的内容进行修改外,还增补完成20世纪后半期的内容。兰州大学历史文化学院院长王希隆教授,教研室汪受宽教授、赵梅春教授、邱峰副教授,对我的学习、工作、生活各方面都给予了极大的关怀和帮助,屈直敏教授不但提供了不少材料,还为本书的出版联系奔走，在此深表谢意。

本书以20世纪通俗史学为论域，对这一时期通俗史学的发展历程做了一番梳理，有很多地方都没有深入展开，再加上自己学识有限，书中谬误之处肯定不少，尚祈读者批评指正。